Controlling

Einführung mit Beispielen aus SAP® R/3®

Von

Uwe Lebefromm

Diplom-Kaufmann

2., vollständig überarbeitete und erweiterte Auflage

R. Oldenbourg Verlag München Wien

Die Deutsche Bibliothek - CIP-Einheitsaufnahme

Lebefromm, Uwe:
Controlling : Einführung mit Beispielen aus SAP R/3 / von Uwe Lebefromm. – 2., vollst. überarb. und erw. Aufl. – München ; Wien : Oldenbourg, 1999
(Managementwissen für Studium und Praxis)
ISBN 3-486-25234-8

Gedruckt auf säure- und chlorfreiem Papier
Druck: Grafik + Druck, München
Bindung: R. Oldenbourg Graphische Betriebe GmbH, München

ISBN 3-486-25234-8

Vorwort

Ein effizientes Controlling erfordert den Einsatz integrierter Informationssysteme auf allen Organisationsebenen des Unternehmens. Die erfolgreiche Einführung der Informationssysteme hängt entscheidend von der gelungenen Abstimmung von fachlichen Anforderungen und der Funktionalität der Anwendungslösung ab.

Dieses Buch stellt die fachliche Konzeption zum Erlös- und Kostencontrolling und die Umsetzung am Beispiel des Systems SAP® R/3® auf Basis mehrerer Kundenprojekte dar. Die Darstellung des Themas umfaßt die betriebswirtschaftliche Theorie und exemplarische Beispiele aus praktischer Projektarbeit.

Gegenüber der ersten Auflage wurde der Anteil an mathematischen Aufgaben und Projektbeispielen erhöht. Im Übungsteil wurden Klausuren aus Vorlesungen an der Fachhochschule Worms und der Verwaltungs- und Wirtschaftsakademie Rhein-Neckar eingebunden. Den Studenten sei an dieser Stelle für die konstruktiven Hinweise gedankt.

Für die gute und vertrauensvolle Zusammenarbeit möchte ich mich bei Herrn Prof. Dr. Jürgen Schröder, Ordinarius für Volkswirtschaftslehre an der Universität Mannheim und Studienleiter der VWA Rhein-Neckar, Herrn OStR. Dietrich Robbecke, Geschäftsführer der VWA Rhein-Neckar und Herrn Diplom-Volkswirt Martin Weigert, Cheflektor für Recht und Wirtschaft beim Oldenbourg Verlag herzlich bedanken.

Uwe Lebefromm

Inhaltsverzeichnis

1 Einführung in das Controlling

Ein Unternehmen steuern heißt für aus Sicht des Controllings, ein Unternehmen mit Zahlen zu führen. Die Steuerung des Unternehmens orientiert sich an den strategischen und operativen Zielen. Im Prozeß der Bestimmung der Unternehmensziele werden durch die Institution *Controlling* Informations- und Koordinationsaufgaben wahrgenommen. Controlling wird auf allen Ebenen der Unternehmensführung wahrgenommen.

Abbildung 1: Die 5 Ebenen der Unternehmensführung

Die Entwicklung der Unternehmensziele führt zum Ansatz unternehmensbezogener Strategien. Die Untersuchung der mit einer Unternehmensstrategie verbundenen Auswirkungen auf die Innen- und Außenverhältnisse des Unternehmens ist Aufgabe des strategischen Controllings. Ziel eines strategischen Controllings ist das Erkennen von Chancen und Risiken, die mit der Unternehmensstrategie verbunden sind. Dic kosten- und leistungsbezogene Analyse der aus der Strategie resultierenden organisatorischen und betriebswirtschaftlichen Maßnahmen ist Inhalt des operativen Controllings. Ein operatives Controlling hat die Planung, Erhebung und den Vergleich von Kosten und Erlösen zur Aufgabe. Der Vergleich der operativen Daten wird durch die Bildung von Kennzahlen unterstützt. Die daraus resultierende Definition von Controlling lautet: Controlling ist die Steuerung aller wichtigen unternehmerischen Aktivitäten durch das Management mit dem Ziel, die Unternehmensziele auf allen organisatorischen Ebenen in der erforderlichen Qualität mit angemessenen Kosten zu erreichen.

Die strategische Aufgabenstellung des Controllings ist die Optimierung der Unternehmenseinheiten im Hinblick auf Ziel-, Profit- und Marktorientierung. Dazu müssen der Unternehmensführung verläßliche Daten zur Verfügung gestellt werden.

Ein umfassendes und in sich geschlossenes Unternehmenscontrolling zeichnet sich dadurch aus, daß operative Controllingsysteme wie das Liquiditäts-, Investitions- sowie das Kosten- und Erfolgscontrolling mit den funktionalen Controllingbereichen (Beschaffungs-, Produktions-, Vertriebs- und Personalcontrolling) zu koordinieren sind. Das bedeutet, daß die aus den operativen Controllingsysteme zur Verfügung gestellten Daten auf die funktionalen Controllingbereiche adaptiert werden.

Eine flexible und schnell agierende Controllingorganisation ist auf ein integriertes Controlling-Informationssystem angewiesen. Die operativen Controllingsysteme beziehen sich auf die Bereiche Kosten- und Erlöscontrolling, Investitions-, Finanz-, und Logistikcontrolling.

Die Funktionsbereiche im Kosten- und Erlöscontrolling sind das Gemeinkosten-Produktkosten und Ergebniscontrolling.

- Gemeinkostencontrolling

  Gemeinkosten im Unternehmen sind Kosten, die nicht eindeutig einer bestimmten Wertschöpfung (Produkt, Dienstleistung) zugeordnet werden können. Dazu werden in der Kostenartenrechnung die Kosten nach sachlichen Kriterien (Materialkosten, Personalkosten, Abschreibungskosten, Erlöse, usw.) getrennt und auf dafür vorgesehenen Kostenarten geführt. Die Kosten werden auf den Gemeinkostenobjekten kontiert, die stellvertretend für die Produkte und Leistungen des Unternehmens (Kostenträger) die Kosten führen. Als Instanzen, welche die Verursachung der Kosten verantworten, werden Kostenstellen gebildet und mit den Gemeinkosten belastet. Kostenstellenübergreifende Kosten werden auf Gemeinkostenaufträgen (sog. Innenaufträge) geführt und dann an andere Kostenobjekte (Kostenstellen, Aufträge) oder direkt an das Unternehmensergebnis abgerechnet. Für Gemeinkosten, die nach speziellen Kriterien ausgewertet werden sollen (Anteil an der Wertschöpfung, Komplexität, usw.), bietet sich als Kostenobjekt der sog. Gemeinkostenprozeß an.

  Ziel des Gemeinkostencontrollings ist die Planung und Istrechnung der Gemeinkosten, eine detaillierte Abweichungsanalyse von geplanten und entstandenen Kosten und die möglichst verursachungsgerechte Weitergabe an die Kostenträger.

Den Anforderungen an eine möglichst verursachungsgerechte Weitergabe der Kosten wird die Verrechnung der Kostenstellenkosten über benötigte Leistungsmengen gerecht. Dies gilt auch für die direkte Abrechnung von Innenaufträgen an Kostenträger. Ist eine direkte Verrechnung nicht möglich, erfolgt die Weitergabe über Gemeinkostenzuschläge. In der Prozeßkostenrechnung erfolgt die Weitergabe der Kosten an den Kostenträger auf Basis von Empfängermerkmalen, z.B. 1 x Prozeß „Arbeitsvorbereitung" je 100 Stck. Auftragsmenge.

- Produktkostencontrolling

Im Produktkostencontrolling erfolgt die kostenrechnerische Verfolgung der Wertschöpfungsprozesse des Unternehmens. In der Erzeugniskalkulation werden die Erzeugnispreise berechnet. Dazu werden die für die Erzeugnisse benötigten Materialien in Stücklisten dokumentiert bzw. die für die Herstellung benötigten Kostenstellenleistungen in Arbeitsplänen. Die Multiplikation der benötigten Materialmengen mit den Materialpreisen, die Multiplikation der benötigten Leistungsmengen mit den Kostenstellentarifen, ergänzt um Gemeinkostenzuschläge und ggf. Prozeßkosten führt zum Erzeugnispreis. Ziel der Erzeugniskalkulation ist Berechnung realistischer Erzeugnispreise als Basis für die Kundenauftragskalkulation und die Bewertung der Materialbestände.

In der Kostenträgerrechnung erfolgt die Planung und Istkostenberechnung für die Kostenträger – in der Regel Aufträge bzw. Projekte. Ziel ist die Berechnung und Analyse von Kostenabweichungen und der periodengerechte Ausweis der bewerteten Bestände an Zwischenerzeugnissen.

- Ergebniscontrolling

Im Ergebniscontrolling erfolgt die Berechnung und Analyse des Unternehmensergebnisses nach betriebswirtschaftlichen Kriterien. Während der Jahresabschluß des Unternehmens aus handels- und steuerrechtlicher Sicht erstellt werden muß, erfolgt die Berechnung des internen Betriebsergebnisses auf Basis kalkulatorischer Bewertungen. Dazu werden abgegrenzte Werte berücksichtigt, z.B. kalkulatorische Abschreibungen, kalkulatorische Zinsen oder auch Planpreise bzw. Kundenauftragskalkulationen bei der Berechnung der Umsatzkosten.

Im internationalen Ergebniscontrolling erfolgt insbesondere die Berücksichtigung von Konzernkalkulationen, bei denen Zwischengewinne bei Warenlieferungen innerhalb eines Konzerns eliminiert werden. Bei der Berechnung der Umsätze werden Transferpreise berücksichtigt, die als interne Marktpreise parallel zu den buchhalterischen Produktpreisen geführt werden. Sie dienen der Berechnung des Konzernergebnisses – bzw. des Einzelergebnisses einer Organisationseinheit des Unternehmens aus Konzernsicht. Ziel des Ergebniscontrollings ist die Berechnung des Unternehmsergebnisses nach rein betriebswirtschaftlichen Maßstäben. Der Bezug auf die strategischen Geschäftseinheiten des Unternehmens erfolgt in der Profit-Center-Rechnung. Die Differenzierung nach einzelnen Märkten in der Ergebnis- und Marktsegmentrechnung.

Die organisatorische Einordnung des Controllings ist Voraussetzung dafür, wie wirkungsvoll die Aufgaben wahrgenommen werden können.

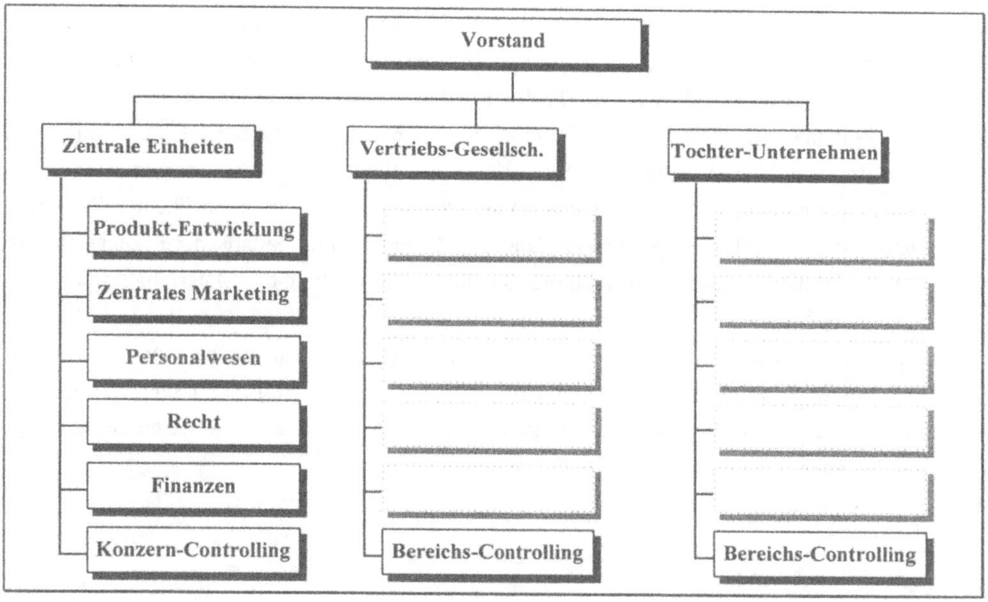

Abbildung 2: Organisatorische Einordnung des Controllings

Eine linienbezogene Einordnung der Controlling-Mitarbeiter erfordert Zeit für Tagesgeschäft und Personalangelegenheiten, die für die innovativen Controlling-Aufgaben der Berichtserstellung und Berichtsanalyse verloren geht.

Zwischen der Geschäftsführung und dem Controlling sollte aufgrund der unternehmensbezogenen Aufgabenstellung ein kurzer Dienstweg bestehen.

Die unternehmensbezogene Aufgabenstellung erfordert auch, daß der Controller nicht ausschließlich einem Produkt (das macht das Produktmanagement) oder einem Kunden (Account-Management) zugeordnet wird, sondern einem Geschäftsbereich, einer Sparte oder auch der Tochtergesellschaft eines Konzern-Unternehmens.

Für die Konzernebene wird ein Konzerncontrolling im Unternehmen etabliert. Hier erfolgt die Verdichtung der Daten der Einzelunternehmen insbesondere im Hinblick auf Gesetzgebung, Währung und Sprache und die Konsolidierung der Ergebnisse der Tochterunternehmen zum Konzern.

Vor der Einführung eines Controllinginformationssystems muß die Unternehmensorganisation in die bestehenden oder einzuführenden EDV-Anwendungssysteme organisatorisch eingebettet und technisch implementiert werden.

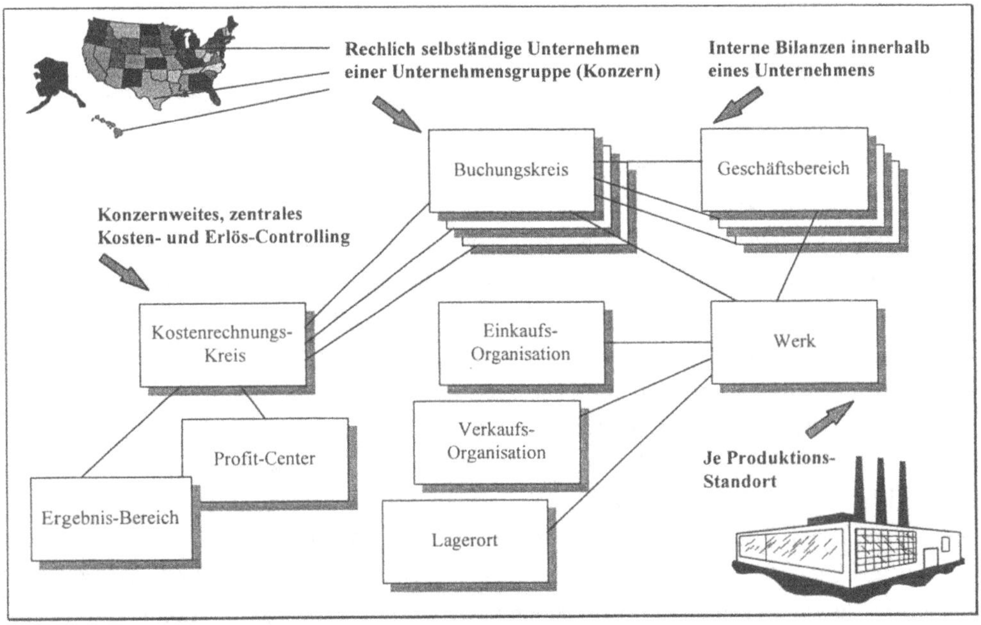

Abbildung 3: Organisationselemente zum Controlling

Oberstes Organisationselement ist die Firma, die als rechtlich selbständige Einheit gegenüber der Steuerbehörde, den Eigentümern des Unternehmens und der Öffentlichkeit informationspflichtig ist. Die Firma wird als *Buchungskreis* im DV-System implementiert, alle Stammdaten der Finanzbuchhaltung einer Firma müssen einem Buchungskreis eindeutig zugeordnet sein. Die Konsolidierung der buchungskreisbezogenen Abschlüsse ergibt den Konzernabschluß.

Existieren in einer Firma mehrere Geschäftsbereiche, so wird für die Erstellung interner Bilanzen das Organisationselement *Geschäftsbereich* definiert. Alle Stammdaten eines Buchungskreises (Konten, Debitoren, Kreditoren) sind zusätzlich noch einem Geschäftsbereich zugeordnet. Aus der Sicht des Controllings ist der Geschäftsbereich ein *Profit-Center* oder definiert mehrere Profit-Center.

Alle Stammdaten des Controllings müssen kosten- und erlösbezogen einem *Kostenrechnungskreis*, im Hinblick auf logistische Prozesse einem *Werk* zugeordnet sein. Ein Werk stellt den Standort eines Unternehmens aus der Sicht der Logistik dar und muß eindeutig einem Buchungskreis zugeordnet sein.

Wird in einem Unternehmen ein zentrales, konzernweites Controlling etabliert, in dem auch die Möglichkeit der Gestaltung und Beeinflussung des operativen Controllings der Konzerntöchter vorgesehen ist, wird ein Kostenrechnungskreis wiederum mehreren Buchungskreisen zugeordnet.

Eine wichtige organisatorische Frage bei der Definition der Controllinginstanz ist die Festlegung auf ein zentrales oder dezentrales Controlling. Im Falle einer zentralen Controllinginstanz werden die Buchungskreise der Einzelfirmen einem Kostenrechnungskreis zugeordnet (buchungskreisübergreifende Kostenrechnung). Dadurch ist es möglich, logistische Abläufe zwischen den Einzelfirmen direkt in einem Kostenrechnungskreises zu buchen, zum Beispiel, wenn die Produktion in mehreren Werken erfolgt und eine explizite Rechnungsstellung zu aufwendig wäre. In diesem Fall erfolgt die Leistungsverrechnung buchungskreisübergreifend. Auch aus Sicht des Konzerncontrollings ist die Verwendung eines Kostenrechnungskreises vorteilhaft. Unabdingbare Voraussetzung für buchungskeisübergreifende Buchungen in einem Kostenrechnungskreis ist jedoch, daß alle beteiligten Firmen zu einer steuerlichen Organschaft gehören. Weitere Bedingungen für die zentrale Controlling-Lösung ist die Verwendung eines einheitlichen Kontenplans, einer einheitlichen Geschäftsjahresvariante (z.B. Kalenderjahr vs. verschobenes Geschäftsjahr) und die Abhängigkeit in den Planungen. Zusammenfassen läßt sich sagen, ist das Kosten- und Erlöscontrolling eher konzernorientiert, bietet sich eine zentrale Controlling-Instanz mit buchungskreisübergreifender Kostenrechnung an. Ist das Controlling eher einzelunternehmensbezogen mit unterschiedlichen Anforderungen, ist die Verwendung dezentraler Controlling-Instanzen mit einer 1:1-Beziehung von Buchungskreis und Kostenrechnungskreis vorzuziehen.

Im Bereich der Logistik wird die Aufbauorganisation des Unternehmens ebenfalls durch Organisationselemente definiert. In der Materialwirtschaft werden unter einem Werk alle Materialstammdaten zugeordnet. Über die Zuordnung von Werk zu Buchungskreis erfolgt bei der Verbuchung von Warenbewegungen im Werk synchron die Verbuchung von Bestands- und Verbrauchsbuchungen in der Finanzbuchhaltung. Hat eine Firma mehrere Produktionsstandorte, die unter einer einzigen rechtlich selbständigen Einheit geführt werden, erfolgt die Zuordnung aller Werke des Unternehmens zu einem Buchungskreis. Für den Bereich der Beschaffung sind Organisationselement wie Einkaufsorganisation und Einkäufergruppen festzulegen, die ebenfalls im Materialstammsatz geführt werden. Damit sind die Zuständigkeiten für die Beschaffung des Materials festgelegt. Analog erfolgt die

Definition der Aufbauorganisation im Vertriebsbereich über Verkaufsorganisation, Vertriebsweg und Sparte.

Weitergehende Anforderungen an die Auswertung der Unternehmensdaten, insbesondere im Hinblick auf die Zusammenfassung operativer Daten aus mehren unterschiedlichen operativen Systemen, erfordern die Sicht auf Unternehmensdaten in Form eines Unternehmens-controllings. Damit wird gefordert, eine von den operativen EDV-Anwendungen isolierte Datenbank zu etablieren. Diese Controlling-Datenbank hat andere Leistungsmerkmale als die für die operativen Geschäftszahlen eingesetzten Datenbanken. In der operativen Datenhaltung wird das Ziel einer effizienten Verarbeitung eines hohen Datenaufkommens verfolgt. Die Controlling-Datenbank soll vornehmlich die Möglichkeit zur schnellen Anpassung an sich ständig ändernde Informationsanforderungen der Entscheidungsträger bieten. Konzern-controlling ist damit die Recherche voraggregierter Daten eines mittel- und langfristigen Zeitraums. Eine Recherche bis auf Belegebene ist dagegen nicht das primäre Ziel eines Data-Warehouse-Systems, sondern der operativen Ergebnisrechnung.

Als technische Konsequenz aus der Forderung nach einem zentralen Konzerncontrolling ergibt sich die Verwendung einer eigenen Datenbank für das Unternehmenscontrolling (EIS - Executive Information System).

Die organisatorische und betriebswirtschaftliche Sicht des operativen und strategischen Controllings ist mit den technischen Möglichkeiten eines Controlling-Informations-Systems abzustimmen. Das betriebswirtschaftliche Fachkonzept zur Einführung eines Controlling-systems ist um ein technisches Fachkonzept zu ergänzen. Kapitel 2 befaßt sich mit der Einführung eines Controllingsystems aus betriebswirtschaftlicher und technischer Sicht.

2 Einführung eines Controllingsystems

Die Einführung eines Controllingsystems ist eine Unternehmensaufgabe. Die Anforderungen zur Neu-Implementierung oder Anpassung eines bestehenden Systems resultieren aus unter-schiedlichen externen und internen Anlässen:

- Einschneidende technische Veränderung der bestehenden EDV-Infrastruktur wie z.B. Einführung einer Client-Server-Architektur mit Abteilungsrechnern (lokale Server).

- Erweiterung oder Ablösung bestehender betriebswirtschaftlicher Anwendungssysteme, insbesondere im Bereich des Rechnungswesens.

- Organisatorische Veränderungen im Unternehmen strategischer Art, z.B. Globalisierung. Daraus resultiert die Notwendigkeit der Konsolidierung im externen und internen Rechnungswesen. Weitere Anforderungen beziehen sich auf Währungsfähigkeit und Mehrsprachigkeit.

Ein Projekt zur Einführung eines Controlling-Informations-Systems hat innerhalb der Konzeptionsphase zwei Unterphasen (Meilensteine). Die erste Phase ist ein politischer Prozeß der Willensbildung. Das Management des Unternehmens entscheidet die Kriterien zur strategischen Steuerung, die mit dem Controllingsystem des Unternehmens erfüllt werden sollen. Es geht um die Frage, über welche Controllingobjekte die Geschäftssituation objektiv analysiert und gesteuert werden kann.

Zum Beispiel ist ein wesentliches Steuerungskriterium in einem Fertigungsunternehmen der Deckungsbeitrag der Erzeugnisse. Ein Versorgungsunternehmen hat durch administrierte Preise in der Regel die Kostensituation der Kostenstellen im Fokus. Ein Handelsunternehmen konzentriert sich z.B. am Umsatz einzelner Marktsegmente wie Standort und Artikel. In dieser Phase ist das strategische Controllingkonzept für ein Unternehmen zu entwickeln. Dieses Rahmenkonzept beinhaltet die Aufbauorganisation und globale Aufgabenstellung des Unternehmens-Controllings. Es werden die betriebswirtschaftlichen Anforderungen an das Berichtswesen und der Wertefluß zur Erstellung der Berichte konzipiert und verabschiedet.

In der zweiten Hauptphase erfolgt die Detaillierung der Grobkonzeption. In organisatorischer Hinsicht wird die Ablauforganisation zur Erstellung und Bearbeitung der Controlling-Daten entwickelt. Im Hinblick auf die Einführung eines Controlling-Informationssystems erfolgt in dieser Phase die Abstimmung mit den Organisationselementen der Standard-Software bzw. dem logischen Datenschema einer Eigenentwicklung. Aus dem Wertefluß der Grobkonzeption werden die konkreten Abläufe festgelegt. Ergebnis sind die für das Controlling erforderlichen Ablaufdiagramme in Daten-, Funktions-, Ablauf- und Organisationssicht.

Die Ergebnisse der Konzeptionsphase führen dann zur Umsetzung durch Einstellung der Parameter eines Standardsoftware-Systems bzw. Erstellung und Test der notwendigen Programme. Abbildung 4 zeigt die Sichten des Konezptions-Werkzeuges ARIS (Architektur integrierter Informationssysteme) der IDS Prof. Scheer GmbH. Zur Einführung ist es notwendig, die Ergebnisse der einzelnen Sichten abzustimmen.

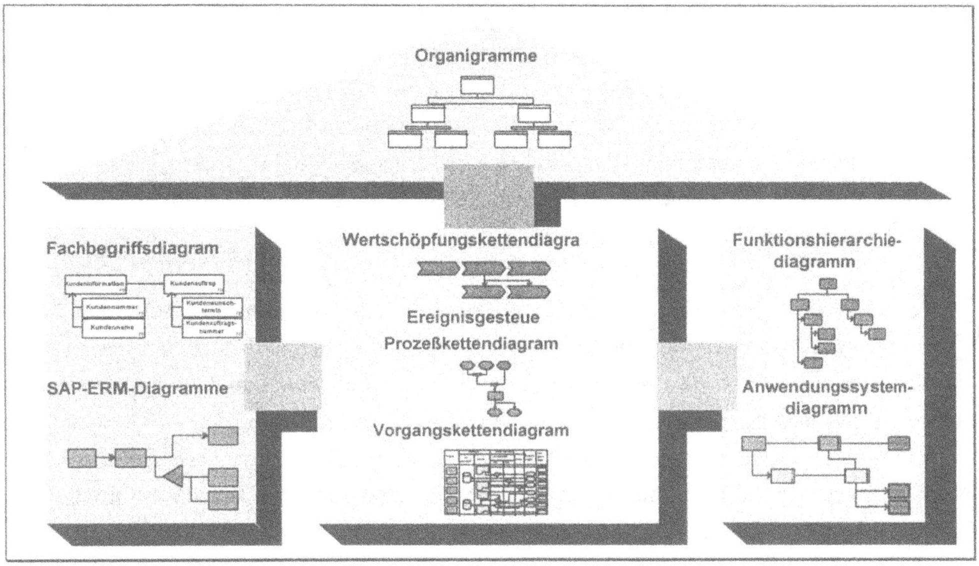

Abbildung 4: Die ARIS-Sichten zur Implementierung einer Anwendungssoftware

Die Organisationssicht beinhaltet die hierarchische Darstellung der Organisationseinheiten des Unternehmens. Insbesondere bei Implementierung einer Standardsoftware ist eine Überarbeitung der bestehenden Aufbauorganisation - in fachlicher Hinsicht - erforderlich. Mit der Einführung ist oft eine neue Aufgabenzuordnung verbunden, die sich aus der Funktionalität der Standardsoftware ergibt. Das System repräsentiert über die Zuordnung einzelner Transaktionen zu betriebswirtschaftlichen Vorgängen auch Arbeitsplätze, die sich auch auf die Planstellen des Unternehmens auswirken.

Die Datensicht richtet sich auf die Stamm- und Bewegungsdaten sowohl im Controlling als auch in den logistischen Systemen. Stammdaten sind Kostenart, Kostenstelle, Leistungsart und Auftrag. Bewegungsdaten sind alle Belege, die im System verbucht werden. Beispiel: Bei der Warenausgangsbuchung wird der Materialbeleg (Lagerentnahme des Materials vom Lagerort), ein Finanzbuchhaltungsbeleg (Buchung Verbrauch an Bestand) und ein Kostenrechnungsbeleg (Belastung mit Materialkosten auf Kostenobjekt, z.B. verbrauchende Kostenstelle) gebucht.

Die funktionsbezogene Konzeption hat 2 Sichten. Mit der Zerlegung einer Hauptfunktion in Einzelfunktionen entsteht eine Funktionshierarchie. Für die Schnittstellen der Anwendungsfunktionen ist es wichtig zu untersuchen, welche Daten in welcher Form übergeben werden. Es wird sowohl die Aufbau- als auch die Ablauforganisation zunächst getrennt betrachtet, um gegenseitige Beeinflussungen zu vermeiden. In der Prozeßsicht erfolgt die Verbindung von Aufbau- und Ablauforganisation.

Das Zusammenspiel von Organisationseinheiten, Daten- und Funktionen wird in der Steuerungssicht dargestellt. Im Vorgangskettendiagramm erfolgt die Darstellung als Tabelle, in der in der Vertikalen die Aufgabenbewältigung im Wechselspiel von Ereignissen und Funktionen abgebildet wird. Zu den Ereignis- und Funktionsspalten werden eine Daten- und Organisationsspalte zugeordnet. Hier wird der Geschäftsprozeß dokumentiert, so wie er in der Standardsoftware zu implementieren ist. Die 4 dokumentierten Sichten sind das Ergebnis der zweiten Hauptphase Konzeption.

Die dritte Hauptphase beinhaltet die Umsetzung des Detailkonzeptes durch Eingabe der Parameter in die Customizingfunktionen der Standardsoftware und durch Programmierung von Schnittstellenfunktionen sowie Funktionen, die durch den Standard nicht abgedeckt werden. Zunächst erfolgt die Erstellung eines Prototyps, der die wesentliche Funktionalität in Form von einigen wesentlichen Standard-Geschäftsprozessen und Standardberichten enthält. Nach Verabschiedung des Prototyps erfolgt die Feineinstellung der Standard-Software bzw. die Codierung der Programme. Nach erfolgreichem Test erfolgt die Produktivsetzung.

2.1 Grobkonzeption zum Controlling

Erster Meilenstein der Controlling-Konzeption ist eine Übereinstimmung über das Selbstverständnis im Unternehmen. Dieses Selbstverständnis wird durch die Formulierung von Leitsätzen dokumentiert und durch globale Vorgaben ergänzt.

Ein Beispiel
... Aufgabe ist die Darstellung von Ergebnissen als Zusammenfassung von Kosten und Erlösen. Die konzernweiten Vorgaben zur Gestaltung des Controllings beinhalten die Vorgabe eines Kontenplans, des Kostenstellenplans und die Gestaltung konzernbezogener, konsolidierter Berichte. Das Firmencontrolling ist für die firmenspezifische Ausgestaltung des Berichtswesens zuständig. Basis für das Controlling sind die im Vertrieb definierten Kundenaufträge für das externe Projektgeschäft und die Verwendung von Controlling-Aufträgen für interne Maßnahmen. Das firmenbezogene Controlling ist zuständig für die operative Planung, die Überwachung der Kostenbudgets und die Erstellung des Inputs für die Konzerninformationen. Das Spartencontrolling ist für das operative Controlling zuständig. Insbesondere erfolgt hier die Erstellung der nach Marktsegmenten differenzierten mehrstufigen Deckungsbeitragsrechnung. Bei signifikanten Abweichung werden Sonderanalysen durchgeführt.

In der strategischen Controlling-Konzeption wird auch die Stellung der Controller im Unternehmen und die Einordnung zur Unternehmensorganisation festgelegt. Entscheidungen für das anzuwendende Kostenrechnungssystem und die für das Controlling zu verwendenden Anwendungssysteme werden auf Basis betriebswirtschaftlicher Analysen getroffen.

2.2 Organisatorisches Rahmenkonzept

2.2.1 Aufbauorganisation

Ziel ist die Festlegung der Organisationseinheiten aus betriebswirtschaftlicher und technischer Sicht. Zur Implementierung einer Standardsoftware sind die Organisationselemente des Systems mit der Aufbauorganisation des Unternehmens abzustimmen. Der höchste Abstimmungsbedarf ergibt sich dabei im Bereich der Logistik, insbesondere im Bereich des Vertiebs und der Produktion. Dazu sollten die Möglichkeiten, die das betriebswirtschaftliche Modell der Standardsoftware bietet, auf die eigenen Anforderungen hin untersucht werden.

Im ersten Schritt wird die grundsätzliche Verwendung der Organisationselemente untersucht. Dazu sind die Attribute der Organisationselemente mit den Anforderungen abzustimmen. Dies geschieht auf Basis der Stammdaten des Anwendungssystems, Lieferantenstammdaten, und Kundenstammdaten. Zweiter Schritt ist die Untersuchung der Zuordnungen zwischen den Organisationselementen und die Möglichkeit der Gestaltung der vorhandene Zuordnungsbeziehungen. Über die Kardinalität der Beziehung wird untersucht, ob z.B. ein Vertriebsbereich einer oder mehreren Sparten zugeordnet werden kann oder soll.

Die nachfolgende Abbildung zeigt die graphische Zuordnung der Organisationselemente im System SAP R/3. Als Beispiel dient die Anwendungskomponente Vertrieb.

Die Stammdaten des Organisationselements *Vertrieb* stehen in folgendem Zusammenhang mit anderen Organisationselementen: Ein Kundenauftrag wird zu einem Vertriebsbereich (Verkaufsorganisation, Vertriebsweg, Sparte) angelegt. Zusätzliche Organisationselemente, die im Auftragskopf bzw. der Auftragsposition eingetragen werden können sind das Verkaufsbüro und die Verkäufergruppe. Dies ist nun mit der Vertriebssteuerung des Unternehmens abzustimmen. Welche Organisationseinheiten des Unternehmens für den gesamten Verkaufsprozeß zuständig sind, wird über die Geschäftsprozesse des Unternehmens analysiert.

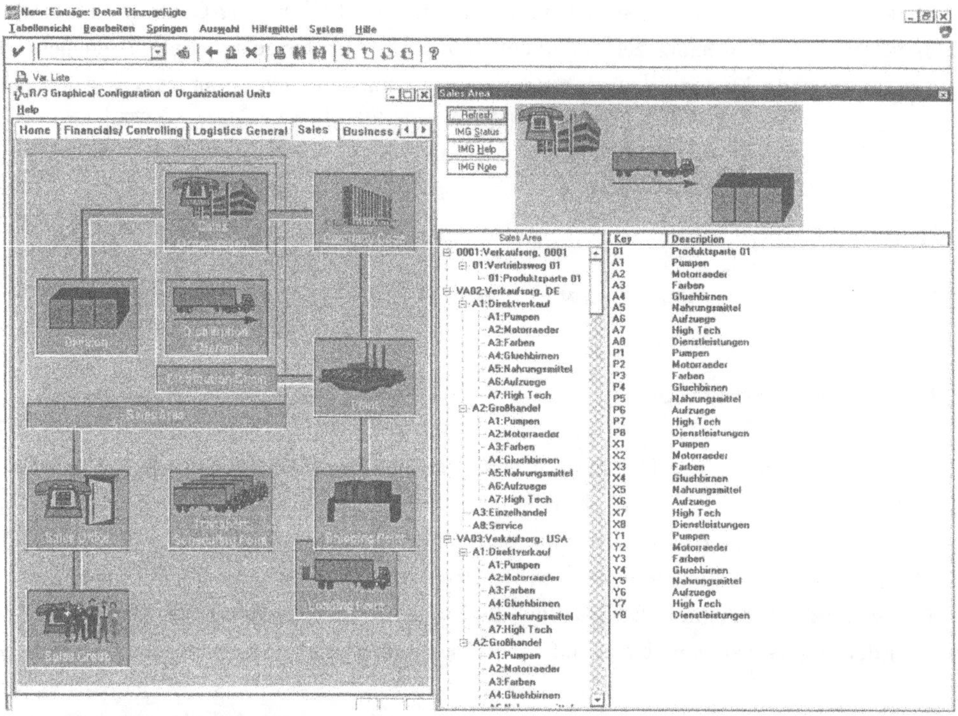

Abbildung 5: System-Organigramm ©by SAP AG

In der Abbildung bedeuten:

- Divison = Sparte (in der Regel die strategische Geschäftseinheit, stellvertretend für eine Produktgruppe)
- Sales Distribution = Verkaufsorgangisation (Vertriebsgesellschaft)
- Distribution Channel = Vertriebsweg (z.B. direkter Vertrieb, indirekter Vertrieb)
- Sales Area (Vertriebsbereich, setzt sich aus Verkaufsorganisation, Vertriebsweg und Sparte zusammen)
- Company Code = Buchungskreis (Firma, selbständig bilanzierende Einheit)
- Plant = Werk (Produktionsstandort)
- Sales Office = Verkaufsbüro (z.B. Agentur)
- Sales Group = Verkäufergruppe (Verdichtung der Vertriebsdaten)
- Transport Scheduling Point = Transportweg
- Shipping Point = Versandstelle
- Loading Point = Verladestelle

Die Umsetzung der vorgegebenen Organisationsstruktur erfolgt durch die Definition der konkreten Ausprägungen und Zuordnungen der Organisationselemente. Wird ein Organisationselement des Systems ausgewählt, so sind die konkreten Organisationseinheiten des Unternehmens zu definieren, die dann in der späteren Realisierungsphase den Stammdaten zugeordnet werden.

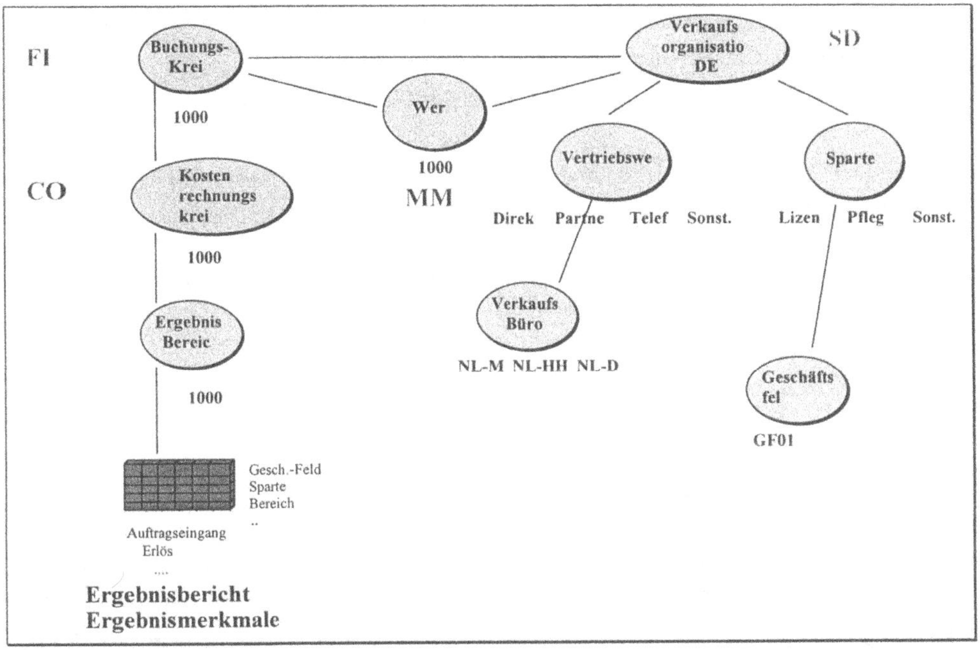

Abbildung 6: Technische Organisationsstruktur eines Unternehmens

Die vorgehende Abbildung zeigt ein Beispiel für ein Systemhaus. Der Vertrieb erfolgt über die Vertriebswege Direktvertrieb (Betreuung der Kunden durch Vertriebsmitarbeiter), Verkauf über Vertriebspartner, Telefonverkauf und sonstige (z.B. über Internet). Es ist also das Organisationselement Vertriebsweg mit den entsprechenden Ausprägungen zu definieren. Analog erfolgt die Definition der anderen Organisationsmerkmale des Vertriebsbereichs (SD – Sales and Distribution). Die konkreten Ausprägungen werden den Materialstammsätzen (MM – Material Management). bzw. Kundenstammsätzen zugeordnet und beim Anlegen eines Kundenauftrages automatisch übernommen.

Für die Aufbauorganisation des Controllings wird die Integration zwischen dem Logistik-Bereich und dem Rechnungswesen über die Zuordnung der Organisationselemente festgelegt.

Im vorliegenden Beispiel (Abbildung 6) wurde das Werk 1000 dem Buchungskreis 1000 zugeordnet. Der Buchungskreis 1000 wurde wiederum dem Kostenrechnungskreis 1000 und der Kostenrechnungskreis dem Ergebnisbereich 1000 zugeordnet. Dies hat nun folgende Konsequenz:

- Ein Verkaufsbeleg führt automatisch zu einem Ergebnisrechnungsbeleg im Ergebnisbereich 1000 (Auftragseingang).
- Kosten, die für den Kundenauftrag entstehen werden auf Kostenobjekten im Kostenrechnungskreis 1000 kontiert und dem Material im Werk 1000 oder – bei Kundeneinzelfertigung – direkt dem Kundenauftrag belastet.
- Die Warenausgangsbuchung im Werk 1000 führt automatisch zu einer Ausbuchung des Bestandes im Buchungskreis 1000.
- Die Faktura führt zu einer Erlösbuchung im Buchungskreis 1000 (buchhalterische Sicht) und im Ergebnisbereich 1000 (betriebswirtschaftliche Sicht).

Das Beispiel zeigt somit die Aufbauorganisation eines zentralen Rechnungswesens und eines zentralen Controllings.

2.2.2 Ablauforganisation

Basis für die Einebnung des Controllings in die Ablauforganisation des Unternehmens sind die Geschäftsprozesse. Ein Geschäftsprozeß ist als eine logische Abfolge betrieblicher Aktivitäten zu sehen, an deren Ende eine verkaufsfähige Leistung steht. Durch die Zahlung von Entgelt ist ein Geschäftsprozeß wertschöpfend. Die Ist-Geschäftsprozesse sind im Hinblick auf die fachlichen Anforderungen und der Funktionalität des Informationssystems zu gestalten. Die fachlichen Anforderungen werden durch Verfahrensanweisungen festgelegt. Beispiel einer Verfahrensanweisung ist die Beschreibung zur Berechnung des Unternehmensergebnisses oder die Verrechnung von Gemeinkosten im Rahmen der Betriebsabrechnung. Die Funktionalität des Informationssystems zeigt die Möglichkeiten und Grenzen auf, die Anforderungen zu realisieren. Schließlich sind auch die Auswirkungen auf die Unternehmensorganisation aufzuzeigen. Ergebnis sind dokumentierte Soll-Geschäftsprozesse.

Die Darstellung der Geschäftsprozesse sollte in Form von Ablaufdiagrammen erfolgen. Gängige Darstellungsformen sind das Vorgangs-Ketten-Diagramm oder die Verwendung von Prozeßketten (Petri-Netze). Im System R/3 erfolgt die Darstellung der im System implementierten und an die Anforderungen des Unternehmens adaptierbaren Prozesse in Form von *eEPK's* (erweiterte, ereignisgesteuerte Prozeßketten). Aus Basis der Prozesse kann überprüft werden:

- welche Aktivitäten im R/3 System zur Bearbeitung der Geschäftsprozesse vorhanden sind,
- in welcher logischen Abfolge die Einzelfunktionen zueinander stehen,
- welche ein- und ausgehenden Informationen (Input/Output) mit der Funktion und dem Prozeß verbunden sind und
- wie die konkrete Bearbeitung der Funktion voreingestellt ist.

Das nachfolgende Beispiel zeigt für die Herstellung von Werkzeugen eines Automobilzulieferers die Verfahrensanweisung zur kostenrechnerischen Behandlung des Werkzeugbaus und die Auswahl geeignet Kostenobjekte zur Kostenverfolgung.

2.2.3 Beispiel für Sollkonzept: Werkzeugbau eines Automobilzulieferers

Ein Automobilzulieferer fertigt die Werkzeuge für seine Produkte selbst. Die Werkzeuge werden entweder Eigentum des Automobilzulieferers (Auftragnehmer) oder Eigentum des Automobilunternehmens (Auftraggeber). Wird das Automobilunternehmen Eigentümer, vermindert sich das Investitionsrisiko des Automobilzulieferers, da auch die Finanzierung der Werkzeugentwicklung und -herstellung vom Automobilunternehmen getragen wird. Die Finanzierung des Werkzeugs durch das Automobilunternehmen erfolgt durch direkte Zahlung an den Automobilzulieferer. Entweder bleibt das Werkzeug Eigentum des Automoilunternehmens oder – dies ist der Regelfall – der Automobilzulieferer wird Eigentümer des Werkzeugs und bezahlt die Finanzierung durch das Automobilunternehmen sukzessive mit der Lieferung der Erzeugnisse.

In der Verfahrensanweisung ist nun festzulegen, wie der Bestand an Werkzeugen zu bewerten ist. Für das Beispiel des Automobilzulieferers wurde festgelegt:

- Werden für die Werkzeuge keine Erlöse erzielt (keine Beteiligung seitens des Automobilunternehmens) und
    - handelt es sich um kleinere Werkzeuge, die nicht zu aktivieren sind, erfolgt die Kontierung der Kosten auf dafür geeignet Kostenobjekte.
    - Sind die Werkzeugkosten zu aktivieren, erfolgt die Abrechnung der Kosten auf Anlagen im Bau. Ist das Werkzeug fertiggestellt, erfolgt die Aktivierung der Kosten als Anlage.

- Werden für die Werkzeuge Erlöse erzielt (Automobilunternehmen finanziert die Werkzeugentwicklung) und ist das Automobilunternehmen Eigentümer der Werkzeuge, so erfolgt der Ausweis der aufgelaufenen Kosten als Ware in Arbeit (bewerteter Zwischenlagerbestand an unfertigen Erzeugnissen) und der Ausweis der bisher erzielten

Erlöse als passiver Rechnungsabgrenzungsposten (vorauserhaltene Erlöse). Nach Fertigstellung des Werkzeugs werden die Ware in Arbeit und der Rechnungsabgrenzungsposten aufgelöst und Erlös bzw. Kosten an das Ergebnis abgerechnet.

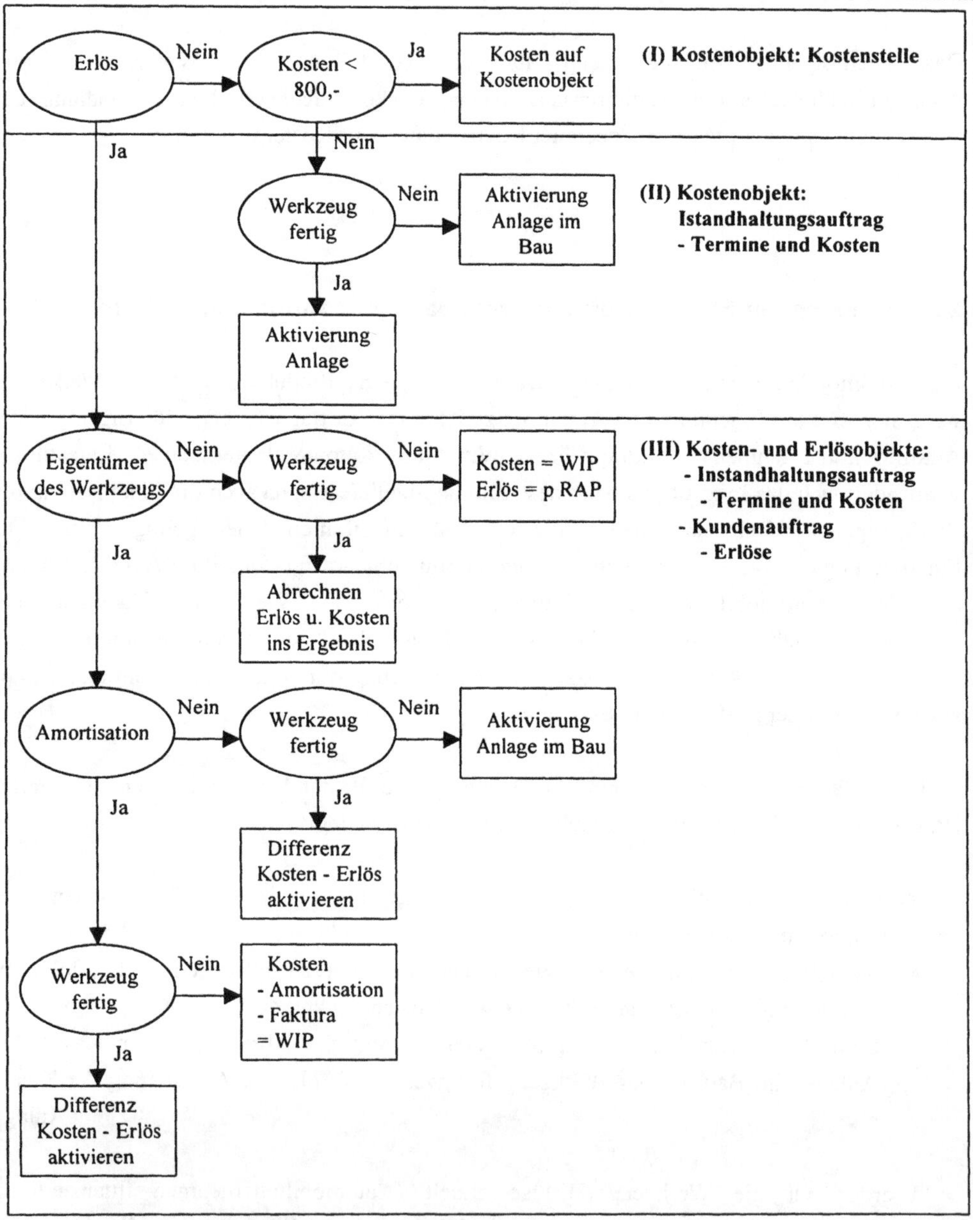

WIP - Work in Process (Ware in Arbeit)
pRAP - passiver Rechnungsabgrenzungsposten

Abbildung 7: Beispiel für Sollkonzept zum Controlling des Werkzeugbaus eines Automobilzulieferers

- Werden für die Werkzeuge Erlöse erzielt und das der Automobilzulieferer ist Eigentümer der Werkzeuge, so werden bis zur Fertigstellung die aufgelaufenen Kosten als Anlage im Bau ausgewiesen und nach Fertigstellung aktiviert. Die Differenz zwischen den Kosten und den Erlösen wird an die Ergebnisrechnung abgerechnet.

- Im Falle einer Verrechnung der Erlöse (Zahlung vom Automobilunternehmen) mit den gelieferten Produkten des Automobilzulieferers (Amortisation) ist beim Ausweis der aktivierungspflichtigen Beträge bzw. Abrechnung an das Betriebsergebnis der Amortisationsbetrag abzuziehen (denn in dieser Höhe sind ja das Ergebnis mindernde Kosten entstanden).

Das vorhergehende Ablaufdiagramm in Abbildung 7 gibt einen Überblick über die Verfahrensanweisung zum Kosten- und Erlöscontrolling des Werkzeugbaus.

Auf Basis der Verfahrensanweisung sind die Kostenobjekte auszuwählen, mit denen ein optimales Controlling für das jeweilige Szenario möglich ist.

Im Falle einer reinen Kostenverfolgung für geringwertige Wirtschaftsgüter bietet es sich an, die Kosten auf die Kostenstelle zu kontieren, die das Werkzeug in der Produktion einsetzt. Die Kosten des Werkzeugs werden so bei der Berechnung der Kostenstellentarife berücksichtigt.

Werden für das Werkzeug Erlöse erzielt, die gegenüber dem Kunden (Automobilunternehmen) fakturiert werden, ist als Kosten- und Erlösobjekt der Kundenauftrag zu wählen. Die Erlöse werden je Kundenauftragsposition berechnet und fakturiert. Die Kosten könnten ebenfalls von den leistenden Produktionskostenstellen an die Kundenauftragsposition abgerechnet werden. Aus Sicht des Controllings würden die Plan- und Istwerte für Erlöse und Kosten je Kundenauftragsposition berichtet werden.

Weitergehende Anforderungen führen zur Verwendung des PM-Auftrags (Plant Maintenance – Instandhaltung):

- Budgetierung der Instandhaltungsmaßnahme und aktive Verfügbarkeitskontrolle (Budgetüberschreibung kann nicht gebucht werden)
- Abrechnung der Kosten an Anlage im Bau, Anlage oder Kundenauftrag je nach Szenario
- Termin- und Kapazitätsplanung für die Instandhaltungsmaßnahme
- Kontierung der Kosten externer Leistungen auf die Instandhaltungsmaßnahme.

Nach Auswahl der Kosten- und Erlösobjekt wird der Wertefluß und damit die Ablauforganisation konzipiert und als Prototyp getestet. In einer Grobkonzeption wird zunächst der Ablauf vorgezeichnet. Im Rahmen der Detaillierung werden die technischen

Möglichkeiten des Informationssystems berücksichtigt und Vorgaben für die Einstellungen des Systems definiert.

Funktion/Ereigni	Aufgaben	Daten	Organisation
Kundenauftrag für Werkzeugbau	• Anlegen Materialstamm für neues Werkzeug • Erfassen der Positionen • Planung der Erlöse	Materialstamm Kundenstamm	Vertrieb Arbeits-vorbereitung
Instandhaltungs-auftrag	• Positionen erfassen • Terminplanung • Kapazitätsplanung • Budgetierung	Arbeitsplatzdaten aktuelle Kapazitäts-belastung	Werkzeugbau
Herstellung der Werkzeuge	• Abrechnen der Kosten auf den PM-Auftrag • ggf. Faktura (oder Amortisation) • Kosten- und Budget-kontrolle	Auftragsdaten	Werkzeugbau Controlling
Ende der Geschäftsperiode	• Abrechnen der Kosten an Ware in Arbeit • Aktivierung Anlage im Bau	Auftragsdaten	Controlling FIBU
Werkzeug fertiggestellt	• Auflösung Ware in Arbeit • Ergebnisermittlung • Abrechnung • an Anlage • an Ergebnis	Anlagenstamm Ergebnis	Controlling FIBU

Abbildung 8: Beispiel-Prozeßkette für Werkzeugbau

- Bei Eintreffen des Kundenauftrags legt der Vertrieb den Kundenauftrag an, die Arbeitsvorbereitung die Materialstammdaten. Dabei ist eine Abstimmung zwischen der Arbeitsvorbereitung und dem Controlling bzw. Finanzbuchhaltung (FIBU) notwendig, um die richtigen Steuerungsdaten für die Bewertung zuzuordnen (z.B. Preissteuerung, d.h. Bewertung auf Basis eines festen Standardpreises oder eines gleitenden Durchschnittspreises).

- Für die Einplanung des Werkzeugauftrags wird vom Werkzeugbau ein Instandhaltungsauftrag angelegt, Termine geplant, Produktionskapazitäten zugeordnet und der Auftrag budgetiert.

- Im Verlauf der Werkzeugherstellung werden die Kosten auf dem Instandhaltungsauftrag gesammelt und je nach Szenario an den Kunden fakturiert, als Ware in Arbeit ausgewiesen oder an eine Anlage im Bau abgerechnet. Die aufgelaufenen Istkosten werden gegen das Kostenbudget auf dem Instandhaltungsauftrag geprüft.

- Nach Fertigstellung der Werkzeuge erfolgt die Ergebnisermittlung. Es wird analysiert, welche Kostenabweichungen aufgetreten sind und welche Ursachen die Abweichungen haben. Es ist im Rahmen der Ergebnisermittlung zu überprüfen, ob die Kosten durch die Erlöse gedeckt wurden oder bzw. ein Erfolg ausgewiesen wird.

Der nächste Schritt ist die Detaillierung und Realisierung. Dazu werden die Vorgaben an die Stammdaten und Steuerungsdaten der Objekte (Kundenstamm, Materialstamm, Anlage, Kundenauftrag, Instandhaltungsauftrag, Aufbau der Ergebnisrechnung) definiert. Für das vorliegende Beispiel wäre im wesentlichen festzulegen:

- Stammdaten
  - Steuerungsdaten für die Materialstammdaten, z.B. Preissteuerung für die Bewertung der Materialbestände, Kalkulationsvorgaben (Selektion der Mengendaten, Gemeinkostenzuschläge), Dispositionsvorgaben (Kundeneinzelfertigung), Vertriebsvorgaben (Verkäufergruppe, Versandvorschriften, usw.), Bewertungsklasse und die damit verbundene Kontenfindung, d.h. welche Kosten werden geführt und wie erfolgt die Kontierung der Kosten auf das Material (Werkzeug ist Eigentum des Auftraggebers), usw.
  - Steuerungsdaten für die Anlagen. Alle aktivierungspflichtigen Werkzeuge, d.h. das Automobilunternehmen ist Eigentümer der Werkzeuge, sind als Anlage zu führen. Für die Anlage sind die Anlagenklasse und die damit verbundenen Abschreibungsvorschriften festzulegen.
  - Steuerungsdaten für die Kundendaten, insbesondere Preisfindung und Preisbestandteile.

- Bewegungsdaten
  - Steuerungsdaten für die Kundenaufträge, insbesondere Abrechnungsvorschriften an die Ergebnisrechnung (Kosten und Erlöse), welche über den Kontierungstyp für das Material übernommen werden, Einstellungen zur Kalkulation der Kundenaufträge für die Werkzeuge.
  - Steuerungsdaten für die Instandhaltungsaufträge. Definition der Abrechnungsvorschriften an Anlagen bzw. an die Ergebnisrechnug. Definition von Budgetprofilen für die Budgetierung (Budgethorizont), Vorgaben für die Termin- und Kapazitätsplanung.

An dieser Stelle solle jedoch nicht noch weiter ins Detail gegangen werden. Das Beispiel diente dazu, einen Eindruck über die Vorgehensweise zur Definition und Einführung eines Controllingszenarios zu geben. In den Kapiteln 2.3 bis 2.7 werden die Standardschritte zur Einführung eines Controllingsystems grundsätzlich erläutert.

2.3 Berichte als Ausgangspunkt

Eine standardmäßige Vorgehensweise zur Analyse des Informationsbedarfs an das Controllings ist die Auswertung der Berichte auf allen organisatorischen Ebenen. Damit kann gewährleistet werden, daß die richtigen Anforderungen an den Wertefluß im Controlling-Informationssystem gestellt werden. Hier sollten die verschiedenen Ebenen der Berichtserstellung in die Betrachtung einfließen. Dies sind insbesondere die operative-, kostenstellen- und auftragsbezogene Ebene, die Verdichtungsebene der taktischen Vertriebseinheiten (Verkaufsorganisation), die Unternehmens- und schließlich die Konzern-Sicht.

2.3.1 Konzernbericht

Der Konzernbericht spiegelt die strategische Ausrichtung des Unternehmens wieder. Auf höchster Managementebene wird die wirtschaftliche Situation der Geschäftsfelder überprüft. Der Bericht ist daher auf die Unternehmensorganisation ausgerichtet und hat in der Regel eine Organisationstiefe von 3 Stufen. Das heißt, daß der Drill-Down bis auf Belegebene nicht die Aufgabenstellung eines Mitglieds der Geschäftsführung sein kann. Vielmehr konzentriert sich das Unternehmenscontrolling auf Kennzahlen und Frühwarnindikatoren. Ein weiteres Merkmal dieser Controllingebene ist die Notwendigkeit, aggregierte Daten aus dem Logistik-, Personal- und Rechnungswesenbereich zusammenzustellen.

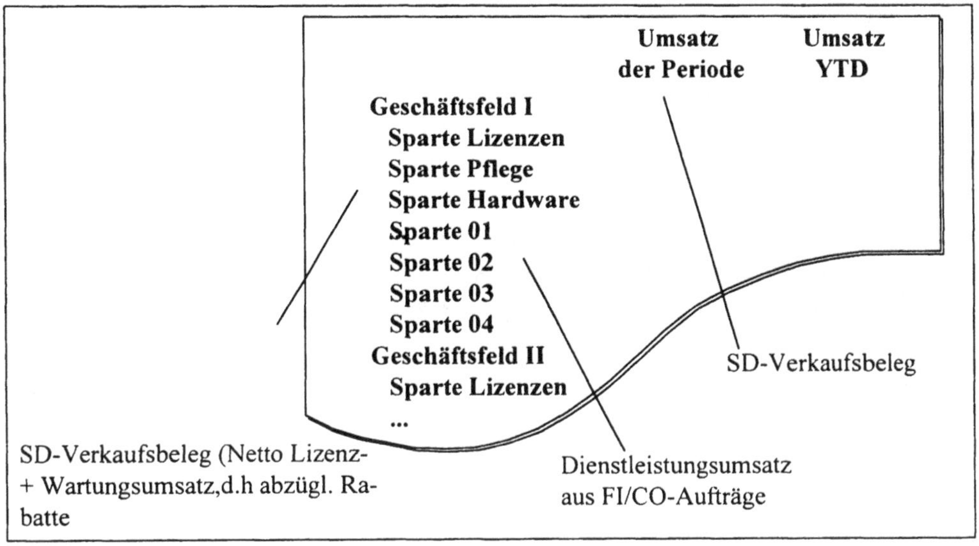

Abbildung 9: Konzernbericht

Abbildung 9 zeigt ein Beispiel für ein Unternehmen, das die Unternehmensorganisation in Geschäftsfelder (Line of Business) unterteilt hat. Ein Technologiekonzern hat zum Beispiel die Geschäftsfelder Automobilbau, Flugzeugbau und Elektronik. Ein Systemhaus hat dagegen die Geschäftsfelder Produkte, Beratung und Projekte.

Unterhalb des Geschäftsfeldes ist im Beispiel eine Einteilung nach Sparten definiert worden. Für den Technologiekonzern im Geschäftsfeld Automobilbau könnten das die Sparten PKW, LKW und Omnibusse sein. Ein Geschäftsfeld Kraftwerke unterteilt sich in die Sparten konventionelle-, Gas- und Atomkraftwerke. Das Systemhaus etwa könnte unter dem Geschäftsfeld Beratung die Sparten Organisationsberatung, Produktberatung und Kundenschulung definiert haben.

Die Darstellung der verdichteten Geschäftszahlen und Kennzahlen erfolgt auf der Spartenebene. Im Beispiel der Abbildung 9 wird der Umsatz der Periode und kumuliert seit Jahresanfang (year-to-date) gezeigt. Die weitere Untersuchung der Werte bezieht sich dann auf die Organisationselemente unterhalb der Sparten, zum Beispiel Kunden, Regionen und Produkte.

Für die Implementierung des Controllingsystems stellt sich die Frage, wer welche Konzernberichte benutzen darf und welche Schnittstellen zwischen den operativen Systemen und dem Konzernbericht zu versorgen sind. Dies ist eine Frage der Gestaltung des Werteflusses, die im Kapitel 2.4 behandelt wird.

2.3.2 Niederlassungsbericht

Die Vertriebsorganisation ist für viele Branchen über Verkaufsniederlassungen festgelegt. Verkaufsniederlassungen sind selbständig operierende Organisationseinheiten mit Ergebnisverantwortung und oft auch eigener Rechtspersönlichkeit. Über die Mitarbeiter der Verkaufsniederlassung erfolgt der Kundenkontakt im direkten Vertrieb. Niederlassungen werden meist regional und nach Produktgruppen gegliedert. Ein Automobilunternehmen hat in der Regel Niederlassungen für PKW und LKW. Ein Systemhaus hat regional angesiedelte Niederlassungen, in denen alle Dienstleistungsprodukte angeboten werden.

Der Niederlassungsbericht ist der Ergebnisausweis für die von den Niederlassungen erbrachten Marktleistungen.

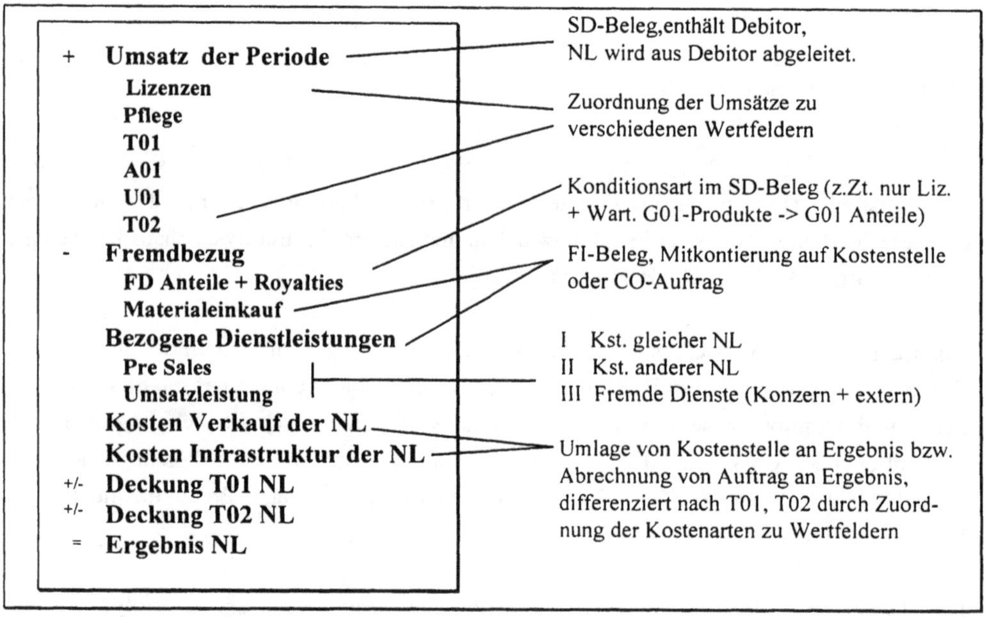

Abbildung 10: Niederlassungsbericht

Mit dem Niederlassungsbericht erfolgt die Sicht auf das Unternehmen als produktive Einheit. Diese Profit-Center bezogene Sichtweise hat zum Ziel, die Profitabilität und Rentabilität der Bereiche zu untersuchen und zu steuern. Möglicherweise ergeben sich hieraus signifikante Unterschiede in den Bereichen einzelner Niederlassungen, weil ein bestimmtes *Geschäft* auch nur in bestimmten Regionen realisiert werden kann.

Dies hat zur Folge, daß den auf die Niederlassung bezogenen Berichten gewisse Freiheitsgrade eingeräumt werden müssen. Andererseits muß darauf geachtet werden, daß die Berichte vergleichbar sind. Es ist notwendig, Standardberichte zu definieren, mit denen die Leitungen der Niederlassungen ihre Ergebnisse in den Controlling-Gremien präsentieren können. Die Voreinstellung erfolgt durch entsprechende Berichtsformulare im R/3-System. Ad-hoc-Berichte dienen den Niederlassungsleitungen zur kurzfristigen Analyse ihrer Bereiche.

Die Berichtskonzeption in Abbildung 10 stellt einen solchen Standardbericht zum Niederlassungs-Vergleich dar. Das Geschäft der Niederlassung wird vergleichbar, indem in allen Niederlassungen die Bereiche T01, A01, U01 und T02 etabliert sind. Auf dieser Basis wird mit den Niederlassungsleitungen diskutiert. Ergeben sich signifikante Unterschiede in der zeitlichen Entwicklung der Bereichszahlen bzw. im Niederlassungsvergleich, so kann gezielt nach den Gründen für diese Entwicklung gesucht werden. Unter Umständen kann das Ergebnis einer Controlling-Session sein, daß bestimmte Bereiche auf- oder abgebaut werden, weil die erreichte Profitabilität nicht die Erwartungen erfüllt hat.

Gegenstand der Untersuchung ist auch, wie weit ein Leistungsaustausch zwischen den einzelnen Niederlassungen stattgefunden hat (*Kosten andere NL*) und in welchem Umfang die Niederlassung Fremdleistungen von externen Partnern bezogen hat.

Ein wesentliches Controlling-Kriterium einer Niederlassung ist der Vergleich der Gemeinkosten. Diese Kosten der Infrastruktur hängen zwar auch mit dem Standort der Niederlassung zusammen, so hat eine Niederlassung in Düsseldorf ggf. höhere Büromieten zu tragen als eine Niederlassung in Bremen. Dennoch stellt sich auch hier die Frage, wie wirtschaftlich eine Niederlassung mit der benötigten Infrastruktur umgeht.

Beispiel für Niederlassungsberichte bei einer Kaufhausgruppe

Eine Einzelhandelsgruppe überprüft die Profitabilität der Warenhäuser auf Basis der Abteilungen, z.B. Herrenkollektion, Damenkollektion, Kinderabteilung. Der Vergleich richtet sich auf die variablen Gemeinkosten. In einem Warenhaus sind dies die Kosten des Wareneinsatzes (Einstandspreis für die Ware) und der Warenauszeichnung. Die in den Verkaufsabteilungen anfallenden Personalkosten sind nur bedingt variabel. Kurzfristig können die Personalkosten insbesondere durch den Einsatz von Teilzeitkräften flexibilisiert werden. Bedarfsspitzen werden über den Einsatz von Personalleasing erfüllt.

Basis des Vergleichs der einzelnen Warenhäuser ist die mehrstufige Deckungsbeitragsrechnung. Insbesondere der Deckungsbeitrag I (Wareneinsatz abzüglich Erlösschmälerungen und variabler Kosten) ist die Basis, auf der eine weitgehende Steuerung der Ergebnisse möglich ist. Die Beeinflußbarkeit der Kosten nimmt mit zunehmendem Fixkostencharakter der Kosten ab.

Voraussetzung dafür ist, daß die Warenhäuser von ihrer Größe und ihrem Standort her auch vergleichbar sind. Ein Warenhaus im hessischen Wiesbaden ist sicher vergleichbar mit einem Warenhaus in Darmstadt, weniger vergleichbar mit einem Warenhaus in Michelstadt im Odenwald. Dies liegt daran, daß die Warenhäuser eine unterschiedliche Größe haben. Das kleinere Warenhaus in Michelstadt hat wesentlich weniger Abteilungen als das Warenhaus in Wiesbaden.

Ziel des Vergleichs der Abteilungskosten ist es herauszufinden, wie sich die Warenhäuser bei der Gestaltung der Infrastruktur gegenseitig unterstützen können, z.B. durch Einsatz einer gemeinsamen EDV für die Verwaltung (Finanzbuchhaltung) oder gemeinsamer Anwendungen für die Auszeichnung der Waren. Durch gegenseitige Information können Einsparungspotentiale aufgezeigt werden, z.B. indem ein Warenhaus gute Erfahrung mit bestimmten Lieferanten gemacht hat oder durch Einsatz von Teilzeitkräften die Personalkosten senken konnte.

Weitere Steuerungsaufgabe des Controllings ist es, die Sortimentspolitik der Warenhäuser zu beeinflussen. Es wird untersucht, wie durch Werbung und innerbetrieblich Standortplanung der Erfolg der Artikelgruppen beeinflußt werden kann, welche Artikelgruppen in den Warenhäusern im Trend liegen und ob es regional bedingte Unterschiede im Käuferverhalten gibt.

Für alle Häuser der Einzelhandelsgruppe ist ein gemeinsames Deckungsbeitragsschema zu definieren. Darin wird festgelegt, aus welchen Zeilen das Deckungsbeitragsschema besteht und wie die Ergebniszeilen gefüllt werden. Erlöse werden aus dem Kassensystem der Warenwirtschaft berechnet, Einstandskosten aus der Warenwirtschaft und Personalkosten aus der Personal- und Leistungsstatistik gefüllt. Die Abstimmung dieses gemeinsamen Deckungsbeitragsschemas ist ein wichtiger Meilenstein in der Einführungsphase und hat neben der betriebswirtschaftlichen - auch eine politische Dimension. Es geht um die Frage, welche Kosten steuerungsrelevant sind, aber auch um die Frage, welche Kosten in welcher Verdichtungsstufe (Verkaufsabteilung, Produktgruppe, Kaufhaus) zugeordnet werden können.

Dazu wurden folgende Erfolgsfaktoren definiert:

- Umsätze
  - Umsatz pro qm Verkaufsfläche, Umsatz pro verbrauchte Stunden, Umsatz pro Mitarbeiter (getrennt nach Festangestellte und Teilzeitkräfte)
- Rohertrag I (= Umsatz – Wareneinsatz (Kosten aus Wareneinkauf))
- Rohertrag II (= Rohertrag I – Bonus – Inventurdifferenz)
- Abschriften (Preisreduzierung wegen mangelndem Absatz)
- Lagerbestände
- Lagerumschlag (Warenverkauf / durchschnittl. Lagerbestand)

- Kosten I (Verkaufspersonal + Verkaufsprämie + Reisespesen + sonst. Soziale Aufwendungen + Werbekosten + Reinigung + Versicherung + sonst. Kosten für geringwertige Wirtschaftsgüter), auf Verkaufsabteilung zurechenbar (Kostenstelle).
- Deckungsbeitrag I (= Rohertrag I – Kosten I)
- Kosten II (Personalkosten Kassen + Personalkosten Verpackung, Versand + Energiekosten + Dekoration), auf Produktgruppe (Kostenstellengruppe) zurechenbar.
- Deckungsbeitrag II (Deckungsbeitrag I – Kosten II)
- Hausergebnis I (Deckungsbeitrag II – Kosten Verwaltung – Abschreibungen – Hausinspektion)
- Hausergebnis II (Hausergebnis I – Miete, Erbpacht – Steuern – Zinsaufwand – Altersversorgung)

Mit den Abteilungsleitungen, Produktgruppenverantwortlichen und der Hausleitung wird über die Ergebnisse der Deckungsbeiträge und Hausergebnisse diskutiert und Maßnahmen zu ihrer Beeinflussung entschieden.

Die im Beispiel dargestellte, interne Sicht auf das Unternehmen wird im SAP R/3-System durch die Profit-Center-Rechnung abgebildet, insbesondere dann, wenn neben Bewegungsdaten (Kosten, Erlöse) auch Bestandsdaten (gebundenes Kapital) für Rentabilitätskennzahlen benötigt werden. Ein Profit-Center ergibt sich durch Zuordnung der für ein Ergebnis verantwortlichen CO-Objekte, im Beispiel der Kaufhausgruppe die Kostenstellen. Für das Beispiel des Warenhauses sind hier die Abteilungen als Profit-Center zu sehen. Wenn der Erfolg bestimmter Artikel dargestellt werden soll, so ist eine Zuordnung der Artikel-Nr.'n zu Profit-Centern denkbar. Das R/3-System ermöglicht die Zuordnung zu allen Logistik- und Rechnungswesenobjekten, die gewissermaßen unter Erfolgszwang stehen bzw. mit dem Erfolg der Organisationseinheit, der sie zugeordnet sind, unmittelbar verbunden sind.

Nehmen wird als Beispiel die Produktgruppe Herrenkonfektion (HKON). Die Zuordnung der Materialien zu dem Profit Center HKON führt dazu, daß beim Einkauf der Wareneinsatz im Profit Center automatisch mitgebucht wird. Gleiches gilt für den Erlös, wenn die Ware verkauft wird. Die Kostenstellen für die Herrenkonfektion werden ebenfalls dem Profit Center HKON zugeordnet. Damit werden auch die Personalkosten beim Profit Center mitgeführt. Die Abschreibungsbeträge der Einrichtungen werden durch Zuordnung der Anlagen zur Kostenstelle und damit zum Profit Center berücksichtigt. Neben den Kosten und Erlösen werden im System SAP R/3 auch die Bestandswerte übernommen. Dies sind die Verbindlichkeiten aus dem Einkauf, die Forderungen aus dem Warenverkauf, die Bestandswerte aus dem Lagerbestand und aktuellen Buchwerte der Anlagen.

2.3.3 Kostenstellenbericht

Der Kostenstellenbericht zeigt die Entwicklung der Plan- und Ist-Kosten einer Organisationseinheit, die Kosten und Leistung verantwortet. Eine Kostenstelle ist vom betriebswirtschaftlichen Ansatz her nicht erlösführend, da dies nicht der Aufgabenstellung einer Kostenstelle entspricht. Die Darstellung der Erlöse erfolgt dagegen auf einem Profit-Center, dem die Kostenstelle zugeordnet wird.

Die Steuerung der Kostenstelle erfolgt über die Plan- und Istkosten bzw. Leistungsmengen. Oberstes Steuerungsinstrument ist die Analyse und Interpretation der kostenartenbezogenen Kosen und Kosten- bzw. Leistungsmengenabweichungen. Die kostenartenbezogene Planung der Kosten und Leistungsmengen (Beschäftigung) wird den tatsächlich angefallenen Kosten und Leistungsmengen gegenübergestellt. Wichtig ist, daß zur Planung und Steuerung der Kostenstelle nur originäre Kostenarten herangezogen werden. Eine originäre Kostenart läßt sich betriebswirtschaftlich sinnvoll nicht weiter unterteilen und repräsentiert eine eindeutige Kostenverursachung. Kostengrößen wie Organisationskosten, Kommunikations- oder Logistikkosten sind sicher sinnvoll für Make-or-buy-Entscheidungen oder auch Investitionsentscheidungen. Zur Steuerung der Kostenstelle sollten die mit der Kostenstelle verbundenen Organisationskosten jedoch in die originären Kostenarten Lohnkosten, Gehaltskosten, Materialeinsatz, Telefonkosten, Internetkosten, usw. unterteilt werden. Die Kosten werden in primäre Kosten (Bezug einer Leistung von einem externen Partner des Unternehmens) und sekundäre Kosten (innerbetriebliche Leistungsabgabe) unterschieden.

Innerhalb eines Betrachtungszeitraums kommt es aufgrund des Leistungsbezugs (z.B. Personalkosten) zu Belastungsbuchungen. Aufgrund der Leistungsabgabe der Kostenstellen an andere Bereiche oder an externe Partner des Unternehmens werden durch Bewertung der Kostenstellenleistungen Entlastungsbuchungen auf der Kostenstelle durchgeführt. Die Kostenabweichung der Plan- und Ist-Kosten wird nach Kostenarten differenziert ausgewiesen.

In nächsten Schritt werden die Abweichung differenziert nach Abweichungskategorien bezüglich Input und Output der Kostenstelle analysiert. Diese Form der Abweichungsermittlung wird im Kapitel Gemeinkostencontrolling, Kostenstellen erläutert.

	Plan	Ist	Abw.	
Kosten der Kostenstelle				
Gehalt, Soziales				
Reise				
KFZ				
Ausbildung				
Subunternehmer				
sonst. Kostenstelleneinzelkosten				
= Summe Kosten				
- bewertete Leistungszeiten der MA der Kostenstelle, differenziert nach				
Umsatzleistungen				
Pre-Sales				
Interne Projekte				
= Über-/Unterdeckung				

Abbildung 11: Kostenstellenbericht

Der Kostenstellenbericht in Abbildung 11 zeigt im ersten Abschnitt eine nach Kostenarten differenzierte Darstellung der Kostenstelleneinzelkosten. Voraussetzung dafür ist eine direkte Zuordnung der Kostenverursachung, z.B. die Zuordnung der Mitarbeiter und Firmenfahrzeuge. Da in dem hier vorgestellten Kostenstellenbericht nur die Kostenstelleneinzelkosten betrachtet werden, ergibt die Berechnung der Über- oder Unterdeckung den Deckungsbeitrag der Kostenstelle. Der Deckungsbeitrag sagt aus, welchen Beitrag die Kostenstelle zur Deckung der fixen Kosten des Unternehmens und dem Unternehmenserfolg leistet.

Die leistungsbezogenen Sekundärkosten ergeben sich aus der Bewertung der von der Kostenstelle abgegebenen Leistungen in Form von Mitarbeiterzeiten. Die Unterscheidung in Umsatzleistung, Pre-Sales (verkaufsfördernde Maßnahmen) und interne Projekt steuert den Mitarbeitereinsatz. Es soll gezeigt werden, mit welchem Anteil der Einsatz der Mitarbeiter markt- und umsatzorientiert erfolgt. Eine Analyse der Über- oder Unterdeckung könnte zum Beispiel ergeben, daß die Mitarbeiter zu viel für interne Maßnahmen eingesetzt wurden. Dies würde sich dann auch in einer Plan-/Ist-Abweichung für die jeweiligen internen Leistungen widerspiegeln.

Die konzeptionellen Anforderungen der Benutzer an den Kostenstellenbericht werden mit den im Controllingsystem ausgelieferten Standardberichten verglichen. Oft erfüllen zumindest in der Anfangsphase der produktiven Nutzung des CO-Systems die Standardberichte die Anforderungen.

Weiterhin wird bestimmt, welche Kennzahlen für die Kostenstellenberichte benötigt werden. Die Kennzahl *Arbeitsproduktivität* wird aus dem Verhältnis der Kostenstellenkosten und Anzahl der Mitarbeiter berechnet. Die Anzahl Mitarbeiter der Kostenstelle wird als statistische Kennzahl geführt und für die Kostenstelle im Plan und im Ist periodenbezogen gebucht.

2.4 Werteflußkonzeption

Nach Konzeption und Verabschiedung der Berichte und damit des Outputs eines Controlling-Informationssystems ist der Wertefluß zu konzipieren. In dieser Phase wird der Weg von den Belegdaten der operativen Systeme zu den Controllingdaten bestimmt. Basis ist die Integration der zu implementierenden Standardsoftware bzw. das Zusammenspiel der vorhandenen Anwendungssystem bei Eigenentwicklung. Bei Einführung von Standardsoftware sind die Schnittstellen zu anderen Anwendungssystemen zu konzipieren, d.h., es wird definiert, wie die Quelldaten in Empfängerdaten zu transformieren sind.

Ausgangspunkt des Werteflusses sind die Belege, die in den operativen Systemen erstellt werden. Vor dem Hintergrund einer Einführung von SAP R/3 ist zu untersuchen, welche operativen Module zum Produktivstart zu Verfügung stehen. Damit wird festgestellt, welche Belege überhaupt zur Verfügung stehen. Der Belegfluß ist durch die Integration im R/3-System vorgezeichnet. Für die Controllingkonzeption ist jedoch zu entscheiden, welche Felder in den Belegen für die Einzelinformationen im Controlling heranzuziehen sind. Die Konzeption des Werteflusses besteht somit in der Zuordnung der Datenfelder der Ausgangsbelege zu den Wertfeldern der Ergebnisdarstellung, konkret zu den R/3-Funktionen, mit denn die Ergebnisfelder gefüllt werden.

Mit einzubeziehen sind Schnittstellen zu Nicht-SAP-R/3-Systemen. Auch hier erfolgt eine Zuordnung der Felder des sendenden Systems zu den Merkmalen und Wertfeldern des Ergebnisbereiches. Dazu werden per Batch-Input-Programm die R/3-Online-Programme im Hintergrund gestartet und mit den Daten beliefert, die in die Ergebnisrechnung gebucht werden sollen.

2.4.1 Erlöse aus dem Verkaufsbeleg

Ausgangsbeleg für die Erlöse ist bei Einsatz des R/3-Moduls Vertrieb (SD - Sales & Distribution) der Verkaufsbeleg. Im Verkaufsbeleg sind die für das Controlling relevanten Informationen in der Kalkulation des Beleges und den Zusatzdaten zum Belegkopf- bzw. zur Beleg-Position vorhanden.

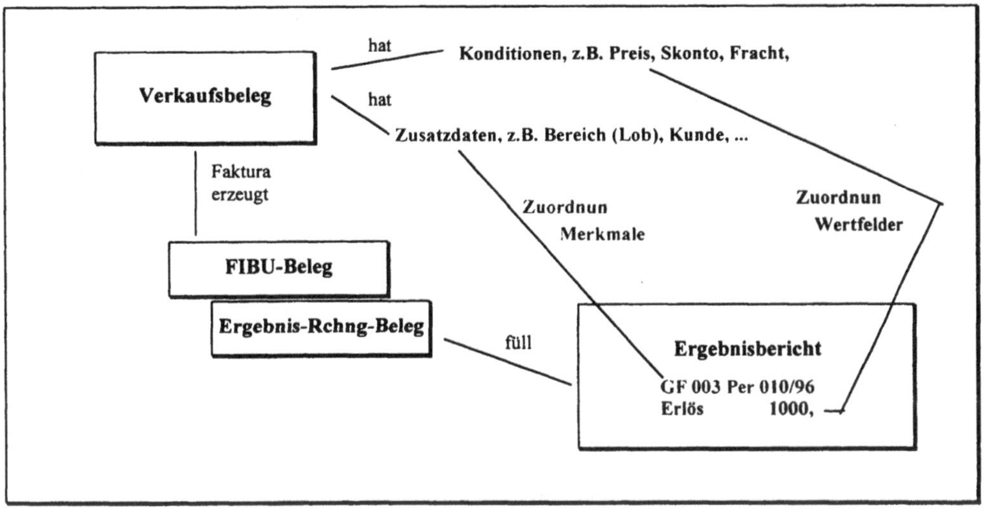

Abbildung 12: Werteflu߀ der Erlöse in die Ergebenisrechnung

Die Zeilen der Kalkulation (Sicht kaufmännische Daten) im SD-Beleg bestehen aus Konditionsarten und Rechenfeldern, für die über eine Zugriffsfolge die gültigen Konditionen eingestellt werden. Die Konditionsart PR00 enthält den Preis des Artikels, der z.B. pro Kunde vereinbart wurde. Die Selektion des *richtigen* Preises ergibt sich aus einer *Zugriffsfolge*, die als Parameter die Kunden-Nr. enthält. Weitere Konditionsarten der kaufmännischen Daten des Verkaufsbeleges sind z.B. Erlösschmälerungen, Rabatte und Kostenpositionen, die sich aus dem eigenen Preis des Materials laut Materialstammsatz oder aus einer Kalkulation ergeben.

Für das Ergebniscontrolling erfolgt nun eine konkrete Zuordnung der Konditionsarten zu Wertfeldern des Ergebnisbereiches. Voraussetzung für eine direkte Zuordnung ist, daß die relevanten kaufmännischen Daten in Konditionsarten (im Gegensatz zu Rechenpositionen) des Verkaufsbeleges enthalten sind. Es ist zu entscheiden, welche Konditionsarten konkret welchen Wertfeldern zuzuordnen sind. Gleiches gilt für Mengenfelder.

Die zweite Zuordnung ergibt sich aus den Organisationselementen der Ergebnisrechnung. Es wird festgelegt, auf welcher Ebene – also für welche Kunden, Verkaufsorganisationen, Sparten, Branchen, usw. - die Erlöse berichtet werden sollen. Dazu erfolgt eine Zuordnung einzelner Datenfelder des Verkaufsbeleges zu sogenannten Merkmalen in der

Ergebnisrechnung. Die gängigen Merkmale, die in Form von Organisationselementen in den R/3-Modulen vorhanden sind (z.B. Verkaufsorganisation, Sparte, usw. im SD-Modul, Buchungskreis, Kostenrechnungskreis in den Rechnungswesenmodulen) sind in Form von Fixmerkmalen bereits als Merkmale des Ergebnisbereichs angelegt. Die vorhandenen Merkmale des Auslieferungssystems können um bis zu 50 weitere, unternehmensbezogene Merkmale ergänzt und jedem beliebigen Tabellenfeld des R/3-Systems zugeordnet werden. Voraussetzung für die Zuordnung ist, daß über die operativen Belege auch Ausprägungen des Merkmals enthalten und damit die Merkmale für die Ergebnisberichte auch versorgt werden..

Im Beispiel der nachfolgenden Abbildung erfolgt die Ergebnisdarstellung zu einzelnen Geschäftsfeldern. Das Geschäftsfeld *GF003* ist im Verkaufsbeleg zu erfassen (Zusatzdaten). Nach der Erfassung des Verkaufsbeleges ist der Erlös in der Ergebnisrechnung sichtbar. Bei Eingabe des Merkmals Geschäftsfeld *GF003* wird der entsprechende Wert selektiert und in den Bericht eingestellt.

Für die Konzeption des Werteflusses ergeben sich folgende typische Fragestellungen:

- Festlegen der Berichtszeilen (Wertfelder) für die Standardberichte.
- Welche Konditionsarten im SD-Beleg sind welchen Wertfeldern zuzuordnen bzw. welche Konditionsarten sind aus Sicht der Ergebnisrechnung notwendig.
- Welche SD-Mengenfelder sollen in den Berichten gezeigt werden.
- Über welche Organisationselemente (Merkmale) werden die Zahlen selektiert bzw. verdichtet.
- Welche Merkmale sollen beim SD-Beleg eingegeben werden.
  - Vorgang Verkaufsbeleg erstellen.
  - Vorgang Faktura.

2.4.2 Bewertung der Fakturavorgänge

Die in die Ergebnisrechnung übergeleiteten Erlöse werden um die Plankosten ergänzt, indem die Verkaufsmenge mit den kalkulierten Kosten des Produkts multipliziert und das Ergebnis differenziert nach Kalkulationsbestandteilen in Wertfelder eingesteuert wird.

Die Kalkulation für das Erzeugnis wird über alle Produktionsstufen differenziert nach den Kalkulationsbestandteilen im System SAP R/3 in einem Elementeschema gespeichert. Das Auseinandersteuern der Kalkulationsbestandteile erfolgt durch Zuordnung der Kostenartengruppen, über die eine Kalkulation der jeweiligen Kostenbestandteile erfolgt, zu den dafür definierten Elementen des Elementeschemas. Dadurch werden Material-,

Fertigungs- und Gemeinkosten unterschiedlichen Elementen und – bei Übergabe an die Ergebnisrechnung - auch unterschiedlichen Wertfeldern zugeordnet. Über die Zuordnung an die Ergebnisrechnung können auch fixe und variable Anteile der jeweiligen Kosten in unterschiedliche Wertfelder gesteuert werden, so daß der Aufbau einer Deckungsbeitragsrechnung möglich ist.

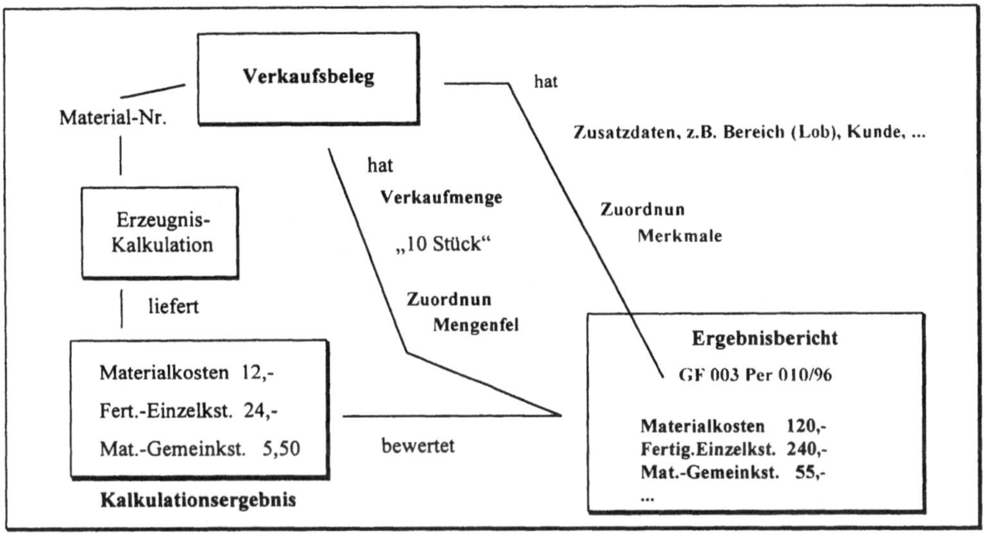

Abbildung 13: Wertefluß aus Bewertung Fakturavorgänge

Die vorhergehende Abbildung zeigt den Wertefluß für die Bewertung der Fakturavorgänge. Die aus dem Verkaufsbeleg übernommene Verkaufsmenge von 10 Stück wird mit dem Kalkulationsergebnis von 1 Stück multipliziert und an die Wertfelder der Ergebnisrechnung übergeben.

Typische Fragestellungen für die fachliche Konzeption des Controllings sind:

- In welcher Differenziertheit erfolgt der Ausweis der Kosten in den Ergebnisberichten. Basis ist der Aufbau des Kalkulationsschemas (bzw. Elementschemas)
- Sollen bestimmte Kosten, die im Kalkulationsschema getrennt berechnet werden, zusammengefaßt werden.
- Sollen die Kosten getrennt nach fixen und variablen Anteilen ausgewiesen werden (Deckungsbeitragsrechnung).
- Welche Kalkulation soll Basis für die Bewertung sein. Im System SAP R/3 ist die Verwendung der Erzeugniskalkulation oder der Kalkulation im Kundenauftrag möglich.
- Soll die Bewertung online – also direkt mit der Faktura – oder periodisch erfolgen.
- Sollen Preisänderungen aufgrund aktualisierter Kalkulationen in der Ergebnisrechnung nachgeholt werden (periodische Nachbewertung).
- Sollen bestimmte Kalkulationsbestandteile explizit in der Ergebnisrechnung berechnet werden (z.B. Bonus für die Vertriebsmitarbeiter oder kundenabhängige Vertriebsgemeinkosten).

2.4.3 Kosten und Erlöse aus dem FI-Beleg

Die Kontierung der Kosten und Erlöse in der Finanzbuchhaltung auf den Ergebnisbereich erfolgt durch Zuordnung der primären Kostenarten und damit der Konten der Finanzbuchhaltung zu den Wertfeldern des Ergebnisbereichs. Technische Voraussetzung dafür ist im R/3-System, daß das Aufwands- und Erlöskonto im Buchungskreis auch als Primärkostenart (Erlösart) im zugeordneten Kostenrechnungskreis angelegt wurde. Basis ist der dem Buchungskreis und Kostenrechnungskreis gemeinsam zugeordnete Kontenplan.

Die konkrete Zuordnung von FI-Daten (FI - Financials, Finanzbuchhaltung) zu Wertfeldern des Ergebnisbereiches erfolgt im R/3-System über Kostenartengruppen, in denen die Primärkostenarten enthalten sind, die in einem Wertfeld summiert gezeigt werden sollen. Die Zuordnungen werden in ein Ergebnisschema (FI-CO) eingetragen. Für die Konzeption sind die Zuordnungen festzulegen. Daraus ergeben sich nun gegebenenfalls weitere Anforderungen an die für den Ergebnisbericht bereits vereinbarten Wertfelder.

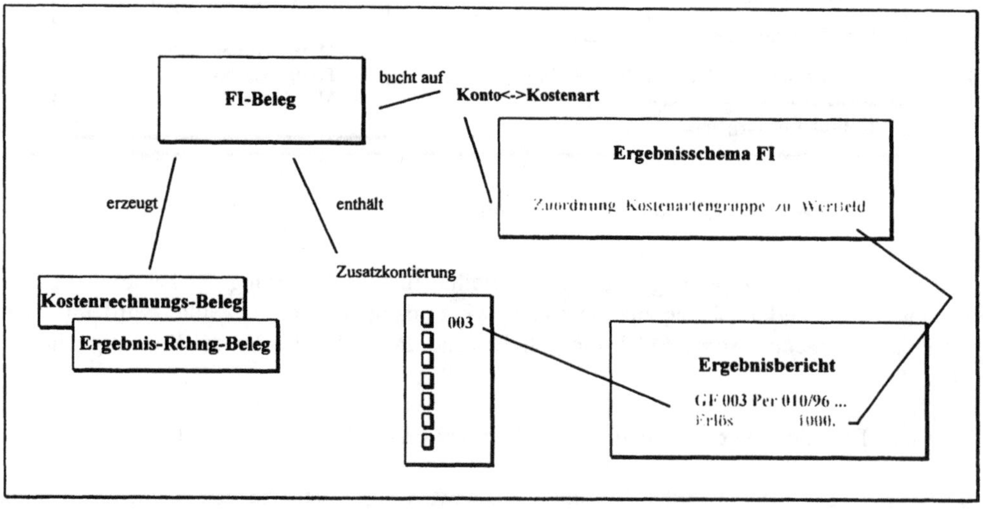

Abbildung 14: Werteﬂuß aus dem FI-Beleg in die Ergebnisrechnung

Die Übertragung der FI-Zahlen erfolgt durch Zusatzkontierung im FI-Beleg. Die Verbuchung von Kosten und Erlösen aus dem FI-Beleg in die Ergebnisrechnung wird vornehmlich für manuelle Korrekturbuchungen verwendet, die nicht über den Fakturabeleg durchgeführt werden.

Für die Konzeption des Werteflusses vom FI-Beleg in die Ergebnisrechnung ist festzulegen:

- Welche Geschäftsvorfälle führen zur Notwendigkeit einer FI-Buchung mit Verbuchung in die Ergebnisrechnung.
- Welche FIBU-Konten sollen in der Ergebnisrechnung gezeigt werden.
- Welche Verdichtungen sind für die Zuordnung FIBU-Konten zu Wertfeldern relevant, welche Kostenartengruppen sind dafür anzulegen.
- Welche Mengenfelder aus der FIBU sind relevant. Welchen Mengenfeldern in der Ergebnisrechnung sollen sie zugeordnet werden.
- Sollen fixe und variable Kosten getrennt ausgewiesen werden oder die Summe aus fixen und variablen Kosten einer Kostenart in einem Wertfeld dargestellt werden.
- Welche Merkmale (Kunde, Artikel, ...) sollen beim FI-Beleg eingegeben werden, welche Merkmale werden angezeigt.
- Darstellung der Erlöse mit positivem oder negativem Kennzeichen.

2.4.4 Kosten aus der Leistungsverrechnung von Kostenstellen

Die Verrechnung von Leistungsmengen erfolgt in der Regel von Kostenstellen an Kostenträger (Aufträge), z.B. im Rahmen der Produktion. Weitere Leistungsverrechnungen sind die Verrechnung von Hilfskostenstellen an Hauptkostenstellen, z.B. Instandhaltungsmaßnahmen an die Fertigungskostenstellen. Leistungen, die nicht an andere Kostenobjekte verrechnet werden können, werden direkt an das Ergebnis verrechnet (z.B. Marketingleistungen).

Für die Leistungsverrechnung werden Leistungsarten definiert und mit Leistungsmenge und Tarif geplant. Der Leistungstarif ergibt sich aus der Division der leistungsbezogenen Kosten und der geplanten Leistungsmenge (Plantarif). Die leistungsbezogenen Kosten sind die Kosten, die unmittelbar mit der Leistungserstellung anfallen.

Die Leistungsarten sind Voraussetzung für die Bestimmung oder Berechnung der Kostensätze (Tarif). Zu jeder Kombination von Leistungsart und Kostenstelle wird ein Tarif entweder politisch bestimmt (Verrechnungspreis) oder auf der Basis der gegenseitigen Leistungsaufnahmebeziehungen iterativ berechnet. Weiterhin ist festzulegen, ob der Tarif als Gesamttarif geführt wird oder sich aus dem Verhältnis der fixen und variablen Kosten der Kostenstellen zu den kostenartenbezogenen Mengen ergibt. In diesem Fall ergibt sich der Gesamttarif als Summe aus fixem und variablen Tarif.

Die Kosten der Leistungsverrechnung werden über sekundäre Kostenarten gebucht. Die Beträge ergeben sich aus der Multiplikation von Tarif mit Leistungsmenge. Die Leistungsmengen liefert die auftragsbezogene Zeiterfassung der Mitarbeiter. Dies kann eine manuelle Leistungsaufschreibung sein, oder die Zeiten werden in einem Auftragssystem erfaßt. In diesem Fall ist eine Schnittstelle zu konzipieren. Über diese Schnittstelle wird die R/3-Funktion zur Leistungsverrechnung aufgerufen, und die notwendigen Parameter (Kostenstelle, Leistungsmenge, Empfänger der Leistung) werden mitgeliefert. Diese Form der Leistungsverrechnung wird im R/3-System über eine Batch-Input-Funktion unterstützt. Werden im R/3 System für die Leistungserstellung Produktionsaufträge verwendet, so erfolgt eine direkte Verbuchung der erfaßten Zeiten über die Rückmeldung an die leistungsempfangende Kostenstelle.

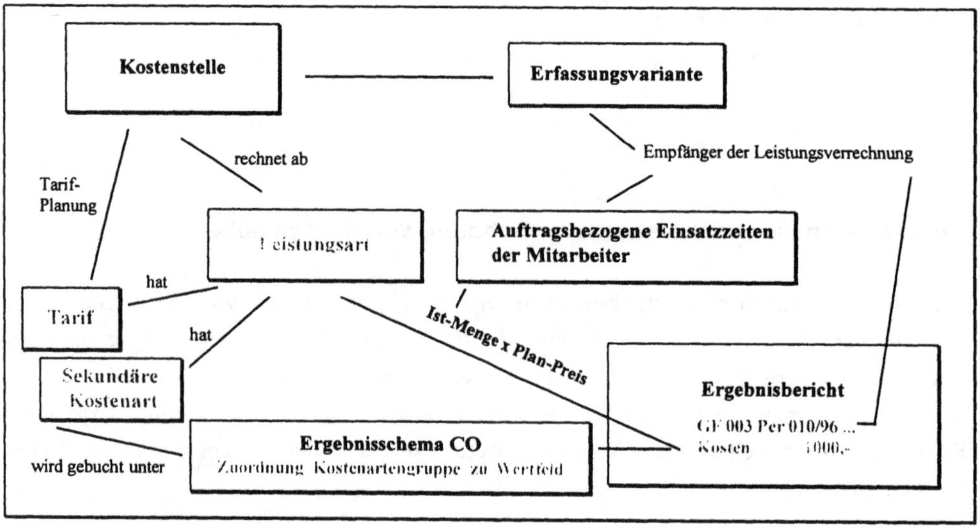

Abbildung 15: Wertefluß zur Leistungsverrechnung

Im Beispiel der vorhergehenden Abbildung erfolgt die Leistungsverrechnung von der Kostenstelle direkt in das Betriebsergebnis. Das Auftragscontrolling hat hier als Basis das Auftragsverwaltungssystem, das die Mitarbeiterzeiten zur Leistungsverrechnung liefert. Eine Alternative wäre die Leistungsverrechnung an CO- oder Kundenaufträge.

Für die fachliche Konzeption ist festzulegen:

- Welche Geschäftsvorfälle führen zur Verwendung der Leistungsverrechnung direkt in die Ergebnisrechnung.
- Sender und Empfänger der Leistungsverrechnung.
- Buchen der einzelnen Leistungsmengen der Leistungsarten jeweils unter einer eigenen sekundären Kostenart oder Zusammenfassen mehrerer Leistungsarten auf einer sekundären Kostenart.

- Verdichtung der leistungsartenbezogenen Kosten auf Wertfelder im Ergebnisbereich durch Zuordnung entsprechender Kostenartengruppen.
- Welche Ergebnismerkmale (Artikel, Kunde, Region, Sparte, ...) sind eingabebereite Felder, welche Merkmale werden automatisch aus anderen Merkmalen abgeleitet (z.B. *Sparte* leitet sich aus *Artikel* ab).
- Sind Kostenstellenkosten ohne Bezug zu einer Leistungsart umzulegen.
- Welche Sender-Empfänger-Beziehungen sind in Form von Umlageregeln einzurichten, welche Sender-Empfänger-Bezugsbasis (feste oder variable Anteile) wird zugrundegelegt, Bestimmung der Bezugsgrößen (z.B. Bürofläche, Anzahl Mitarbeiter, ...) und der Umlagekostenarten.

2.4.5 Kosten und Erlöse aus der Abrechnung von CO-Aufträgen

CO-Aufträge (Innenaufträge) dienen als Kostensammler für zeitlich begrenzte Maßnahmen im Unternehmen. Beispiele dafür sind eigenerstellte Anlagen, Instandhaltungsmaßnahmen oder auch Marketing-Projekte. Externe Kosten durch Leistungsbezug von Lieferanten werden durch Mitkontierung in den Belegen der Finanzbuchhaltung oder der Materialwirtschaft auf die Aufträge gebucht. Interne Leistungen werden über die Leistungsverrechnung von Kostenstellen an die Aufträge verrechnet.

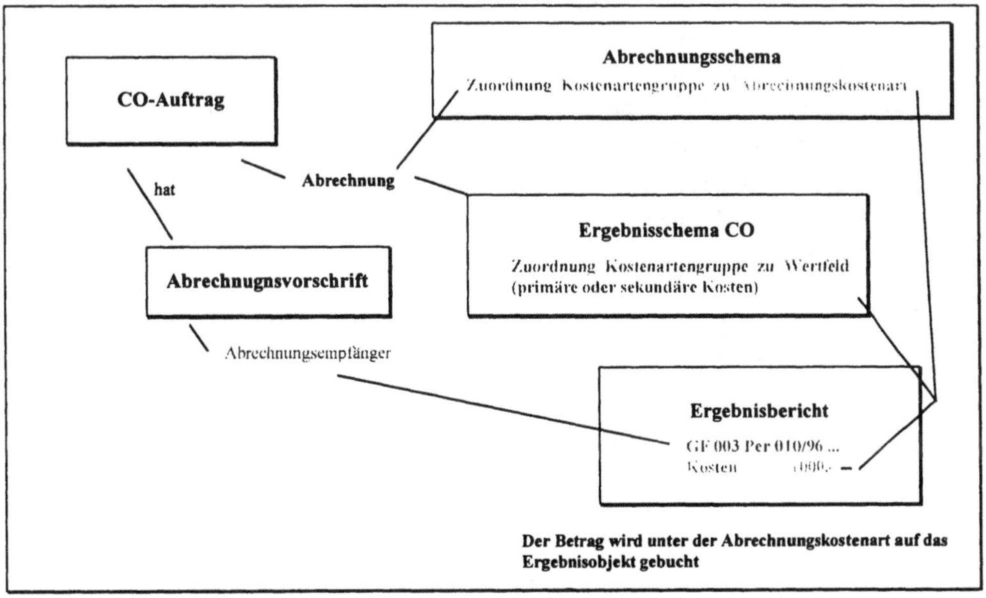

Abbildung 16: Werteflun aus der Abrechnung von CO-Aufträgen

Abbildung 16 zeigt den konzeptionellen Zusammenhang für die Abrechnung von CO-Aufträgen in das Ergebnis. Die auf den Kostenarten des Auftrags gebuchten Kosten werden über eine Abrechnungskostenart in das Ergebnis gebucht. Dazu werden im R/3-System zwei Zuordnungstabellen gepflegt. Im Abrechnungsschema wird gepflegt, unter welchen Abrechnungskostenarten die Kostenarten des Auftrages abgerechnet werden sollen. Dies dient der buchhalterischen Sicht auf das Ergebnis, d.h. Auswertung des Ergebnisses auf Basis der Kostenarten. Im Ergebnisschema wird die Zuordnung der Kostenarten bzw. Kostenartengruppen zu den Wertfeldern (Berichtszeilen) des Ergebnisbereiches gepflegt.

Welche Ergebnisobjekte, d.h. welche Merkmale des Ergebnisses (Artikel, Kunde, Region, ...) mit den Auftragskosten belastet werden sollen, wird in den Stammdaten des Auftrages gepflegt. Der Eintrag erfolgt in der Abrechnungsvorschrift des Auftrages, hier werden die Empfänger (Merkmale des Ergebnisses) und der Anteil des Empfängers an der Abrechnungssumme (Aufteilungsregel) eingetragen. Die Abrechnungsvorschrift im CO-Auftrag des R/3-Systems wird im Kapitel zum Auftragscontrolling näher erläutert.

Für die Konzeption des Werteflusses von Aufträgen in das Ergebnis ist festzulegen:

- Sollen die Kosten der Aufträge kostenartengerecht oder über Abrechnungskostenarten im Ergebnis dargestellt werden (kostenartengerechte Abrechnung in der Regel bei Investitionsaufträgen und Abrechnung an eine Anlage bzw. Sachkonto).
- Festlegen des Abrechnungsschemas, d.h. über welche Abrechnungskostenarten die Auftragskosten abgerechnet werden sollen.
- Festlegen des Ergebnisschemas, d.h. in welchen Wertfeldern des Ergebnisberichtes sollen die Auftragskosten gezeigt werden.
- Erstellen eines Abrechnungsprofils für die Aufträge. Klären, welche Parameter für die Abrechnung benötigt werden, z.B. abrechenbar, nicht abrechenbar, erlaubte Abrechnungsempfänger, Abrechnung von gebuchten oder festen Beträgen.
- Sind die Aufträge erlösführend.
- Soll periodisch oder gesamt abgerechnet werden.

2.4.6 Kosten aus der Umlage von Kostenstellen

Kosten, die nicht über die Leistungsverrechnung an Kostenträger oder andere Kostenstellen belastet wurden, verbleiben am Ende einer Buchungsperiode bei den Kostenstellen. Dies ist dann der Fall, wenn bei Gemeinkostenstellen mit Zuschlagssätzen gearbeitet wurde, die sich am Ende der Periode als zu hoch oder zu niedrig erweisen und keine Nachbelastung an die Kostenträger erfolgen soll. Gleiches gilt für die produktiven Kostenstellen, wenn die grundsätzlich mit dem Plantarif verrechneten Leistungen nicht mit einem Isttarif nachverrechnet werden sollen.

Die Umlage der Über- oder Unterdeckungen erfolgt auf Basis eines Umlagezyklus. Im Umlagezyklus wird festgelegt, zwischen welchen Sendern (Kostenstellen) und Empfängern (Merkmalen wie Material, Kunden, usw.) die Beträge umgelegt werden sollen. Wurden zum Beispiel die Materialgemeinkosten über die Zuschlagssätze nicht in voller Höhe den Produktionsaufträgen belastet, so werden die restlichen Gemeinkosten auf Basis der verkauften Mengen des Produkts in die Ergebnisrechnung umgelegt. Damit wird der Ergebnisausweis vervollständigt.

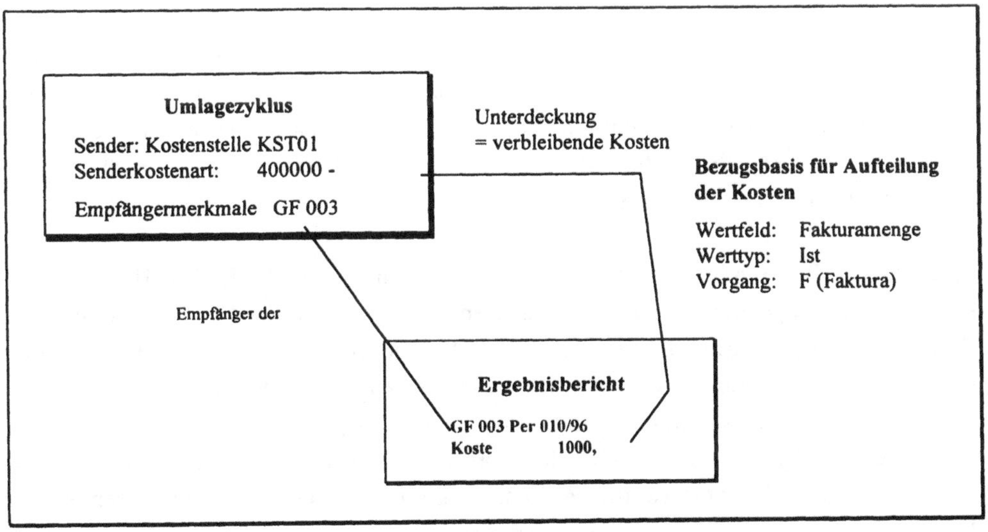

Abbildung 17: Werteflu߀ bei Umlage in die Ergebnisrechnung

Für die Aufteilung der Kosten an die jeweiligen Empfänger wird im Umlagezyklus eine Bezugsbasis definiert (vgl. Abbildung oben). Soll z.B. der Betrag auf Basis der Fakturamenge aufgeteilt werden, so ist in der Bezugsbasis das Wertfeld anzugeben, das die Fakturamenge führt. Weiterhin ist anzugeben, ob auf Basis der Planfaktura (Planung in der Ergebnisrechnung) oder der Istfakturamenge die Umlage erfolgt. Die Vorgangsart bezieht sich auf den Vorgang F (Faktura). Denkbar wäre auch Vorgang A für Auftragseingang.

Für die Controllingkonzeption sind typische Fragestellungen:

- Sollen Über- bzw. Unterdeckungen bei den Kostenstellen den Ergebnisobjekten (Material, Kunden, etc.) per Umlage in der Ergebnisrechnung nachbelastet werden oder ist der Ausweis auf eigenen Merkmalen in der Ergebnisrechnung vorgesehen.
- Wird bei den Produktivkostenstellen mit Plantarifen ohne Nachbelastung und nicht mit Isttarifen gearbeitet, so daß auch hier eine Umlage von Über- bzw. Unterdeckungen in die Ergebnisrechnung in Frage kommt.
- Soll eher verursachungsgerecht umgelegt (Basis sind die Mengen) oder nach dem Tragfähigkeitsprinzip (z.B. auf Basis der Isterlöse, je höher der erzielte Erlös, um so höher die Belastung) umgelegt werden.
- Auf welche Ebene erfolgt die Umlage, bis auf Einzelproduktebene (Empfängermerkmal ist das Material) oder auf verdichteter Ebene (Empfängermerkmal ist die Produktgruppe).

2.5 Berechtigungskonzept

Mit dem Berechtigungskonzept wird festgelegt, welche Funktionen bzw. Daten des Controlling-Informations-Systems den Benutzern zur Verfügung stehen. Insbesondere im Controlling kommt dem Berechtigungskonzept eine hohe Bedeutung zu, da es sich hier um Geschäftsdaten handelt, deren falsche Verbuchung zu entsprechend falschen, unter Umständen nicht mehr nachvollziehbaren Ergebnissen führt.

Im System SAP R/3 erfolgt die Berechtigungsprüfung durch AUTHORITY-CHECK Anweisungen in den Programmen. Über diese Statements werden die für die Funktion zugeordneten Berechtigungsobjekte gelesen. Die Zuordnung erfolgt im R/3-System über eine Zuordnungstabelle. Die Berechtigungsobjekte enthalten einen Verweis auf Felder, deren Inhalt einzelnen Benutzern bzw. Benutzergruppen zugeordnet wird. Beispiel: Für die Verwaltung einer Kostenstelle sind die Felder Aktivität, Kostenrechnungskreis und Kostenstelle relevant. Die für die Kostenstelle verantwortliche Führungskraft, die nur die Zahlen der eigenen Kostenstelle lesen darf, hat ein Berechtigungsobjekt in ihrem Benutzerstammsatz mit folgendem Inhalt:

- Aktivität: Lesen.
- Kostenrechnungskreis (KKRS): KKRS der Firma, in der die Führungskraft arbeitet.
- Kostenstelle: Kostenstellen-Nr. der eigenen Kostenstelle.

Damit ist der stammdatenbezogene Teil der Berechtigung im Beispiel abgedeckt. Im zweiten Schritt ist die Berechtigung bezüglich der Bewegungsdaten festzulegen, also zu den Vorgängen im Controlling.

Die nachfolgende Abbildung zeigt eine Berechtigung für den Vorgang der Primärkostenplanung. Das Berechtigungsobjekt PLA_ORDER enthält die Aktivität (Anzeigen, Ändern, Drucken, ... oder „*" für die Berechtigung zu allen Aktivitäten), den Kostenrechnungskreis (organisatorische Zuordnung der Kostenstelle) und die Vorgangs-Nr. RKP1. Diese Vorgangs-Nr. zeigt auf die Transaktion zur Bearbeitung der Primärkostenplanung.

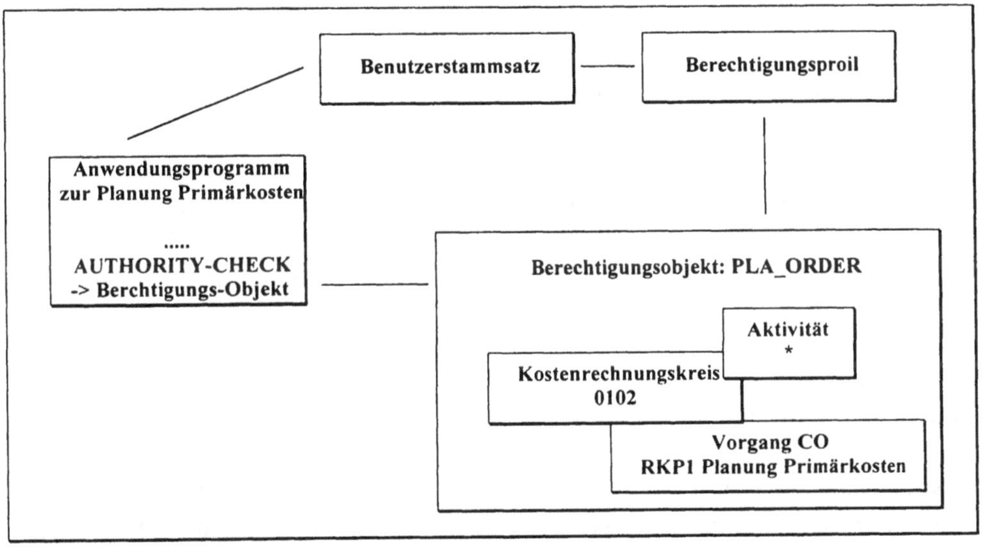

Abbildung 18: Berechtigungskonzept

Damit ein Benutzer nur für seine Kostenstelle die Planung der Primärkosten durchführen darf, muß über die AUTHORITY-CHECK Anweisung ein Berechtigungsobjekt abgefragt werden, daß neben Aktivität, Kostenrechnungskreis und Vorgang auch die Kostenstelle enthält.

Für die fachliche Konzeption ist festzulegen:

- Welche Berechtigungsprofile sind für Benutzergruppen (Sachbearbeiter Controlling, Kostenstellenverantwortliche, aber auch Aufsichtsrat, Wirtschaftsprüfer usw. festzulegen).
- Sollen ausschließlich Berechtigungsobjekte des Auslieferungssystems verwendet werden oder auch eigene Berechtigungsobjekt angelegt werden (kundenspezifische Berechtigungsprüfungen).

Insbesondere für den zweiten Punkt ist zu beachten, daß bei eigenen Berechtigungsobjekten mit jeder neuen Auslieferungs-Version der Standardsoftware die Berechtigungen getestet werden müssen. Andererseits kann in der Regel auf eigene Berechtigungsobjekte nicht verzichtet werden, da die Anforderungen sehr kunden- bzw. organisationsspezifisch sind.

Weiterhin ist zu beachten, daß eine direkte Verwendung der Berechtigungsobjekte des R/3-Auslieferungssystems von Wirtschaftsprüfern nicht gerne gesehen werden würde. Mit der Auslieferung neuer Releasestände vorgenommene Änderungen im Auslieferungssystem würden sich direkt auf die unternehmensbezogenen Berechtigungen auswirken.

2.6 Technisches Fachkonzept

Das technische Fachkonzept enthält die Festlegung der für das Controlling notwendigen Hardware und deren Vernetzung. Die Auslegung der Hardware-Komponenten und deren Standort ist eng mit der Organisation des Controllings verbunden. Insbesondere ist in diesem Zusammenhang zu klären, wer für den Betrieb der Controlling-Anwendungen zuständig ist.

2.6.1 Ablaufschema

Das Ablaufschema enthält die globale Aufgabenverteilung des Controllings. Ob die operativen Daten wie Umsatz, Auftragseingang, Auftragsbestand, Forecast (rollierende Planung) dezentral oder zentral erfaßt werden, hängt von der Unternehmensorganisation ab. Eine Warenhausgruppe hat in der Regel eine dezentrale Erfassung der operativen Daten (Umsatz, Personalkosten), da die Zahlen aus dem Kassensystem und der Zeiterfassung her resultieren. Ein Industriebetrieb dagegen wird den Umsatz über eine zentrale Fakturierungsstelle erfassen.

Die nachfolgende Abbildung zeigt ein Beispiel für eine Warenhausgruppe.

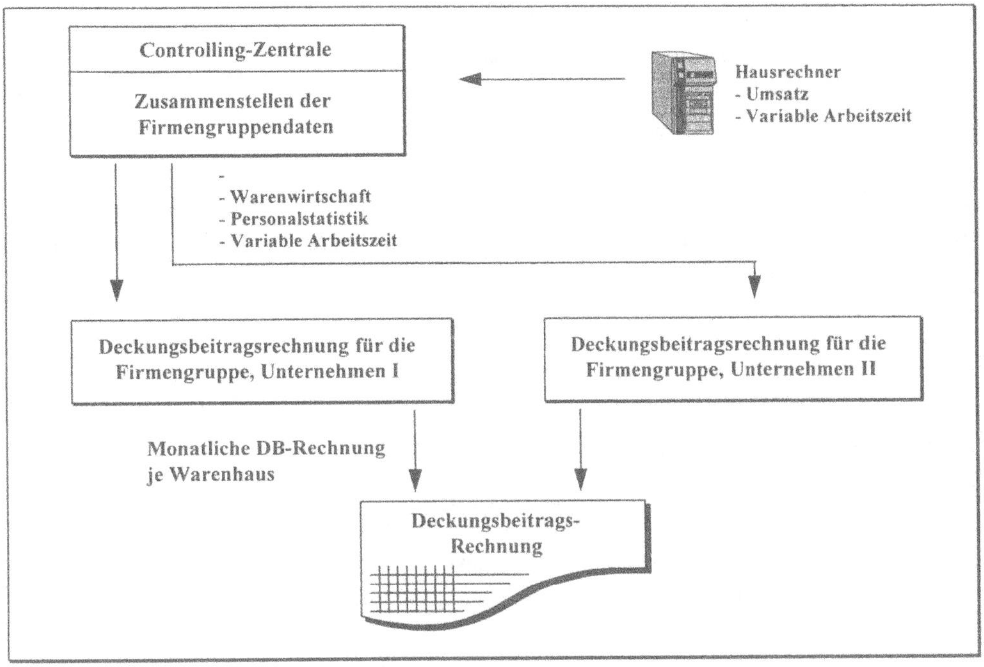

Abbildung 19: Ablaufschema für das Controlling einer Warenhausgruppe

Umsatz und variable Arbeitszeit werden über Hausrechner erfaßt. Auf den Hausrechnern laufen die Programme zur Erfassung der Arbeitszeiten und das Kassensystem. Das Kassensystem ist mit dem Warenwirtschaftssystem der Zentrale verbunden, jeder Verkauf führt zu einer Fortschreibung der Artikelbestände. Die erfaßten Mitarbeiterzeiten werden an eine zentrale Personalstatistik in der Zentrale übermittelt.

Die Zentrale führt die Finanzbuchhaltung und die Funktionen des Warenwirtschaftssystems. Insbesondere die Beschaffung - ein wesentlicher Erfolgsfaktor im Einzelhandel - kann nur als zentrale Funktion die gewünschten Einsparungen im Wareneinsatz erzielen.

Die Steuerung der einzelnen Häuser erfolgt über die Deckungsbeitragsrechnung. Diese werden in den Zentralen der zusammengeschlossenen Warenhausketten der Firmengruppe ausgeführt. Das Ergebnis wird somit dezentral ermittelt.

Aus dem Ablaufschema erfolgt die Anforderung nach jeweils leistungsfähigen Rechnern, auf denen die Anwendung zur Deckungsbeitragsrechnung erfolgt. Denkbare wäre auch ein zentraler Rechner, wobei hier die Rechnerkosten den Leitungskosten bei zentraler Installation gegenüberzustellen sind.

Für die Implementierung eines R/3-Systems resultieren hieraus die Anforderungen nach der Einrichtung von Servern (Instanzen) und Mandanten. Für das Beispiel ist zu klären, ob ein Rechner mit mehreren Instanzen gefahren wird oder dezentrale Rechner mit jeweils einer Instanz installiert werden sollen.

Da im R/3-System eine mandantenübergreifende Konsolidierung der Daten nicht möglich (und auch nicht sinnvoll) ist, werden alle Daten der Firmengruppe auf einem Mandanten, jedoch mit unterschiedlichen Buchungskreisen installiert.

2.6.2 Auslegung der Hardware-Komponenten

Aus dem Ablaufschema heraus resultieren die Anforderungen an die Hardware-Komponenten, insbesondere die benötigte CPU-Leistung (Angabe in MIPS - million instructions per second), die Größe von Haupt- und Festspeicher sowie Netzwerk und Peripherie-Kapazitäten.

Die benötigte CPU-Kapazität basiert auf der Anzahl aktiver User bzw. zu buchender Geschäftsvorfälle pro Tag. Die Berechnung ist hardwarebezogen und wird in der Regel von den Hardware-Anbietern erstellt. Natürlich möchte ein Anbieter eher einen größeren als einen kleineren Rechner verkaufen. Wichtig ist es, die performance-kritischen Funktionen einem Test zu unterziehen. Performance-kritisch im Bereich des Controlling sind alle Umlage- und Verteilungsfunktionen, z.B. zur Erstellung der Betriebsabrechnung. Kritisch ist auch die Berichtserstellung, insbesondere für Recherche-Berichte, da hier umfangreiche Verdichtungen berechnet werden. Es empfiehlt sich, das Performance-Verhalten der Rechner in Demo-Centern der Anbietern gerade für die performance-kritischen Funktionen zu testen. Bei der Kostenbetrachtung im Rechnervergleich sollten den Rechnerkosten die mit langen Antwortzeiten verbundenen Organisationskosten berücksichtigt werden. Die CPU (Central Processing Unit) ist die am schwierigsten ausbaufähige Komponente. Weiterhin ist im Zusammenhang des Rechners das Betriebssystem zu sehen, NT-Maschinen (New Technology) haben gegenüber den UNIX-Rechnern an Leistung aufgeholt.

Der Hauptspeicher des Rechners wird den einzelnen Instanzen auf dem Rechner (Server) zugeordnet. Diese Komponente ist Dreh- und Angelpunkt des Performance-Verhaltens des Systems. Entscheidend ist, hier auf die Ausbaufähigkeit zu achten, da die Anforderungen an die Größe des Hauptspeichers durch die zunehmende Funktionalität der Anwendungen - auch im Controlling - ständig zunimmt. Für eine mittlere Größe des R/3-Systems mit bis zu 50 Benutzern ist ein Hauptspeicher von mindestens 512 MB je Instanz (!) erforderlich.

Der Bedarf an Festspeicher ergibt sich aus dem Mengengerüst des Systems. Die Anwendungsdaten werden in Feldern, Feldgruppen und damit in Datenbank-Segmenten gespeichert. Aus der Anzahl an Stammdaten und Bewegungsdaten ergibt sich die Anforderung an die Segmentanzahl. Die benötigte Kapazität ergibt sich nun aus der Multiplikation von maximaler Segmentanzahl mit der Segmentlänge. Das Ergebnis sollte um einen gewünschten Datenbank-Overhead ergänzt werden. Im R/3-System steht dafür ein Konfigurator zur Verfügung, der auf der Basis der Vorgänge im System (z.B. Bestellungen, Leistungsverrechnung und maximale Anzahl von Positionen der Belege) die zu erwartende Segmentanzahl berechnet und in den - von der jeweiligen Datenbank abhängigen Speicherbedarf umrechnet.

2.7 Vom Fachkonzept zum Detailkonzept

Die Ergebnisse des Fachkonzepts sind die Basis für die Detaillierung in den einzelnen Controlling-Bereichen. Das Fachkonzept stellt einen Meilenstein ein, die konkrete Auslegung der Controlling-Funktionen sollte erst nach Verabschiedung des Fachkonzeptes erfolgen. Für die Übergangsphase empfiehlt es sich, auf Basis des Fachkonzeptes Prototypen zu entwickeln. Die Prototypen enthalten eine Grobfunktionalität für exemplarische Geschäftsvorfälle.

Die Überleitung vom Fachkonzept zum SAP-bezogenen Detailkonzept erfolgt auf Basis der R/3-Funktionen und -Bildschirmmasken. Über die Bildschirmmasken werden die Eingabedaten festgelegt, welche Informationen werden benötigt, welche in den Standardmasken vorhandenen Felder sollten ausgeblendet werden.

Für die Funktionen werden die Ergebnisse der Verarbeitung festgelegt. Darauf basierend wird die Parametrisierung der SAP-Funktionen festgelegt. In der Phase der Realisierung werden die Parameter-Vorgaben dann für das Produktivsystem konkret eingetragen und getestet.

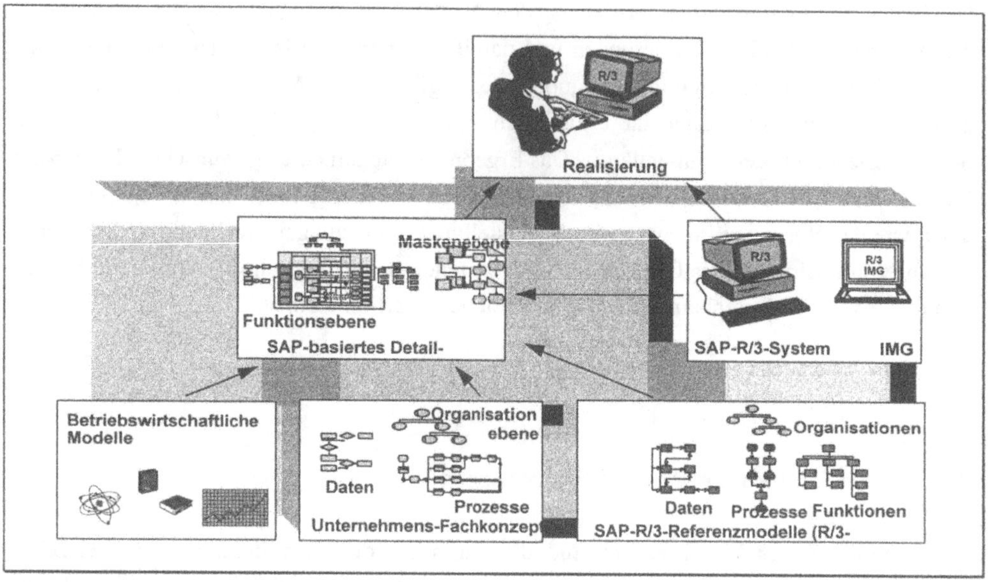

Abbildung 20: Vom Fachkonzept zur Realisierung

Für die konkreten Systemeinstellungen ist eine Einigung über die Anwendung betriebswirtschaftlicher Modelle ebenso notwendig, wie die Überprüfung der von der Standardsoftware angebotenen Funktionalität.

In den folgenden Kapiteln werden die konzeptionellen Zusammenhänge in den Bereichen Gemeinkosten-, Produktkosten- und Ergebniscontrolling vor dem Hintergrund der entsprechenden R/3-Module erläutert.

3 Kostenrechnungssysteme

Mit der Entscheidung für ein Kostenrechnungssystem wird festgelegt, welche Controlling-Information nach welchen betriebswirtschaftlichen Methoden ermittelt werden sollen. Die Wahl des Kostenrechnungssystems ist oft vorbestimmt durch die Entwicklung des Controllings im Unternehmen. Die Umstellung auf ein neues Kostenrechnungssystem ist mit einem enormen Aufwand und insbesondere auch mit viel Überzeugungsarbeit verbunden. Die zugrundeliegenden operativen Geschäftsdaten sind gemäß dem Kostenrechnungssystem aufzubereiten. Der gesamte Wertefluß, der Aufbau der Berichte und die mit der Erstellung und Analyse der Controlling-Information verbundene Organisation ist auf das Kostenrechnungssystem hin auszurichten.

Mit der Wahl des Kostenrechnungssystems ist insbesondere die Basis dafür gelegt, welche Kostenabweichungen zu berechnen sind und wie die Kostenabweichungen zu interpretieren sind. Die Anforderungen an die ermittelbaren Kostenabweichungen hängen vom Unternehmen ab, öffentliche Unternehmen haben das Hauptaugenmerk auf die Mittelverwendung. Dagegen ist eine Grenzplankostenrechnung insbesondere für markt- und wettbewerbsorientierte Unternehmen sinnvoll.

Nicht zu unterschätzen ist der mit dem Kostenrechnungssystem verbundene Aufwand für die Ermittlung und Aufbereitung der Geschäftszahlen. Auch hier muß das Wirtschaftlichkeitsprinzip gelten.

Entscheidend für die Wahl des Kostenrechnungssystems ist jedoch, ob die für die Steuerung des Unternehmens notwendigen Informationen aus den operativen Daten ermittelt werden können.

3.1 Istkostenrechnung

Bei dieser Form der Kostenrechnung werden die in den Geschäftsperioden angefallenen Istkosten gebucht. Eine Kostenplanung findet nicht statt.

Für Unternehmen, bei denen eine Kostenplanung aufgrund nicht vorhandener Zukunftsdaten oder auch mangelnder Kostenbeeinflußbarkeit nicht möglich ist, kann diese Form der Kostenrechnung die einzige Alternative sein. Maßgebend für die Wahl dieses Verfahrens ist jedoch, wenn eine innerbetriebliche Leistungsverrechnung nicht möglich ist und auch keine Verteilung oder Umlage von Kosten stattfindet. Eine Steuerung des Unternehmens bei dieser Form der Kostenrechnung ist nicht möglich. Lediglich die nachträgliche Beobachtung und

Auswertung der angefallenen Istkosten (Kameralistik) ist Gegenstand der Controlling-Funktion. Die Überprüfung der Wirtschaftlichkeit des Unternehmens kann zwar durchgeführt werden, indem das Verhältnis aus Output (Leistungsergebnis, Aufgabenerfüllung) und Input (aufgewendete Mittel) im Zeitablauf beobachtet wird. Eine rechnerische Überprüfung der Ursachen für abnehmende Wirtschaftlichkeit ist jedoch nicht möglich.

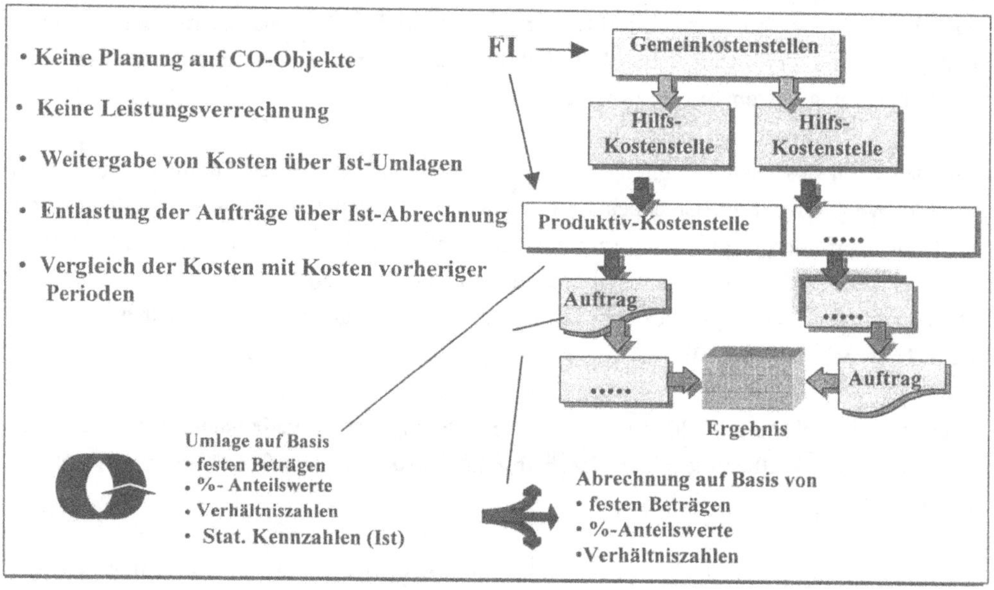

Abbildung 21: Istkostenrechnung

Die Istkosten werden auf den verbrauchenden Kostenobjekten kontiert. Da nur ein Teil der Aufwendungen als Kosten (Primärkosten) produktiven Kostenstellen oder Aufträgen zurechenbar sind, wird der verbleibende Teil auf Gemeinkostenstellen gesammelt. Eine verursachungsgerechte Weitergabe dieser Kosten per Leistungsverrechnung ist nicht möglich, da hierfür ein Plantarif als Quotient aus Plankosten und Planleistung notwendig wäre.

Die Verrechnung erfolgt daher über Istumlagen, bei denen als Verteilungsschlüssel feste Werte (Prozentsätze, Anteilswerte) oder für den Empfänger gebuchte Istwerte (z.B. Anzahl Mitarbeiter im Ist) verwendet werden. Gleiches gilt für die Abrechnung der Istkosten von Aufträgen an andere Kostenobjekte.

Insbesondere im public sector findet diese Form der Kostenrechnung Anwendung. Basis sind die Haushaltsdaten aus dem externen Rechnungswesen (Kameralistik), die sich aus den getätigten, genehmigten und verfügbaren Ausgaben zusammensetzen.

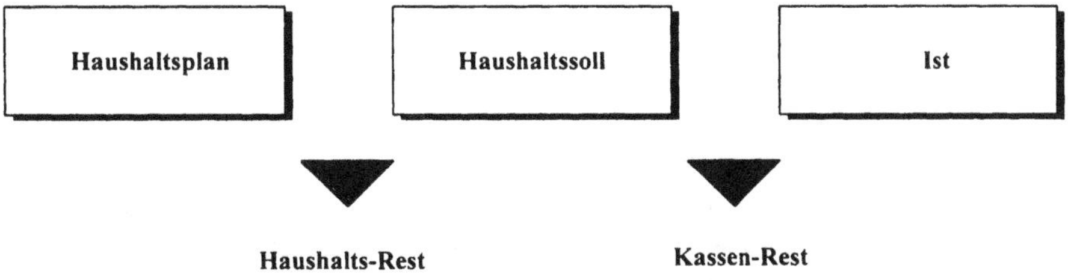

Lfd. Nr.	Stand Ausgabe-Ermächtigung	Vormerkung Bewegungen	Anordnung Bewegungen	Vormerkung	verfügbar
1	40.000,-				40.000,-
2		12.000,-		12.000,-	
3		- 12.000.,-	12.000,-		28.000,-
4 ...					

Abbildung 22: Kameralistik

Die Verwaltungskameralistik ist ein Buchungssystem, mit dem die Geschäftsvorfälle dokumentiert werden. Die Rechnungsziele sind auf den Haushaltsplan ausgerichtet und beinhalten die Einhaltung von Haushaltsrecht und Hauhaltsplan, die Feststellung der kassenmäßigen Abwicklung des Haushaltsplans und die Ermittlung der Haushaltsergebnisse.

Mit einer Istkostenrechnung kann die Kameralistik um eine Wirtschaftlichkeitsbetrachtung ergänzt werden. Die lfd. Ausgaben werden auf Kostenobjekte kontiert. Dazu ist eine Schnittstelle zwischen dem Kassensystem und dem Controllingsystem zu implementieren. Beispiel: Bei einem Tiefbauamt wurden für die Bauprojekte Kostenaufträge (Innenaufträge) angelegt. Alle Ausgaben von der Planung des Bauprojektes (Architekten, Statiker, Projektmanagement) über die Ausführung bis zum Abschluß werden auf den Kostenauftrag kontiert. Die für das Bauprojekt genehmigten Haushalts-, Landes und Bundesmittel werden als Erlöse für das Projekt gebucht. Damit kann nachvollzogen werden, welchen Kostenanteil die einzelnen Projektphasen haben, ob die Mittel kostendeckend waren, wie die Kostenentwicklung mit dem Projektfortschritt standhält und welche Vergleichswerte sich mit anderen Projekten ergeben. Weiterhin ist erkennbar, welche Mittel in konkrete Projekte verwendet wurden, und welche Kosten sich als Overhead ergeben. Damit können unproduktive Zeiten erkannt und reduziert werden.

Mit zunehmender Erfahrung wird im public sector von der Istkostenrechnung zur Normalkostenrechnung übergegangen, indem aus den durchschnittlichen Istwerten Planwerte abgeleitet werden.

3.2 Normalkostenrechnung (Standardkostenrechnung)

Die Normalkostenrechnung hat eine sehr hohe Verbreitung im industriellen Kosten- und Erlöscontrolling. Normalkosten ergeben sich als Durchschnittswert der Vergangenheitsdaten. Die künftigen Planwerte ergeben sich somit aus den Istwerten oder Planwerten der Vergangenheit, evt. ergänzt um Korrekturfaktoren. Die Korrektur wird mit einer Umwertung durchgeführt, z.B. mit prozentualen Zu- oder Abschlägen oder mit der Anwendung mathematisch-statistischer Verfahren (Prognose).

Ein analytische Planung findet in der Normalkostenrechnung nicht statt. Damit werden auch bei diesem Verfahren keine Leistungstarife geplant. Vielmehr werden für die Kostenstellenleistungen Standardkostensätze festgelegt, die auf Basis von Erfahrungswerten politisch festgelegt werden. Die verursachungsgerechte Zuordnung von Kosten mit der Verwendung von Standardkostensätzen ist zwar nur mit Einschränkungen zu akzeptieren, bietet aber genauere Auswertungsmögichkeiten als die reine Istkostenrechnung.

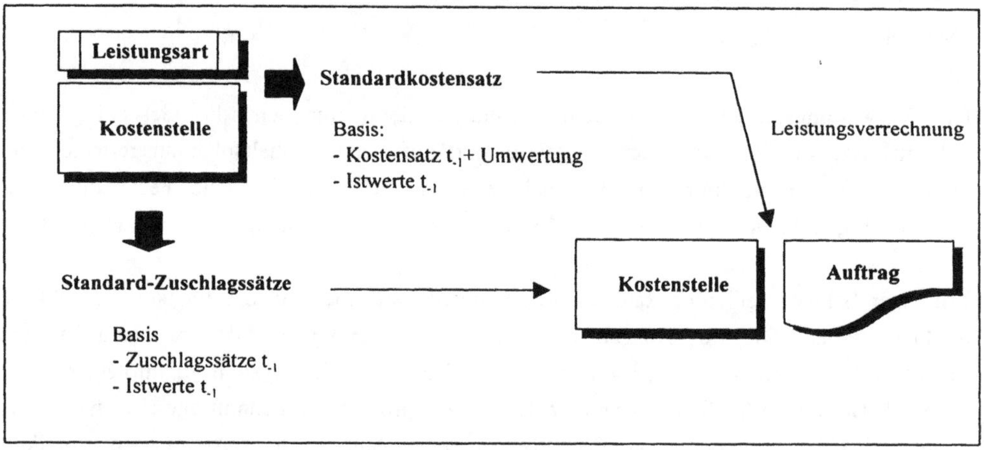

Abbildung 23: Normalkostenrechnung (Standardkostenrechnung)

So ist es möglich, am Ende der Periode über die Auswertung von Kostenüber- bzw. Unterdeckungen auf den Kostenstellen die Kostensätze für die Kostenstellenleistungen und Zuschlagssätze zu überprüfen und anzupassen. Die Bildung der Normalkostensätze in Form von Zuschlagssätzen ist die Voraussetzung dafür, das die innerbetriebliche Leistungsverflechtung bewertet werden kann. Nachteil dieses Verfahrens ist, daß die Durchschnittskostensätze nichts darüber aussagen, ob die Kostensummen, auf deren Basis die Bildung der Kostensätze erfolgte, den Leistungen gerecht werden. Einsparungspotentiale werden so nicht erkannt. Dennoch kommt dieses Verfahren dann zur Anwendung, wenn der Anteil an variablen, d.h. beschäftigungsabhängigen Kosten so gering ist, daß sie nicht als entscheidungsrelevant gelten können.

Beispiel

1. Kostensatz zur Verrechnung von Kostenstellenleistungen

Ist-Löhne Vorjahr	Fertigungsstunden Vorjahr
2.300.000,- EUR	800.000 Std.

Daraus ergibt sich ein Kostensatz für die Kostenstellenleistung von 287,50.

2. Zuschlagssatz zur Verrechnung von Gemeinkosten

Materialkosten Vorjahr	Materialgemeinkosten
40.000.000,- EUR	40.000,- EUR

Daraus ergibt sich ein Materialgemeinkostenzuschlagssatz von 10%.

Die Planung in der Normalkostenrechnung erfolgt nun auf Basis der Standardkostensätze für die Leistungsverrechnung bzw. von Standardzuschlagssätzen für die Gemeinkostenbezuschlagung. Sofern keine Leistungsmengen geplant werden, weil die Erhebung ggf. technisch nicht möglich oder zu aufwendig ist, stellt diese Form der Kostenrechnung eine bessere Alternative zur Istkostenrechnung dar.

Bezüglich der Normalkostensätze und –zuschlagssätze kann jedoch kein Aussage darüber getroffen werden, wie sich bei einer Änderung der Ist-Fertigungsstunden die Istkosten entwickeln werden oder entwickeln sollten. So ist es nicht möglich zu beurteilen, ob z.B. eine Verdoppelung der Fertigungsstunden aus dem Vorjahr auch zu einer Verdoppelung der Kosten führt. Gleiches gilt für die Gemeinkostenzuschlagssätze. Unwirtschaftlichkeiten in der Vergangenheit werden so automatisch auch in die künftigen Kostensätze und Zuschlagssätze eingerechnete. Dennoch werden mit diesem Verfahren grundlegende Anforderungen an eine innerbetriebliche Kostverrechnung erfüllt.

Insbesondere bei administrierten Preisen (politische Vorgabe durch den Gesetzgeber, z.B. Gebühren), überwiegend vorhandener Vollbeschäftigung und Fehlen einer Leistungsaufschreibung findet dieses Kostenrechnungssystem seine Anwendung. Die Abweichungen zwischen geplanten – und Istwerten sind als Preisabweichung zu interpretieren.

3.3 Starre Plankostenrechnung

Die Plankostenrechnung setzt voraus, daß dem Wertegerüst zur Kostenbildung (Preise) ein entsprechendes Mengengerüst für die eingesetzten Produktionsfaktoren gegenübersteht. Die aus der Multiplikation von Menge und Preis berechneten Kosten werden bei dieser Form der Kostenrechnung nicht in variable (beschäftigungsabhängige) und fixe (beschäftigungsunabhängie) Kosten unterteilt. Die Leistungsverrechnung erfolgt auf Basis eines Gesamttarifs (Vollkostensatz).

Für das Unternehmen ist festzustellen, ob die Gemeinkosten sinnvoll auf den Beschäftigungsgrad bezogen werden können. Kosten der Betriebsbereitschaft wie Abschreibung der Gebäude und Betriebsmittel sind auf taktischer Ebene als fixe Kosten anzusehen. Langfristig sind auch diese Kosten durch Kapazitätsanpassung variabel, doch ist diese Ebene nicht Gegenstand des operativen Controllings, sondern der Investitionsrechnung. Sind die Kosten in hohem Ausmaß von der Beschäftigung abhängig, z.B. Gemeinkostenmaterial oder auch die Kosten des Einsatzes externer Arbeitnehmer, so wird der Ansatz eines Vollkostentarifes den Steuerungsmöglichkeiten nicht gerecht.

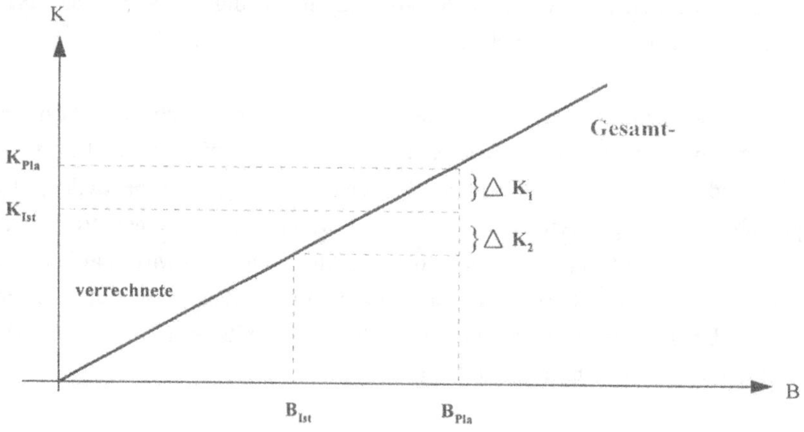

ΔK_1 Plan-Ist-Abweichung ohne Berücksichtigung proportionaler Kosten

ΔK_2 Differenz zwischen Istkosten und verrechneten Plankosten ohne Berücksichtigung von Soll-Kosten

B - Beschäftigung (Leistungsmenge)
K - Kosten

Abbildung 24: Starre Plankostenrechnung

In der starren Plankostenrechnung erfolgt die Berechnung des Plantarifs zur Leistungsverrechnung aus der Division der leistungsbezogenen Kosten und der geplanten Leistungsmenge. Für das Controlling kann ermittelt werden, in welchem Umfang die Istkosten über den Plantarif verrechnet wurden oder ob Über- bzw. Unterdeckungen verbleiben.

Beispiel

Planbeschäftigung:	5.000	Std.
Plankosten:	100.000,-	EUR

Daraus ergibt sich ein Plankostensatz von: 100.000 / 5.000 = 20,- EUR/Std.

Istbeschäftigung:	3.000	Std.
Istkosten:	90.000,-	EUR

Für das Controlling ergeben sich folgende Analysemöglichkeiten:

1. Plan-/Ist-Vergleich

Plankosten – Istkosten = 100.000 – 90.000 = 10.000

Die Istkosten sind noch geringer als die Plankosten. Beide Beträge beziehen sich jedoch auf unteschiedliche Beschäftigungen (Planbeschäftigung, Istbeschäftigung). Daher sagt der Plan-Ist-Vergleich lediglich aus, auf der vorgegebene Budgetrahmen erreicht wurde.

2. Vergleich der Istkosten mit den verrechneten Plankosten

Istkosten – verrechnete Plankosten = 90.000 – 3.000 x 20 = 30.000

30.000,- EUR wurden noch nicht verrechnet. Es kann jedoch nicht berechnet werden, welcher Anteil an den 30.000,- EUR darauf zurückzuführen ist, daß

- Die Istbeschäftigung mit 3.000 Std. unter der Planbeschäftigung von 5.000 Std. liegt
- Ob der Kostensatz mit 20,- EUR zu niedrig geplant wurde
- Welche Unwirtschaftlichkeiten ggf. in den Istkosten enthalten sind.

Ein Trennung der Kostenabweichung nach unterschiedlichen Kategorien (Abweichungsursachen) ist bei Verwendung von Vollkosten nicht möglich.

Versorgungsbetriebe, die mit langfristigen Preisfestlegungen (administrierte Preise) und mit relativ konstanten Einsatzmengen arbeiten, können ihre Anforderungen an ein Kostenrechnungssystem mit der starren Plankostenrechnung durchaus erfüllt sehen.

Unternehmen, die unter Wettbewerbsbedingungen auch mit kurzfristigen Preisuntergrenzen arbeiten, genügt dieses Kostenrechnungssystem dagegen nicht.

3.4 Flexible Plankostenrechnung

Basis der flexiblen Plankostenrechnung ist eine Aufteilung der Kosten in fixe und variable Kosten (beschäftigungsabhängig). Diese Zuordnung ergibt sich aus der Kombination von Kostenstelle, Leistungsart und Kostenart.

Die Berechnung der Kostengrößen erfolgt nach:

$$Beschäftigungsgrad = \frac{Planbeschäftigung}{Istbeschäftigung}$$

Die Planbeschäftigung entspricht der geplanten Leistungsmenge einer Kostenstelle, z.B. geplante Fertigungsstunden im Monat x. Die Istbeschäftigung ergibt sich aus der im Monat x verrechnete Leistungsmenge.

Die fixen Plankosten einer Kostenstelle sind Kosten der Betriebsbereitschaft und damit auch bei einer Beschäftigung von Null Stunden zu planen. Insbesondere die Abschreibungskosten für die Anlagen, kalkulatorische Zinsen, vorbeugende Instandhaltung und Personalkosten für dispositive Tätigkeiten (Kostenstellenleitung) sind als fixe Kosten zu kalkulieren.

Die variablen Plankosten einer Kostenstelle fallen erst mit der Leistungserstellung an. Dies sind Kosten für den Materialverbrauch und Einzellohnkosten. Bestimmte Kosten fallen teilweise als fixe und variable Kosten an, z.B. Energiekosten.

Die Sollkosten sind nun die für einen Beschäftigungsgrad erwarteten Istkosten (gewissermaßen die betriebswirtschaftlich akzeptablen Istkosten) und ergeben sich aus:

$$Sollkosten = Plankosten_{fix} + Plankosten_{var} * Beschäftigungsgrad$$

Ist die erbrachte Leistungsmenge der Kostenstelle gleich Null, ist auch die Höhe der variablen Sollkosten gleich Null. Die Höhe der variablen Sollkosten entwickelt sich gemäß dem Beschäftigungsgrad. Aus dem Verhältnis von variablen und fixen Kosten einerseits und der Leistungsmenge andererseits ergibt sich ein variabler und fixer Tarif für die Leistungsart der Kostenstelle.

Es gilt:

$$Tarif_{fix} = \frac{Kosten_{fix}}{Planleistungsmenge} \quad \text{und} \quad Tarif_{var} = \frac{Kosten_{var}}{Planleistungsmenge}$$

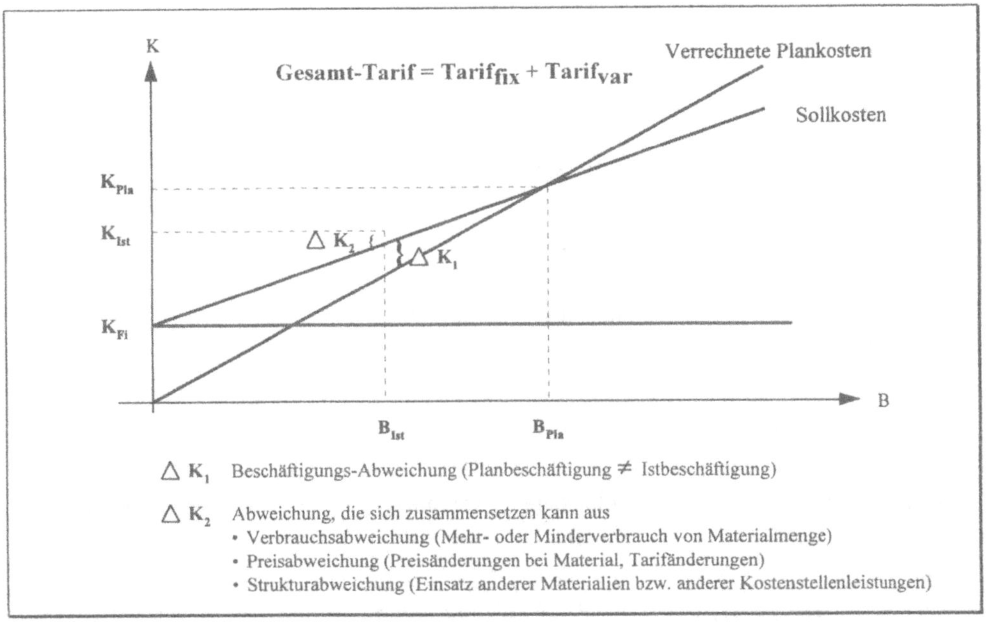

Abbildung 25: Flexible Plankostenrechnung

Auf der Basis fixer und variabler Kosten ist es möglich, die Kostenabweichung nach einzelnen Abweichungskategorien zu unterscheiden.

Auf der Inputseite (Einsatzfaktoren) ergibt sich eine Preisabweichung aufgrund einer Differenz von Faktorpreise, z.B. wenn die Preise für Fremdleistungen und Waren sich geändert haben (Preisabweichung in den Materialkosten) bzw. Tarife für Kostenstellenleistungen geändert wurden (Preisabweichung in den Fertigungskosten).

Verbrauchsabweichung treten dann auf, wenn die Istverbrauchsmengen sich von den geplanten Verbrauchsmengen unterscheiden. Bei Einsatz anderer Materialien und anderer Leistungen als geplant erfolgt der Ausweise der Kostenabweichung als Strukturabweichung.

Auf der Leistungsseite können Kostendifferenzen nach der Beschäftigungsabweichung und Verrechnungspreisabweichung unterschieden werden. Die Beschäftigungsabweichung ergibt sich dadurch, daß aufgrund der höher geplanten Beschäftigung gegenüber der Ist-Beschäftigung ein niedrigerer Kostensatz für die Kostenstellenleistungen zugrundegelegt wurde, als auf Basis der Istbeschäftigung notwendig gewesen wäre. Verrechnungspreisabweichungen ergeben sich aus einem manuell gesetzten Tarif und einem Tarif, der auf Basis der Istkosten eigentlich hätte angesetzt werden müssen.

Beispiel

Für das vorhergehende Beispiel aus Kapitel 3.3 folgt:

Planbeschäftigung:	5.000	Std.
Istbeschäftigung:	3.000	Std. (→ Beschäftigungsgrad = 0,6)
Plankosten$_{fix}$:	40.000,-	EUR
Plankosten$_{var}$:	60.000,-	EUR
Verrechnete Plankosten:	60.000,-	EUR (= 3.000 Std x 20,- Stundensatz)
Istkosten:	90.000,-	EUR

Sollkosten = 40.000 + 60.000 * 0,6 = 76.000

Beschäftigungsabweichung = Sollkosten – verrechnete Plankosten = 76.000 – 60.000 = 16.000

Da der Stundensatz auf Basis einer Beschäftigung von 5.000 Stunden geplant wurde, jedoch nur 3.000 Stunden im Ist verrechnet wurden, bleibt die Kostenstelle auf 16.000,- EUR sitzen.

Verbrauchsabweichung = Istkosten – Sollkosten = 90.000 – 76.000 = 14.000

14.000,- EUR sind darauf zurückzuführen, daß Unwirtschaftlichkeiten eingetreten sind. Für das Controlling ergeben sich nun als Handlungsbedarf:

- Sollte die Beschäftigtenanzahl in der Kostenstelle an die Istbeschäftigung angepaßt werden
- Welche Ursachen führten zur Verbrauchsabweichung. Berechnung der einzelnen Abweichungskategorien (Preis-, Mengen- bzw. Strukturabweichung).

Die Berechnung der einzelnen Abweichungskategorien erfolgt im Kapitel Kostenstellen-Controlling.

Die flexible Plankostenrechnung ist ein leistungsfähiges Kostenrechnungssystem. Allerdings ergibt sich der fixe Tarif durch Proportionalisierung der fixen Kosten. Das heißt, es wird unterstellt, daß pro Leistungsstunden ein gleich hoher Anteil an Fixkosten anfällt. Dies entspricht jedoch nur bedingt der Realität, da die Produktionsfaktoren Mensch und Maschine einen bestimmten Kapazitätsumfang bereitstellen, der nur in engen Grenzen variiert werden kann (Arbeitszeit der Mitarbeiter, Intensität im Betrieb der Maschinen). Ein noch größeres Problem stellt die Zurechenbarkeit der mit der Leistungsbereitschaft verbundenen fixen Kosten zu den einzelnen Leistungseinheiten dar. Die im Produktionsbetrieb beschäftigten Mitarbeiter und eingesetzten Maschinen lassen sich in der Regel den Leistungen (Fertigungsleistung) gut zuordnen. Schwieriger wird es aber mit den indirekten Organisationseinheiten, z.B. der Arbeitsvorbereitung, Beschaffung und den Führungskräften. Die fixen Kosten der indirekten Bereiche, die den Produktionskostenstellen über Umlagen im Rahmen der Betriebsabrechnung belastet werden, gehen meist über Schlüsselung in den Leistungstarif der Produktionskostenstellen ein.

Die nur bedingt verursachungsgerechte Zurechenbarkeit der fixen Kosten zu den Leistungsmengen ist der Hauptkritikpunkt von *Plaut*, der nur die variablen Kosten als steuerungsrelevante Kosten für dispositive Entscheidungen zuläßt. Nur die mit der Leistungserstellung korrelierenden Kosten sollten in die Kostenbetrachtung einfließen. Das von *Plaut* entwickelte Kostenrechnungssystem wird daher als Grenzplankostenrechnung bezeichnet. Grenzkosten sind die mit Leistungsmengenänderungen zusätzlich entstehenden oder sich reduzierenden Kosten. Auf Basis der flexiblen Plankostenrechnung werden hier nur die beschäftigungsabhängigen, variablen Kosten zur Unternehmenssteuerung in Betracht gezogen.

3.5 Grenzplankostenrechnung

In der Grenzplankostenrechnung wird ein Verrechnungssatz gebildet, der nur die variablen Kosten einschließt. Der Gesamttarif einer Leistungsart der Kostenstelle ergibt sich aus dem Verhältnis der variablen Kosten mit der Leistungsmenge. Die fixen Kosten werden vorab an andere, leistungsempfangende Bereiche des Unternehmens verteilt (Fixkostenvorverteilung) und sind nicht Bestandteil der Tarifermittlung. Letztendlich werden die Fixkosten als Fixkostenblock auf unterschiedlichen Organisationsebenen an das Ergebnis verrechnet, die Kostenträger dagegen werden nur mit den variablen Kosten belastet und leisten mit dem darüber hinaus gehenden Erlös einen Deckungsbeitrag zur Deckung des Fixkostenblocks.

Bei den Kostenstellen werden daher nur Verbrauchsabweichungen gemessen, für die sie ja auch die Verantwortung tragen.

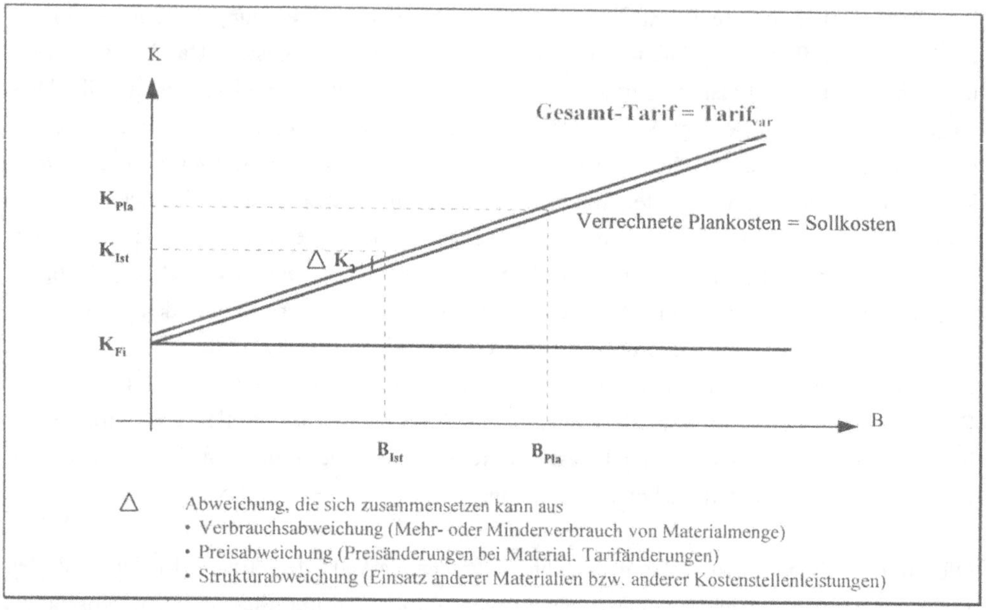

Abbildung 26: Grenzplankostenrechnung

Für das Rechenbeispiel ergibt sich damit:

Planbeschäftigung:	5.000 Std.
Istbeschäftigung:	3.000 Std. (→ Beschäftigungsgrad = 0.6)
Plankosten$_{fix}$:	40.000,- EUR
Plankosten$_{var}$:	60.000,- EUR
Istkosten$_{fix}$:	40.000,- EUR
Istkosten$_{var}$:	50.000,- EUR

Damit ergibt sich ein variabler Tarif von 60.000 / 5.0000 = 12,- EUR/Std.

Die verrechneten Plankosten betragen damit: 3.000 * 12,- = 36.000,- EUR

Es ergibt sich so als Verbrauchsabweichung: Istkosten$_{var}$ – Sollkosten$_{var}$ = 50.000 – 36.000
= 14.000

Der Vorteil dieses Kostenrechnungssystems liegt der konsequenten Umsetzung eines strengen Verursachungsprinzips. Die Kostenstelle steht nicht im Mittelpunkt der Betrachtung, sondern der Kostenträger, dem prinzipiell nur variable Kosten angelastet werden. Ziel ist die Erreichung eines maximalen Deckungsbeitrages zur Deckung der fixen Kosten und der Erwirtschaftung eines Gewinns. Insbesondere marktorientierte Unternehmen, die auch auf der Basis kurzfristiger Preisuntergrenzen dispositive Entscheidungen treffen müssen, setzen auf dieses Kostenrechnungssystem.

3.6 Prozeßkostenrechnung

Die zunehmend kapitalintensivere Produktion führt dazu, daß der Anteil der variable Gemeinkosten ständig zunimmt. Die aus der Sicht der Grenzplankostenrechnung kritisierte Proportionalisierung der fixen Gemeinkosten wird in der Proezßkostenrechnung dadurch gelöst, indem die Gemeinkosten stärker differenziert werden. Einzelne, in sich geschlossene und wertschöpfende Aktivitäten werden als Prozeß definiert und mit den Kostenstellenleistungen belastet, die für den Prozeß erbracht werden. Die Verrechnung der auf den Prozessen gesammelten Gemeinkosten auf die Kostenträger erfolgt nun nicht über Gemeinkostenzuschlagssätze, sondern über direkte Zuordnungen zu Merkmalen der Kostenträger. Die Zuordnung wird in einem Proezßschema definiert auf dessen Basis die Prozeßkosten an die Kostenträger abgerechnet werden. Ziel ist eine verursachungsgerechtere Zurechnung der Gemeinkosten zu den Kostenträgern.

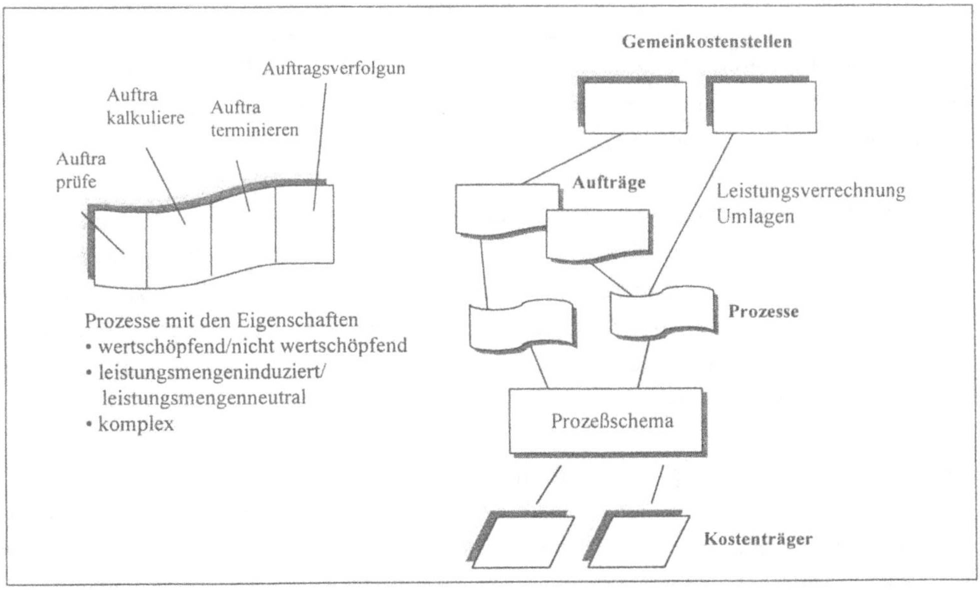

Abbildung 27: Prozeßkostenrechnung

Der Ansatz der Prozeßkostenrechnung besteht nun darin, unterhalb der klassischen Planungsebene (Kostenarten) auf Basis von Einzelaktivitäten bzw. einzelnen Phasen der Geschäftsprozesse Kosten und Leistungsmengen zu erfassen, zu bewerten und zu planen. Damit ist zunächst ein hoher Aufwand zur Erstellung der Konzeption für den Einsatz dieses Kostenrechnungssystems verbunden. Daher sollten nur die wesentlichen, wertschöpfenden Geschäftsprozesse in die Prozeßkostenrechnung eingehen. Neben diesen, mit einer Entgeldleistung verbundenen Geschäftsprozesse, sollten auch die kritischen Prozesse einer prozeßorientierten Analyse unterzogen werden. Kritisch aus der Sicht der Prozeßkostenrechnung sind Prozesse, deren Effizienz eine hohe Auswirkung auf die Effizienz anderer Geschäftsprozesse hat.

Der Zusammenhang dieser Geschäftsprozesse mit anderen Prozessen ist einer der großen Vorteile dieser Ergänzungsrechnung. Die organisatorische Zuordnung der Controlling-Objekte (z.B. Kostenstelle, Auftrag, Kostenträger, ...) zu Prozessen ist eine Voraussetzung für die Integration zwischen Kostenstellenrechnung, Auftragsrechnung, Ergebnisrechnung und Prozeßkostenrechnung. Dadurch wird es möglich, organisationsübergreifende Prozesse zu definieren und in den Wertefluß des Controllings einzubeziehen.

Die Definition der wertschöpfenden und kritischen Geschäftsprozesse ist die Voraussetzung zur Konzeption und Einführung des Kostenrechnungssystems in einem Unternehmen. Innerhalb der Einzelprozesse wird zwischen leistungsmengeninduzierten und leistungsmengenneutralen Prozessen unterschieden. Die leistungsmengenneutralen Prozesse dienen der Betriebsbereitschaft, die leistungsmengeninduzierten Prozesse dienen der eigentlichen Leistungserstellung. Die Zurechnung der leistungsmengeninduzierten Prozesse auf die Prozeßkosten erfolgt über die Inanspruchnahme der Leistungsmengen, die leistungsmengenneutralen Kosten werden durch Kostenverteilung den Prozessen zugerechnet. Damit läßt sich berechnen, was die Durchführung eines Prozesses kostet, z.B. die Bearbeitung eines Kundenauftrages oder die Abwicklung einer eingehenden Sendung.

Die Verrechnung der Prozeßkosten an den Kostenträger, z.B. den Kundenauftrag erfolgt über das Prozeßschema, mit dem festgelegt wird, auf welcher Basis ein Prozeß in Anspruch genommen wird. So könnten z.B. in Abhängigkeit vom Produkt bestimmte Qualitätsprüfungsprozesse zu verrechnen sein. Daher wird im Prozeßschema eine Wenn-Dann-Beziehung definiert und die zu verrechnende Prozeßmenge (z.B. je 100 Stück 1 Stck. Qualitätsprüfungsprozeß) festgelegt.

Die Prozeßkostenrechnung wird dann eingesetzt, wenn ein hoher Anteil von Gemeinkostenprozessen im Unternehmen existieren, deren Einsatz über die Kostenverfolgung gesteuert werden soll und wenn eine verusachungsgerechetere Verrechnung der Gemeinkosten auf Kostenträger erforderlich, als dies über die Verwendung von Gemeinkostenzuschlagssätzen möglich ist.

4 Gemeinkostencontrolling

Gemeinkosten sind Kosten, die in den direkten und indirekten Bereichen des Unternehmens entstehen und nicht direkt ohne Zwischenbuchung über Kostenstellen oder Aufträge der Leistungserstellung und damit den Erzeugnissen zurechenbar sind. Solche, direkt aus der Finanzbuchhaltung den Kostenträgern zurechenbare Kosten werden als Einzelkosten bezeichnet. Einzelkosten, die nur aus wirtschaftlichen Gründen nicht den Kostenträgern direkt belastet werden, sind sogenannte unechte Gemeinkosten. Da die Gemeinkosten über Kostenstellen und Aufträge auf Kostenträger verrechnet werden, wird bei Gemeinkosten auch von Kostenstellen- und Auftragskosten gesprochen. Die Zurechnung der Gemeinkosten erfolgt über Verteilungsschlüssel oder Zuschlagssätze.

Im Gemeinkostencontrolling werden Kosten, die sowohl in der Finanzbuchhaltung (Aufwand) als auch in der Kostenrechnung vorhanden sind, jedoch in der Kostenrechnung mit einem anderen Wertansatz als in der Finanzbuchhaltung berechnet werden, als Anderskosten bezeichnet. Beispiel für Anderskosten sind die Abschreibungen, die in der Finanzbuchhaltung nach steuer- und handelsrechtlichen Vorschriften, in der Kostenrechnung nach dem Prinzip der Substanzerhaltung (Bewertung zu Wiederbeschaffungspreisen) berechnet werden.

Kosten, die im Gemeinkostencontrolling berechnet, jedoch keine Entsprechung in der Finanzbuchhaltung haben, werden als Zusatzkosten bezeichnet. Beispiele hierfür sind kalkulatorische Zinsen auf das Eigenkapital und kalkulatorische Miete der Betriebsräume.

Die Kostenrechnung ist im SAP-R/3-System in der Form eines sogenannten Zweikreissystems etabliert. Im Einkreissystem ist ein unabhängiger Abschluß von Finanzbuchhaltung und Kostenrechnung nicht möglich. Für die Kostenrechnung sind lediglich 2 Kontenklassen reserviert, deren Konten aus der Finanzbuchhaltung belastet, und die selbst wieder an die Konten der Finanzbuchhaltung saldiert werden. Diese Form der Kostenrechnung wird als Betriebsbuchhaltung bezeichnet und findet nur in kleineren Unternehmen Anwendung.

Mit dem Zweikreissystem ist ein unabhängiger Abschluß von Finanzbuchhaltung und Kostenrechnung möglich. Die in der Finanzbuchhaltung erfaßten, kostenrechnungsrelevanten Aufwendungen bzw. Erträge werden 1:1 auf Spiegelbildkonten in der Kostenrechnung automatisch mitgebucht.

Zwischen der Finanzbuchhaltung und der Kostenrechnung findet lediglich eine zahlenmäßige Abstimmung statt. Insbesondere bei einer buchungskreisübergreifenden Kostenrechnung werden Buchungen an Kostenobjekte unterschiedlichere Buchungskreise über ein Abstimmledger in der Finanzbuchhaltung nachgebucht.

4.1 Kostenartencontrolling

4.1.1 Verbuchung der Kostenarten

Nach *Kilger* werden in der Kostenartenrechnung die während einer Rechnungsperiode angefallenen Istkosten belegmäßig erfaßt und es wird angegeben, wie die erfaßten Kosten weiterzuverrechnen sind. Im R/3-System erfolgt die Bestimmung der Weiterverrechnung durch das Anlegen von sekundären Kostenarten und deren Zuordnung zu einem Kostenartentyp. Als Beispiele für Kostenartentypen sind die Umlage, Verrechnungs- und Abrechnungskostenart zu nennen. Umlagekostenarten werden einem Umlagezyklus verwendet. Die Umlage der auf Hilfskostenstellen oder -aufträgen erfaßten primären Kosten an die eigentlich verbrauchenden Kostenstellen oder Aufträge erfolgt durch die Entlastungs- und Belastungsbuchung über die Umlagekostenart. Über die Verrechnungskostenart erfolgt die Verbuchung der innerbetrieblichen Leistungsverrechnung. Die Abrechnungskostenart wird über ein Abrechnungsschema der Abrechnungsvorschrift eines Auftrages zugeordnet.

Die Gliederung der Kostenarten erfolgt nach folgenden Kriterien:

- Zurechenbarkeit
  - Direkte Kosten. Darunter sind die Kosten zu verstehen, die direkt an Kostenobjekte zugeordnet werden können, z.B. Kostenstelleneinzelkosten (Kosten entstehen explizit für eine Kostenstelle) oder Kostenträgereinzelkosten (Verbrauch von Material für die Herstellung eines Produktes = Einzelmaterialkosten).

    Im Controllingsystem werden die direkten Kosten als primäre Kostenart geführt und über die Finanzbuchhaltung an die Kostenrechnung übergeleitet. Dies erfordert, daß die Primärkostenarten auch als Aufwandskonten in der Finanzbuchhaltung geführt werden.

  - Indirekte Kosten. Diese Kosten werden zunächst auf Hilfskostenobjekten gesammelt und dann an die verbrauchenden Stellen verteilt. Beispiel: Energiekosten für Beleuchtung, die auf Basis der Fläche einer Kostenstelle verteilt werden.

    Im Controllingsystem werden die indirekten Kosten als sekundäre Kostenart definiert. Da die Verrechnung der indirekten Kosten nur in der Kostenrechnung durchgeführt wird, sind die sekundären Kostenarten nicht in der Finanzbuchhaltung zu führen.

- Abhängigkeit von der Beschäftigung
  - Fixe Kosten. Die Fixkosten fallen unabhängig von der betrieblichen Leistungserstellung an. Da sie von den variablen Kosten getrennt ausgewertet

werden, erfolgt im Controllingsysten entweder die Definition einer Kostenart explizit als fixe Kostenart oder die Kostenart kann sowohl fixe als auch variable Bestandteile enthalten (Regelfall). Energiekosten werden mit dem fixen Anteil geplant, indem die Planung unabhängig von einer Leistungsart je Kostenobjekt erfolgt.

- Variable Kosten entstehen dem Unternehmen erst mit der Leistungserstellung. Die Kosten werden als variable Kosten definiert, indem bei der Kostenplanung der Bezug zwischen Kostenart, Kostenstelle und Leistungsart hergestellt. Beispiel: Planung der variablen Energiekosten (Stromkosten für Maschinenbetrieb) in Abhängigkeit der Leistungsart Maschinenstunden. Dadurch lassen sich in Abhängigkeit zum Beschäftigungsgrad der Leistungsart die Sollkosten zur Kostenart berechnen.

- Herkunft der Kosten. Die Herkunft der Kosten wird über eine betriebswirtschaftliche Einteilung definiert. Insbesondere erfolgt für Auswertungszwecke eine Einteilung nach:
  - Primärkosten (Kosten aufgrund externen Leistungsbezug)
  - Erlöse
  - Sekundärkosten
    - Kosten aus innerbetrieblicher Leistungsverrechnung
    - Kosten aus Umlagen
    - Kosten aus Abgrenzung
    - Kosten aus Auftragsabrechnung

  Im Controllingsystem erfolgt die Einteilung der Kostenart durch Zuordnung eines Kostenartentyps.

Die nachfolgende Abbildung zeigt die Stammdaten einer Kostenart im System SAP R/3. Die Kostenart ist einem Kostenrechnungskreis zugeordnet und damit der Controlling Instanz. Über die zeitliche Gültigkeit können bestimmte zeitabhängige Daten geändert werden, so daß die Historie der Kostenart erhalten bleibt.

Obligatorisch ist die Zuordnung zu einem Kostenartentyp, über den die Verwendung der Kostenart festgelegt wird. Damit wird ein internes Ablagesystem versorgt, was den schnelleren Zugriff der Kosten ermöglicht.

Die Eigenschaften der Kostenart dienen nur Selektionszwecken für das Berichtswesen und haben keine steuernde Wirkung.

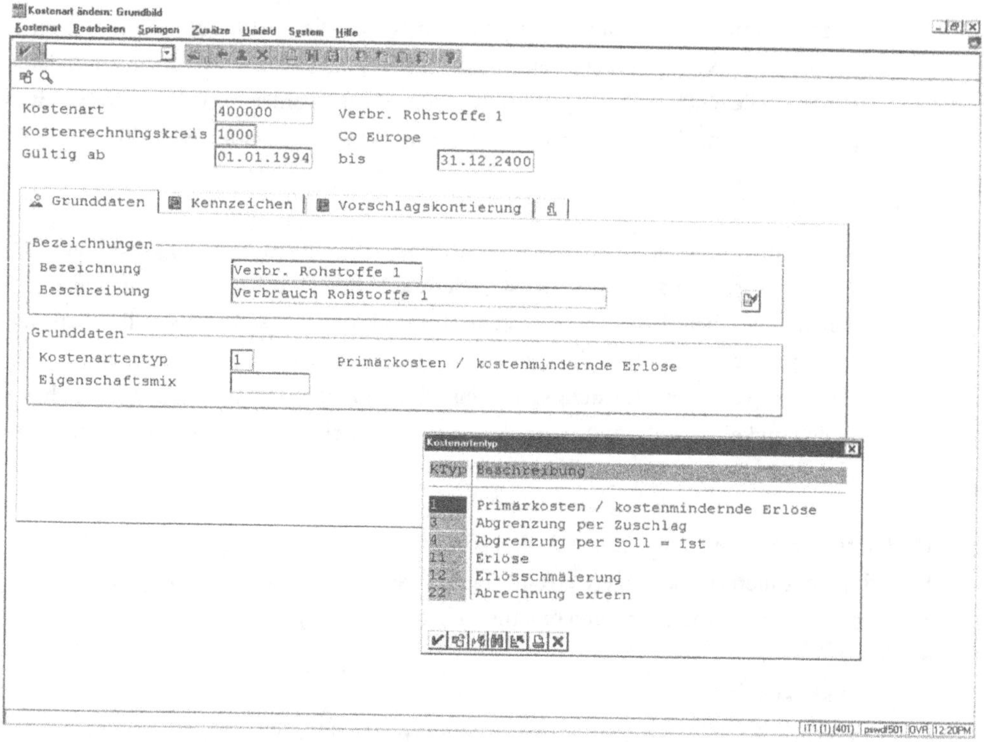

Abbildung 28: Kostenart © by SAP AG

Die Kostenarten werden im Kontenplan festgelegt und der kostenrechnungsrelevante Teil in die Kostenrechnung übernommen.

Der Wertefluß der Buchung primärer Kosten aus der Finanzbuchhaltung in die Kostenrechnung ist in der nachfolgenden Abbildung dargestellt.

Die Buchung auf die primären Kostenarten erfolgt im R/3-System automatisch, da die primären Kostenarten den Konten der Finanzbuchhaltung mit gleicher Konten-Nr. zugeordnet sind. Die Belastung der Kosten an den Ort der Kostenverursachung erfolgt im Finanzbuchhaltungsbeleg durch Mitkontierung des entsprechenden CO-Objektes.

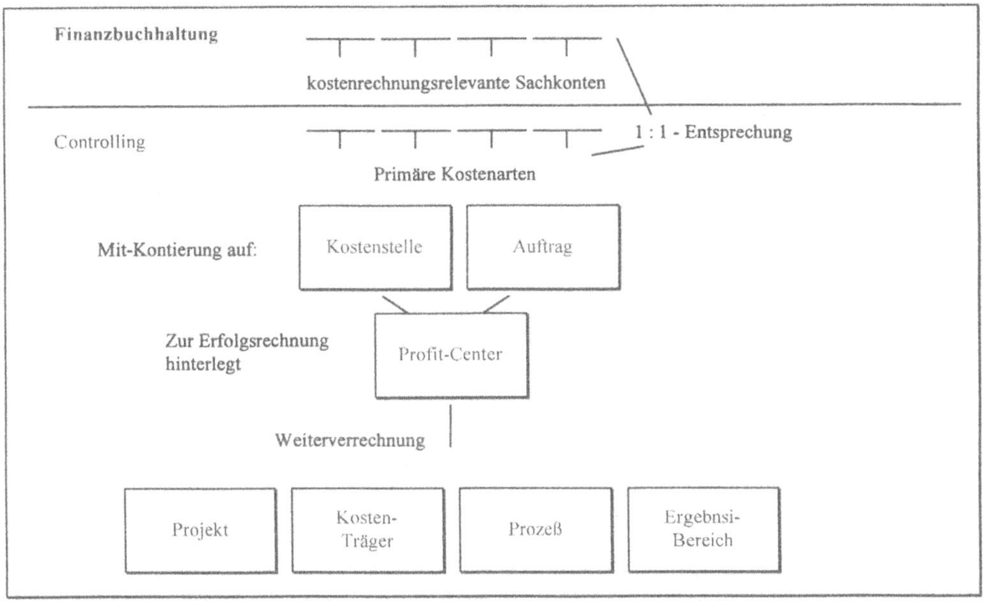

Abbildung 29: Wertefluß der primären Kosten aus der Finanzbuchhaltung

Beispiel: Im Lager wurde der Eingang von Hilfsmaterial für mehrere Instandhaltungsmaßnahmen gebucht. Es wird ein Materialbeleg erstellt, der die bestandsmäßige Buchung auf das Lager enthält. Über die Kontenfindung zur Warenbewegung wird ein Finanzbuchhaltungsbeleg erstellt, der die wertmäßige Kontierung auf das Konto *Bestandsveränderung* gegen das Konto *Verrechnung* enthält. Nun erfolgt der Verbauch des Materials bei Durchführung der Instandhaltungsmaßnahme. Es erfolgt eine Buchung *Verbrauch* an *Bestand* in der Finanzbuchhaltung und eine Belastungsbuchung auf die Instandhaltungskostenstelle. Die Instandhaltungskostenstelle verrechnet die Kosten der Instandhaltung über den Instandhaltungskostensatz (der sowohl die Material- als auch die Personalkosten enthält) auf die Fertigungskostenstelle.

4.1.2 Controlling von Abgrenzungsbeträgen

Abgrenzung ist die zeitliche Verteilung aperiodisch anfallender Kosten. Dies sind z.B. Urlaubsgelder und Weihnachtsgelder, die im Juni bzw. November ausgezahlt werden. Ohne eine zeitliche Verteilung dieser Aufwendungen würden die Monatsergebnisse für Juni und November zu schlecht, in den anderen Monaten dagegen zu gut ausgewiesen werden.

In der Finanzbuchhaltung werden für die zu erwartenden Aufwendungen Rückstellungen gebildet, die dann bei Auszahlung der Gelder aufgelöst werden. Monatlich wird gebucht: Personalaufwand Sonderzahlungen an Rückstellungen. Bei Auszahlung wird gebucht: Rückstellungen an offene Posten (Beim Zahlungslauf zur Überweisung der Beträge dann entsprechend: offene Posten an flüssige Mittel). Die Buchungssätze machen deutlich, daß die Verbuchung keinen Bezug zum Kostencontrolling hat.

Im Controlling ist es notwendig, die zeitliche Abgrenzung mit Bezug zu den Kostenobjekten, insbesondere Kostenstellen durchzuführen. Nur so ist ein periodengerechtes Kostencontrolling auf den Kostenstellen möglich. Die Abgrenzung kann nach dem kalkulatorischen Verfahren oder dem Soll-Ist-Verfahren erfolgen.

4.1.2.1 Zuschlagsverfahren

Zunächst erfolgt bei der Buchung der Rückstellungen für Sonderzahlung die Kontierung der Beträge auf eine Hilfskostenstelle (z.B. Kostenstelle URLAUB). In einem Zuschlagsschema wird festgelegt, welche Kosten monatlich als kalk. Urlaubslöhne zu den Personalkosten der Kostenstelle addiert werden. Wird z.B. ein 13. Monatsgehalt als Urlaubsgeld ausbezahlt, so entspricht dies $^{1}/_{12}$ = 8,3% Zuschlagsatz. Im Zuschlagsschema wird in einer Tabelle folgendes festgelegt:

- Basiselement: enthält die Kostenarten, auf denen die Verbuchung der Personalkosten für die Kostenstelle erfolgt.
- Zuschlagselement: enthält den Zuschlagssatz, hier im Beispiel 8,3%.
- Entlastungselement: enthält die Gegenkontierung, hier im Beispiel die Hilfskostenstelle URLAUB.
- Zuordnung des Zuschlagsschemas zu einer Selektion:
  - Selektion der Kostenstellen, für die eine Abgrenzung der Urlaubsgelder durchgeführt werden soll
  - Zeitlicher Bezug, z.B. Geschäftsjahr.

Bei Durchführung der Abgrenzung werden die Kostenstellen mit den abgegrenzten Beträgen belastet, die Hilfskostenstelle entlastet.

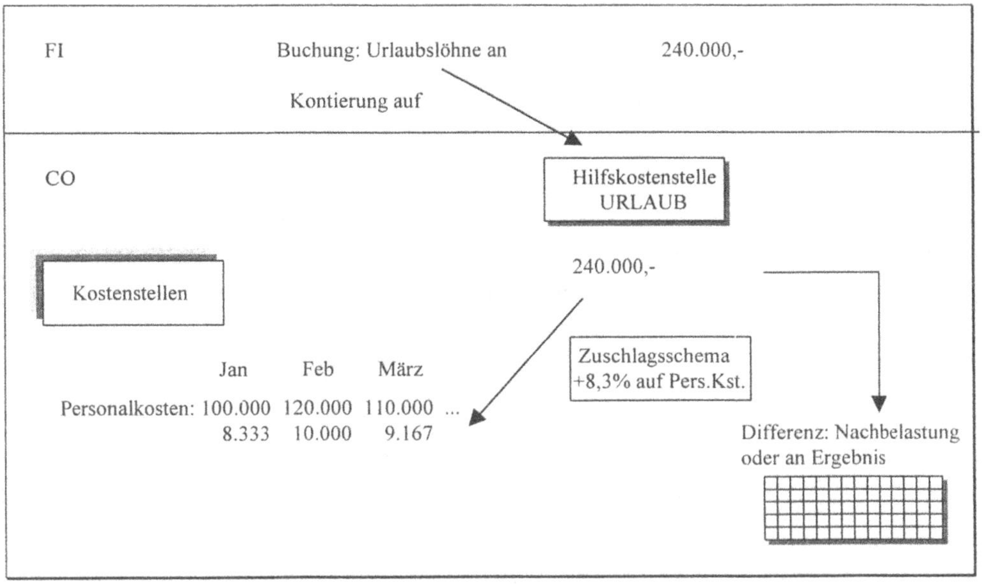

Abbildung 30: Abgrenzung mit Zuschlagsverfahren

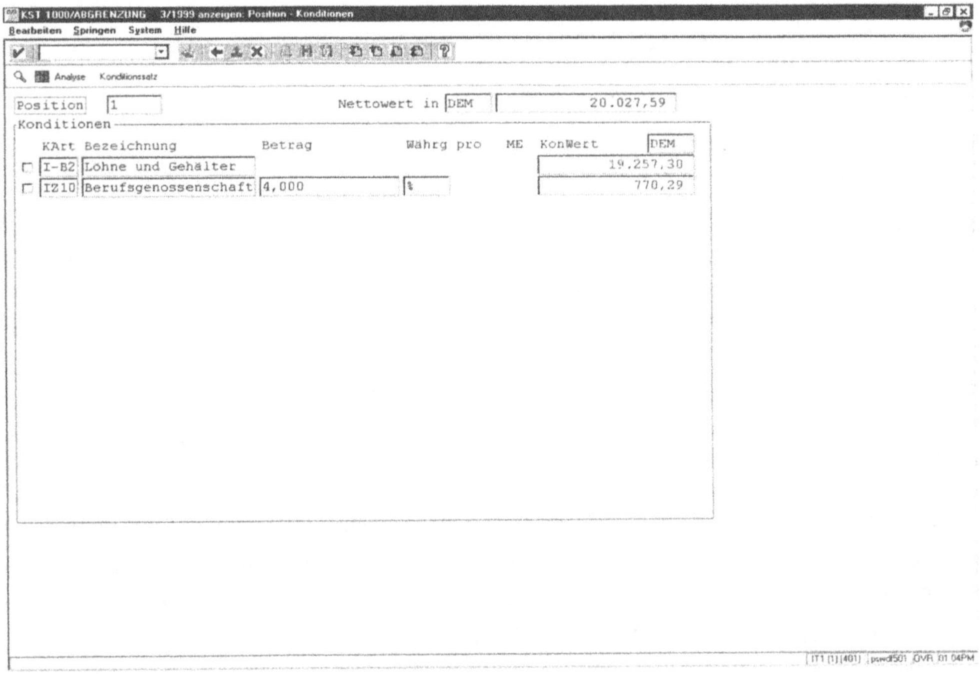

Abbildung 31: Zeitliche Abgrenzung mit Zuschlagsverfahren © by SAP AG

Die Differenz zu den Istkosten für Urlaubsgelder gegenüber den abgegrenzten Werten werden entweder den Kostenstellen nachbelastet oder an das Ergebnis umgelegt. Je nach Über- oder Unterdeckung auf der Hilfskostenstelle werden die Zuschlagssätze angepaßt.

4.1.2.2 Soll-Ist-Verfahren

Beim Soll-Ist-Verfahren werden die Abgrenzungsbeträge auf Basis des Beschäftigungsgrades der Kostenstelle berechnet. Wie beim Zuschlagsverfahren werden die in der Finanzbuchhaltung abgegrenzten Werte auf eine Hilfskostenstelle gebucht. Die Bezuschlagung auf den Kostenstellen erfolgt auf Basis der Sollkosten. Die Sollkosten ergeben sich aus den fixen Plankosten + variablen Plankosten * Beschäftigungsgrad. Die ermittelten Sollkosten werden als abgegrenzte Kosten den Kostenstellen belastet und die Hilfskostenstelle entlastet. Differenzen auf der Hilfskostenstelle werden an das Ergebnis umgelegt.

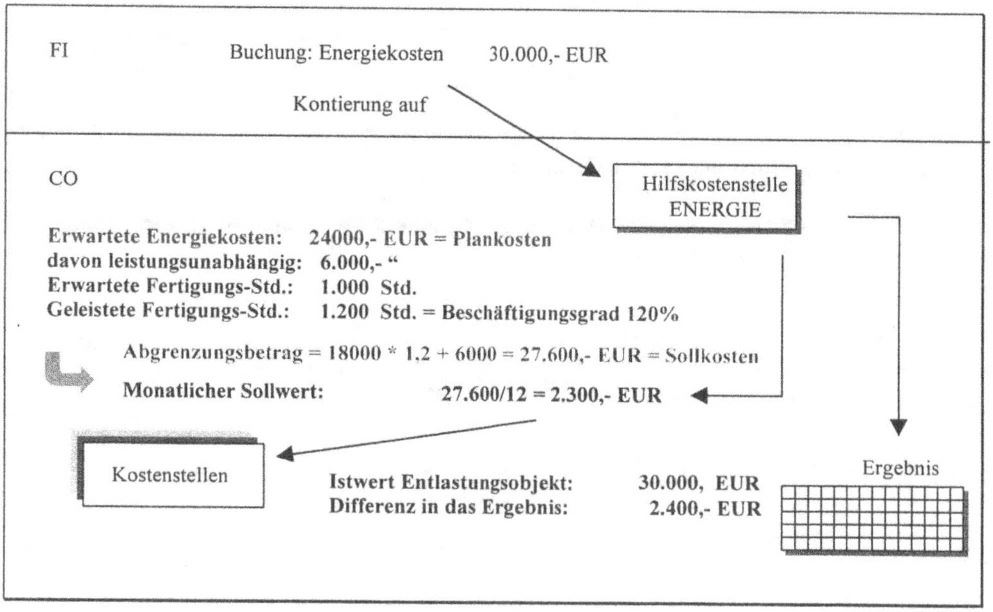

Abbildung 32: Abgrenzung mit Soll-Ist-Verfahren

Die vorhergehende Abbildung zeigt ein Beispiel für die Soll-Ist-Abgrenzung. Im Kostenstellencontrolling wurde festgestellt, daß die geplanten Energiekosten von 24.000,- EUR zu 25% = 6.000,- leistungsunabhängig sind (z.B. Energiekosten für Licht und Klimaanlage) bzw. zu 75% = 18.000,- leistungsabhängig sind (Energiekosten für maschinelle Anlagen).

Damit ergeben sich Sollkosten von 27.600,- EUR, die als Istkosten (Soll-Ist-Verfahren) den Kostenstellen belastet und der Hilfskostenstelle entlastet wird. Die tatsächlichen Istkosten von 30.000,- EUR werden der Hilfskostenstelle ENERGIE belastet, die Differenz zur Summe der Entlastungen entweder den Kostenstellen nachbelastet oder an das Ergebnis umgelegt.

Voraussetzung für das Soll-Ist-Verfahren ist, daß die Kostenplanung leistungsartenbezogen durchgeführt wird, um so für die leistungsabhängigen Kosten die Sollkosten berechnen zu können.

4.1.3 Controlling bei buchungskreisübergreifender Kostenabstimmung

Abstimmbuchungen werden erforderlich, wenn in der Kostenrechnung buchungskreisübergreifende Buchungen durchgeführt werden, die in der Finanzbuchhaltung nachzubuchen sind. Gleiches gilt für Buchungen in der Kostenrechnung, die zwar CO-Objekte des gleichen Buchungskreises, jedoch unterschiedlicher Geschäftsbereiche betreffen.

Beispiel

Ein Unternehmen hat mehrere Tochterunternehmen im Inland, die rechtlich selbständig sind, jedoch im Unternehmen zu einer Umsatzsteuerorgangschaft gehören. Zwischen den Tochterunternehmen werden Leistungen ausgetauscht, die per Leistungsverrechnung im Controlling gebucht werden. In der Finanzbuchhaltung sind die für die Leistungsverrechnung gebuchten Kosten nachzubuchen, damit die Ergebnisse lt. FI nicht verfälscht werden (Grundsätze ordnungsmäßiger Buchführung) und das Ergebnis lt. CO mit dem Ergebnis lt. FI abstimmbar ist.

Vor der Abstimmung

CO

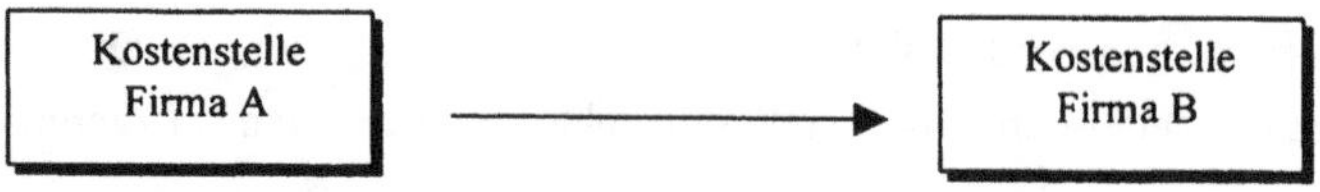

Leistungsverrechnung 100 Std. * 50,- = 5.000,- EUR

Buchung:: Kostenstelle B, ILV (Konto 620000) an Kostenstelle A, ILV (Konto 620000) 5.000,- EUR

Nach der Abstimmung

FI

Buchung in Firma B: Aufwand empf. Leistung (Konto 620.000 an Abstimmkonto (194100) 5.000,- EUR

Buchung in Firma A: Abstimmkonto (194100) an Aufwand (Entlastung, Konto 420000) 5.000,- EUR

Abbildung 33: Abstimmbuchung

Die vorhergehende Abbildung zeigt eine buchungskreisübergreifende CO-Buchung, die auf Abstimmkonten gebucht werden und damit das korrekte Ergebnis in der Finanzbuchhaltung sicherstellt.

Die innerbetriebliche Leistungsverrechnung führt zunächst zu einer Kostenverrechnung von 5.000,- EUR im Controlling. Im Abstimmledger wird diese Buchung vermerkt. Nach Verbuchung im Abstimmledger wird im Buchungskreis des die Leistung empfangenden Unternehmens der Aufwand, im Buchungskreis des abgebenden Unternehmens die Entlastung gebucht. Damit sind die Ergebnisse in der Finanzbuchhaltung korrigiert und mit dem Controlling abgestimmt.

Für das Controlling ist festzulegen:

- Welche Vorgänge (Umbuchung, Leistungsverrechnung, Abrechnung, usw.) werden für buchungskreisübergreifende Buchungen eingesetzt
- Auf welche Zwischenkonten sollen die Abstimmbeträge verbucht werden. Sollen für die unterschiedlichen Vorgänge und Gemeinkostenobjekte (Kostenstellen, Aufträge, etc.) eigene Abstimmkonten verwendet oder die Beträge verdichtet werden.
- Welcher Informationsbedarf ist durch geeignete Berichte zu erfüllen.

4.2 Kostenstellencontrolling

Kostenstellencontrolling ist die Planung und Steuerung der Kosten und Leistungen für die verantwortlichen Organisationseinheiten des Unternehmens. Zunächst sind die Kostenstellen und Leistungsarten zu definieren, für die eine Planung und Steuerung der Kosten erfolgt. Die Planung im Kostenstellencontrolling beinhaltet die Planung von Primär- und Sekundärkosten bei den Kostenstellen sowie die Plankostenübernahmen und -verrechnungen. Für die Istkosten sind die Kontierungsvorschriften festzulegen und damit der Wertefluß von anderen operartiven Systemen. Für die Verrechnung der Istkosten werden geeignete Verfahren definiert. Für den Periodenabschluß erfolgt die Abweichungsanalyse und das Berichtswesen.

4.2.1 Stammdaten

4.2.1.1 Kostenstelle

Die Kostenstelle ist eine Organisationseinheit, die Verantwortung für Kosten und Leistungen übernimmt. Die Gliederung von Kostenstellen erfolgt nach Unternehmensbereichen (Personal, Vertrieb, Produktion, usw.), nach den Aufgaben (z.B. in der Fertigung Bildung von Kostenstellen für Arbeitsvorbereitung, Produktion, Qualitätsprüfung) und als Kostensammler (Hilfskostenstellen).

Im Controllingsystem wird für die Kostenstelle festgelegt, welche Buchungen erlaubt sind, z.B. Verbuchung von Primärkosten, Sekundärkosten im Plan bzw. Ist. Dies wird über den Kostenstellentyp definiert. Die Kostenstelle wird in die Aufbauorganisation des Unternehmens eingebettet, indem im Stammsatz die Organisationselemente eingetragen werden, denen die Kostenstelle zuzuordnen ist. Dies sind der Kostenrechnungskreis und bei buchungskreisübergreifender Kostenrechnung der Buchungskreis.

Für die Selektion von Kostenstellen werden Kostenstellengruppen definiert, denen die Kostenstellen zugeordnet werden. Welche Kostenstellengruppen zu definieren sind hängt von der Aufbauorganisation des Unternehmens und dem Informationsbedarf im Kostenstellencontrolling ab. Beispiele für Kostenstellengruppen sind Gruppen für Beschaffung, Produktion, Vertrieb und Verwaltung.

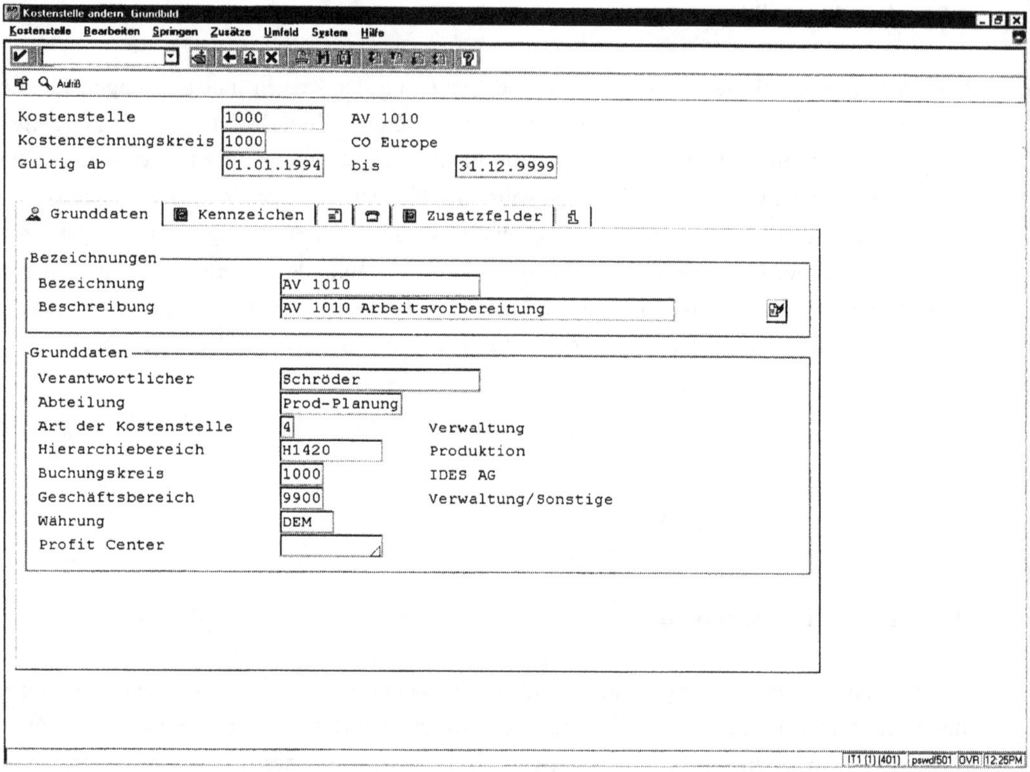

Abbildung 34: Kostenstellenstamm © by SAP AG

4.2.1.2 Leistungsart

Die Planung und Verbuchung von Leistungsmengen erfolgt über die Leistungsart. In der Regel werden Leistungsarten für Personalleistung und Maschinenleistung je produktiver Kostenstelle definiert. Je nach Anforderung an die Verrechnungsart der Leistungen wird der Leistungsartentyp festgelegt:

- Direkte bzw. indirekte Ermittlung

  Bei direkter Ermittlung planen die Kostenstelen die Leistungsmengen auf Basis der Kapazität und der durch andere Kostenstellen disponierten Leistung. Dies ist der Regelfall. Voraussetzung dafür sind Informationen über bisherige Leistungsmengen und Kenntnisse über technische Notwendigkeiten.

  Die indirekte Ermittlung von Leistungsmengen ist dann notwendig, wenn keine Leistungsaufschreibung durchgeführt wird, also keine Informationen über die Leistungsmenge vorhanden ist. Dies ist z.B. im Qualitätswesen der Fall, wenn

Stichproben durchgeführt werden und eine Leistungsaufschreibung zu aufwendig wäre. In diesem Fall wird die Leistungsmenge aus einer Empfängerbeziehung abgeleitet, z.B. pro 1000 Stck an Produktionseinheiten je 1 Std. Qualitätsprüfung.

- Direkte bzw. indirekte Leistungsverrechnung
  Mit der direkten Leistungsverrechnung werden die zu verrechnenden Leistungsmengen auf Basis einer Leistungsaufschreibung erfaßt und verbucht. Dieser Standardfall kommt insbesondere für die in der Produktion rückgemeldeten Erzeugnismengen und die daraus abgeleitete Leistungsverrechnung in Betracht. Auch bei der Leistungsabgabe von Hilfs- an Hauptkostenstellen (z.B. interne Reparaturwerkstatt, innerbetrieblicher Transport) werden die erbrachten Leistungsmengen erfaßt und verbucht.

  Bei der indirekten Leistungsverrechnung erfolgt eine Aufteilung der erbrachten Leistungsmenge an mehrere Empfänger auf Basis eines Schlüssels, der nur bedingt die tatsächliche Inanspruchnahme repräsentiert. Basis für die Aufteilung können Prozentwerte, Anteilswerte oder auch Werte beim Empfänger, z.B. Istleistungsmengen oder Istkosten sein. Wird als Basis der Beschäftigungsgrad des Empfängers genommen, so handelt es sich um eine Soll-Ist-Leistungsverrechnung.

Der Leistungsartentyp wird sowohl für die geplante Leistungsaufnahme als auch für die Istleistungsverrechnung gesetzt.

Eine weitere Festlegung für die Leistungsart ist die Tarifermittlung. Der Tarif – sprich Kostensatz – kann manuell (politisch) festgelegt, oder aus dem Verhältnis von leistungsartenbezogenen Kosten und Planleistungsmenge berechnet werden. Die maschinelle Tarifermittlung erfolgt iterativ, d.h. die Leistungsbeziehungen werden bei der Tarifermittlung berücksichtigt.

Eine weitere Festlegung für die Leistungsart ist die Tarifermittlung. Der Tarif – sprich Kostensatz – kann manuell (politisch) festgelegt, oder aus dem Verhältnis von leistungsartenbezogenen Kosten und Planleistungsmenge berechnet werden. Die maschinelle Tarifermittlung erfolgt iterativ, d.h. die Leistungsbeziehungen werden bei der Tarifermittlung berücksichtigt.

Schließlich ist der Leistungsart die Kostenart zuzuordnen, über die eine Verbuchung der Kosten bei der Leistungsverrechnung erfolgen soll. Die Kostenart muß vom Typ innerbetriebliche Leistungsverrechnung sein.

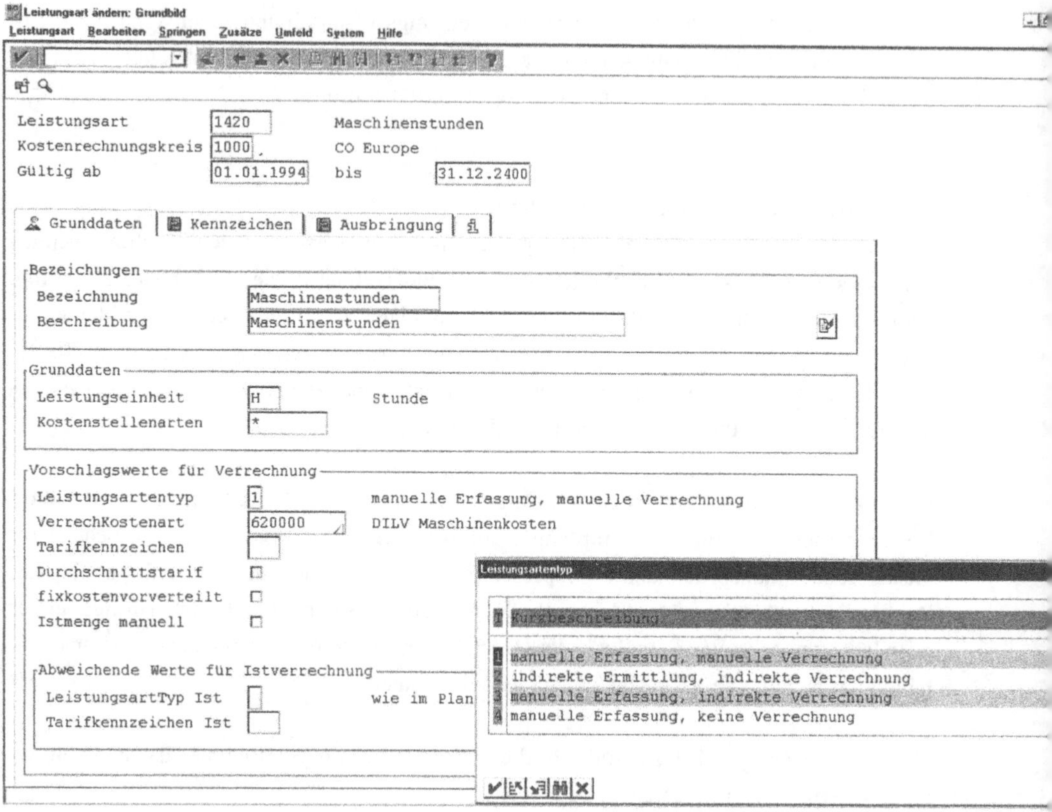

Abbildung 35: Leistungsartenstamm © by SAP AG

Wenn für die Leistungsart auch der Isttarif auf Basis der Istkosten und Istleistungsverrechnung ermittelt werden soll, so ist das Kennzeichen für Isttarifermittlung zu setzen. Im System SAP R/3 kann bestimmt werden, ob bei einer Abweichung von Ist- und Plantarif eine nachträgliche Korrektur der schon gebuchten Leistungsverrechnung maschinell gebucht werden soll.

Soll der Tarif zur Leistungsart nur auf Basis der variablen Kosten berechnet werden (Grenzplankostenrechnung), so werden die Fixkosten zur Leistungsart vorab verteilt. In diesem Fall wird das Kennzeichen zur Teilnahme der Leistungsart an der Fixkostenvorverteilung gesetzt.

4.2.1.3 Statistische Kennzahl

Für die Verrechnung von Kostenstellenkosten auf Basis variabler Anteile an andere Kostenstellen können statistische Kennzahlen (Bezugsgrößen) verwendet werden. Für die statistische Kennzahl ist der Kennzahlentyp festzulegen. Beim Kennzahlentyp Festwert erfolgt die Buchung des Kennzahlenwertes für die Kostenstelle mit einem konstanten Wert über alle Perioden des Geschäftsjahres. Beispiel: Bürofläche einer Verwaltungskostenstelle für die Aufteilung von Reinigungskosten. Wird als Kennzahlentyp Summenwert festgelegt, so werden die Werte periodenbezogen gebucht und über das Geschäftsjahr aufsummiert. Beispiel: Energieverbrauch. Die laufenden Energiekosten werden auf Basis der monatlich festgestellten Verbrauchswerte verteilt. Die Bereitstellungskosten (Wartungskosten) werden dagegen auf Basis der jährlichen Summenwerte verteilt.

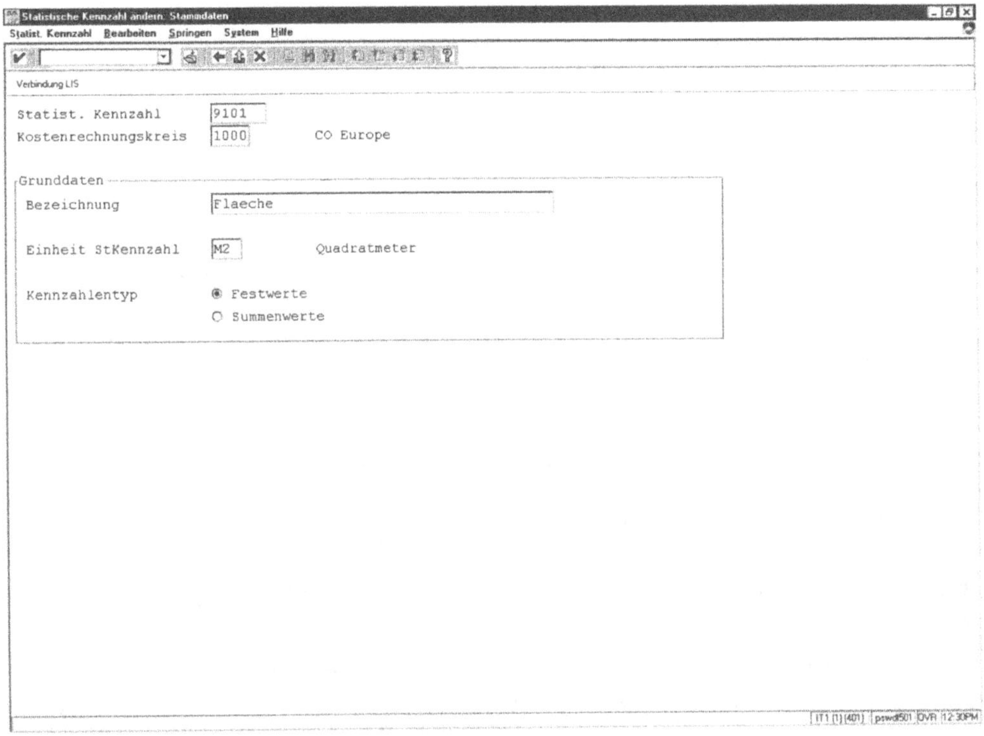

Abbildung 36: Statistische Kennzahl © by SAP AG

Im System SAP R/3 besteht die Möglichkeit, Werte aus dem Logistik-Informations-System als statistische Kennzahl zu übernehmen. Beispiel: Wurden Materialbestellungen für eine Kostenstelle gebucht, so kann dieser Wert als stat. Kennzahl übernommen und Bezugsgröße für andere Verteilungen sein, z.B. Verteilung der Kosten für das Beschaffungsmarketing.

4.2.2 Kontierung der Istkosten auf Kostenstellen

Im Rahmen des Kostenstellencontrollings erfolgt die Verbuchung der primären Istkosten durch die Mitkontierung der CO-Objekte in den Belegen der angrenzenden Anwendungssysteme.

4.2.2.1 Kontierung in FI-Belegen

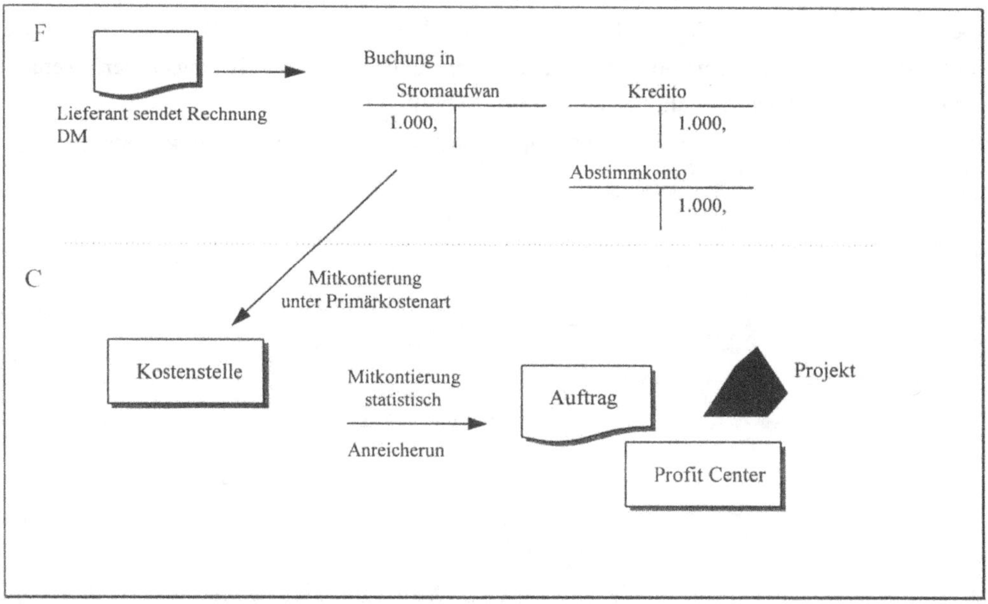

Abbildung 37: Kontierung der Kosten aus FI auf Kostenobjekte

Im Beispiel oben erfolgt die Verbuchung mit echter Kontierung auf eine Kostenstelle. Zusätzlich können weiter Kostenobjekte, jedoch nur statistisch kontiert werden. Die statistische Mitkontierung dient dem zusätzlichen Informationsbedarf, insbesondere Zusammenfassung von Kosten aus unterschiedlichen Kostenobjekten. Für das Controlling ist festzulegen,

- Welche Geschäftsvorfälle zu einer Kontierung aus FI führen,
- ob die Kontierung in FI manuell oder über eine Vorschlagskontierung vorgenommen werden soll.

Auf Basis der Anforderungen durch das Controlling sind Buchungsanweisungen für die Finanzbuchhaltung festzulegen.

4.2.2.2 Übernahme der Abschreibungen aus der Anlagenbuchhaltung

Abschreibungskosten werden in der Anlagenbuchhaltung nach unterschiedlichen Abschreibungsmethoden berechnet. Für den Jahresabschluß erfolgt die Berechnung nach steuer- bzw. handelsrechtlichen Vorschriften. Hier gelten als Basiswert die Beschaffungs- oder Herstellkosten. Für das Betriebsergebnis des Kostencontrollings erfolgt die Berechnung der Abschreibungen auf Basis anderer Werte, z.B. auf Basis des Wiederbeschaffungswertes. Diese kalkulatorischen Abschreibungen werden in der Finanzbuchhaltung als durchlaufende Posten gebucht.

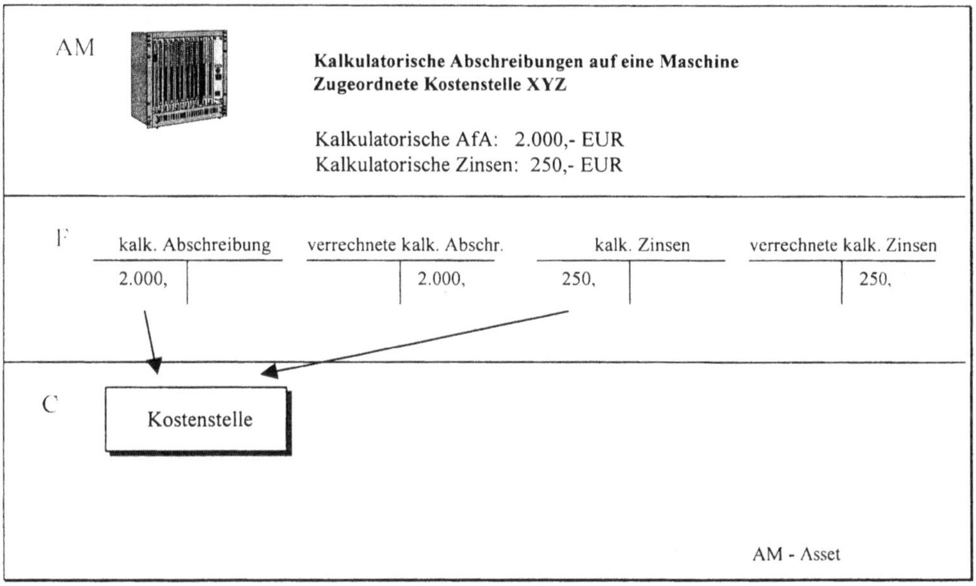

Abbildung 38: Verbuchung kalkulatorische AfA und Zinsen auf Kostenstellen

4.2.2.3 Übernahme der Personalkosten

In der Regel erfolgt eine Verbuchung der Personalkosten an die Kostenstellen, denen die Mitarbeiter organisatorisch zugeordnet sind. Wird ein Gehaltsabrechnungslauf im Personalsystem durchgeführt, so sind einerseits die nach Lohnarten differenzierten Beträge als offener Posten und andererseits als Personalaufwendungen in die Finanzbuchhaltung zu buchen.

Die Überleitung der Lohnbestandteile der Mitarbeiter (Grundgehalt, Zuschläge, Sonderzahlungen, Nebenkosten) erfolgt durch die Zuordnung von Lohnarten zu Konten der Finanzbuchhaltung die wiederum als Primärkostenarten angelegt sind. Die erste Buchung (I) lautet Personalaufwand an Verrechnungskonto. Bei der Durchführung der Überweisung (II) wird die Buchung gegen das Bankkonto mit dem Verrechnungskonto ausgeglichen.

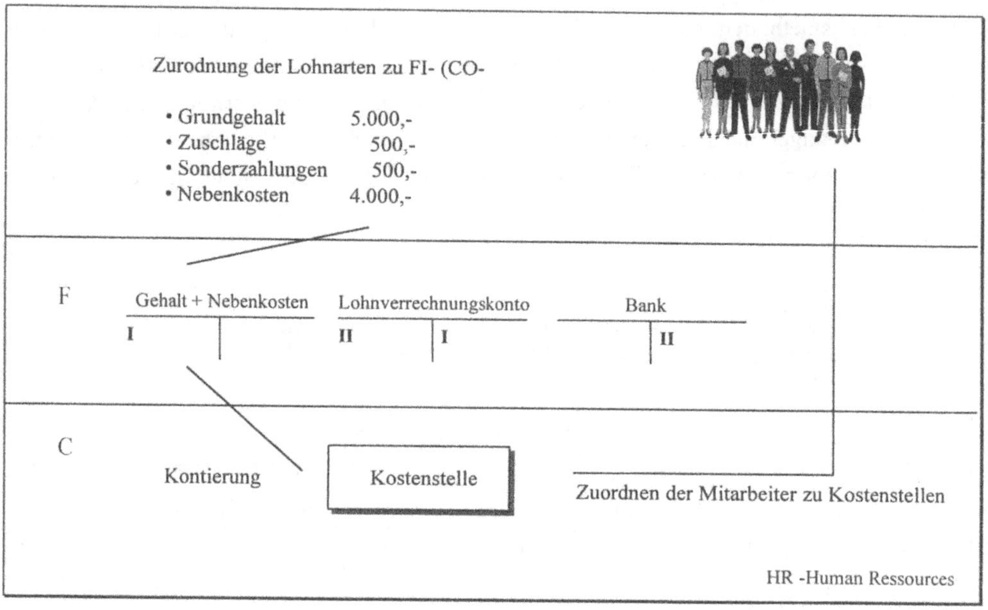

Abbildung 39: Kontierung der Personalkosten

Die Aufwandsbuchung wird unter der primären Kostenart auf die Kostenstelle kontiert. Sollen gleiche Lohnarten auf unterschiedliche Kostenarten gebucht werden (z.B. der Tariflohn für Arbeiter und Angestellte) muß eine entsprechende Überleitungsregel definiert werden. Die Kontenfindung für die Konten der Finanzbuchhaltung basiert dann auf Abhängigkeiten, z.B. die Unterscheidung der Kostenstellen im gewerblichen und administrativen Bereich.

Für das Controlling ist festzulegen

- welche Kosten bei der Personalabrechnung auf die Stammkostenstelle des Mitarbeiters verbucht werden
- ob ggf. Leistungslöhne direkt bei den Rückmeldungen in der Produktion auf die Kostenstellen gebucht werden, für die der Mitarbeiter tätig war.

4.2.2.4 Kontierung der Materialkosten in der Materialwirtschaft

Basis für die Überleitung der Materialkosten ist der Materialbeleg. Über den Materialbeleg erfolgt die bestandsbezogene Buchung auf den Lagerort des Materials. Auslöser dafür ist eine Warenbewegung, z.B. beim Wareneingang, Warenausgang oder auch eine Umlagerung.

Aus dem Materialbeleg heraus werden folgende Rechnungswesenbelege erstellt:

- Finanzbuchhaltungsbeleg, dieser Beleg enthält die Verbuchung der Materialkosten, z.B. Verbrauch gegen Bestand.
- Kostenrechnungsbeleg, dieser Beleg basiert auf der Kontierung im Materialbeleg, z.B. Kontierung auf Kostenstelle oder Auftrag.
- Abgeleiteter Rechnungswesenbeleg, hier besteht eine Zuordnung des kontierten CO-Objektes zu einem anderen CO-Objekt, z.B. Profit-Center.

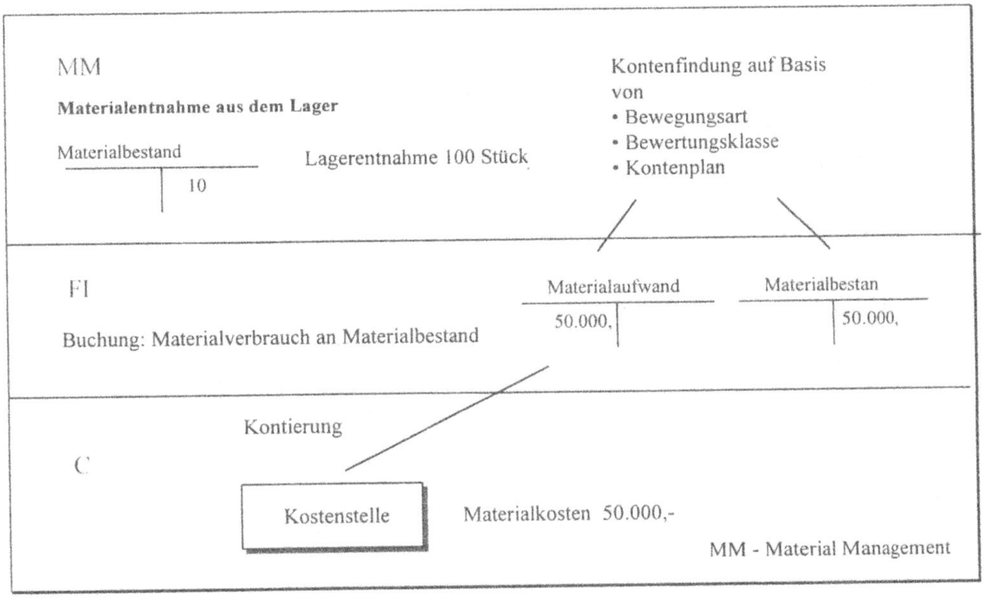

Abbildung 40: Kontierung der Materialkosten

Basis für die Erstellung des FI-Beleges aus dem Materialbeleg heraus ist die Zuordnung entsprechender FI-Konten zu Bewegungsarten in der Materialwirtschaft (Kontenfindung). Der Bewegungsart *Wareneingang* in der Materialwirtschaft werden z.B. die Konten *Bestandsveränderung* und *Wareneingang/Rechnungseingang-Verrechnungskonto (WE/RE)* zugeordnet. Dem Rechnungseingang wird das *WE/RE-Konto* zugeordnet, so daß bei der Einbuchung der Rechnung im Einkauf das *WE/RE-Konto* gegen das *Kreditoren-Konto* gebucht wird. Der Warenausgangsbuchung (Verbrauch für Kostenstelle aus dem Lager) wiederum wird ein *Verbrauchskonto* und als Gegenkonto das *Bestandsveränderungskonto* zugeordnet. Die in der Kontenfindung im System R/3 vorgenommene Kontenfindung kann über einen Schlüssel (Bewertungsmodifikationskonstante) auf gleicher Kontenplanbasis mehreren Buchungskreisen zugeordnet werden.

4.2.3 Controlling der innerbetrieblichen Kosten- und Leistungsverrechnung

Das Controlling der innerbetieblichen Kosten- und Leistungsverrechnung beinhaltet die Zuordnung und Bewertung der benötigten Leistungen und verursachten Kosten. Je nach Szenario kommen unterschiedliche betriebswirtschaftliche Methoden zum Einsatz:

4.2.3.1 Umbuchung, Verteilung und Umlage von Kosten

- Umbuchung/Verteilung von Kosten
  Die direkte Umbuchung von Kostenbeträgen erfolgt bei fehlerhafter Kontierung und bei der Verteilung von Kosten, wenn diese zuvor auf einer Hilfskostenstelle kontiert wurden. Erfolgt die Verteilung der Kosten z.B. monatlich, dann wird für die periodische Umbuchung ein Zyklus definiert, der die Sender, Empfänger und den Verteilungsschlüssel enthält.
- Umlage von Kosten
  Die Umlage von Kosten wird dann angewendet, wenn die unterschiedlichen, zu verrechnenden Kosten des Senders zu einer (Umlage-) Kostenart zusammengefaßt werden. In einem Umlagezyklus werden Sender, Empfänger, Umlagekostenart und Umlageschlüssel definiert. Die Umlage ist dann erforderlich, wenn sowohl primäre als auch sekundäre Kosten verrechnet werden sollen und der getrennte Ausweis der einzelnen umgelegten Kosten beim Empfänger keinen betriebswirtschaftlichen Nutzen hätte (Beispiel: Umlage Kantine).

Beispiel

Die bei einem Zementwerk eingehende Stromrechnung wird bei der Verbuchung in der Finanzbuchhaltung zuerst auf eine Hilfskostenstelle *Strom* kontiert. Die stromintensiven Fertigungsprozesse im Zementwerk sind die Fertigungsstufen Zerkleinerung, Klinkerofen und der Mahlbetrieb. Für diese Prozesse wird der Stromverbrauch explizit gemessen. Die verbrauchten Stromeinheiten werden als statistische Kennzahl im R/3-System gebucht. Auf dieser Basis erfolgt dann die Buchung der für den Fertigungsprozeß angefallenen Stromkosten. Es wird ein Verteilungszyklus verwendet, der als Bezugsbasis die Kennzahl *Strom* (variable Anteile) enthält. Die im Verwaltungsbereich verbrauchten Stromeinheiten werden dagegen per Prozentanteil verteilt.

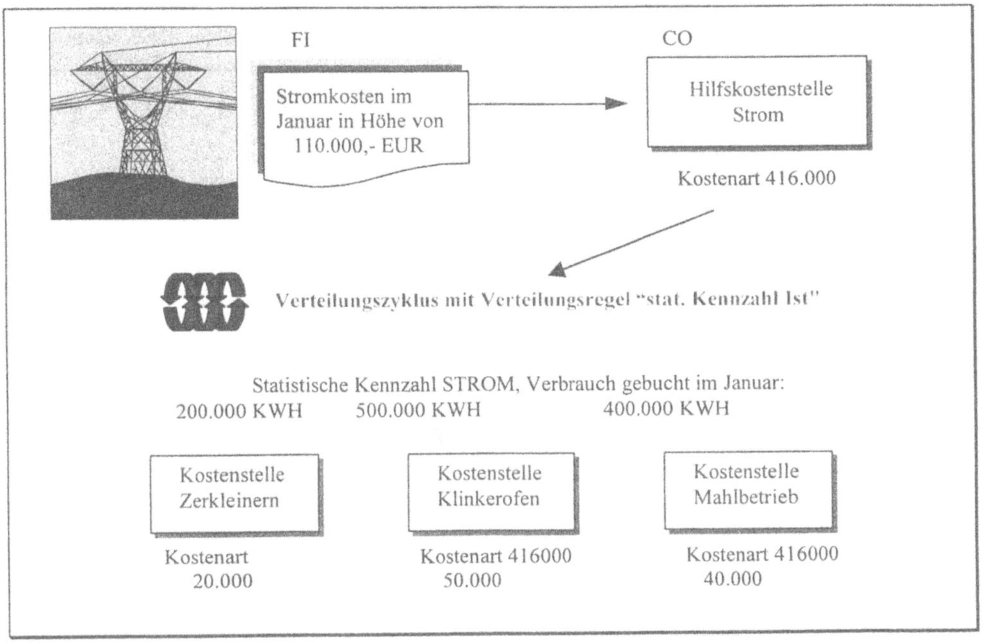

Abbildung 41: Kostenverteilung

Die Definition eines Umlagezyklus zeigt die nachfolgende Abbildung. Ein Zyklus besteht aus ein oder mehreren Segmenten, die sukzessive abgearbeitet werden. In einem Segment wird festgelegt, Kostenobjekte entlastet (Sender) bzw. belastet (Empfänger) werden sollen. Für die Senderwerte wird festgelegt, ob Festbeträge oder gebuchte Beträge umgelegt werden sollen. Für die Schlüsselung der Kosten auf mehrere Empfänger wird festgelegt, auf welcher Bezugsbasis die Aufteilung der Kosten erfolgt.

Werden z.B. Kantinenkosten auf Basis ‚Anzahl Mitarbeiter‘ umgelegt, so ist als Bezugsbasis ‚variable Anteile‘ zu wählen und im Bild ‚Bezugsbasen‘ die statistische Kennzahl anzugeben, unter der die Anzahl Mitarbeiter für die Empfängerkostenstellen gebucht worden sind. Andere Methoden zur Schlüsselung der Kosten sind bei den Empfänger gebuchte Kosten, Leistungsmengen (siehe nachfolgende Abbildung) oder auch Tarife.

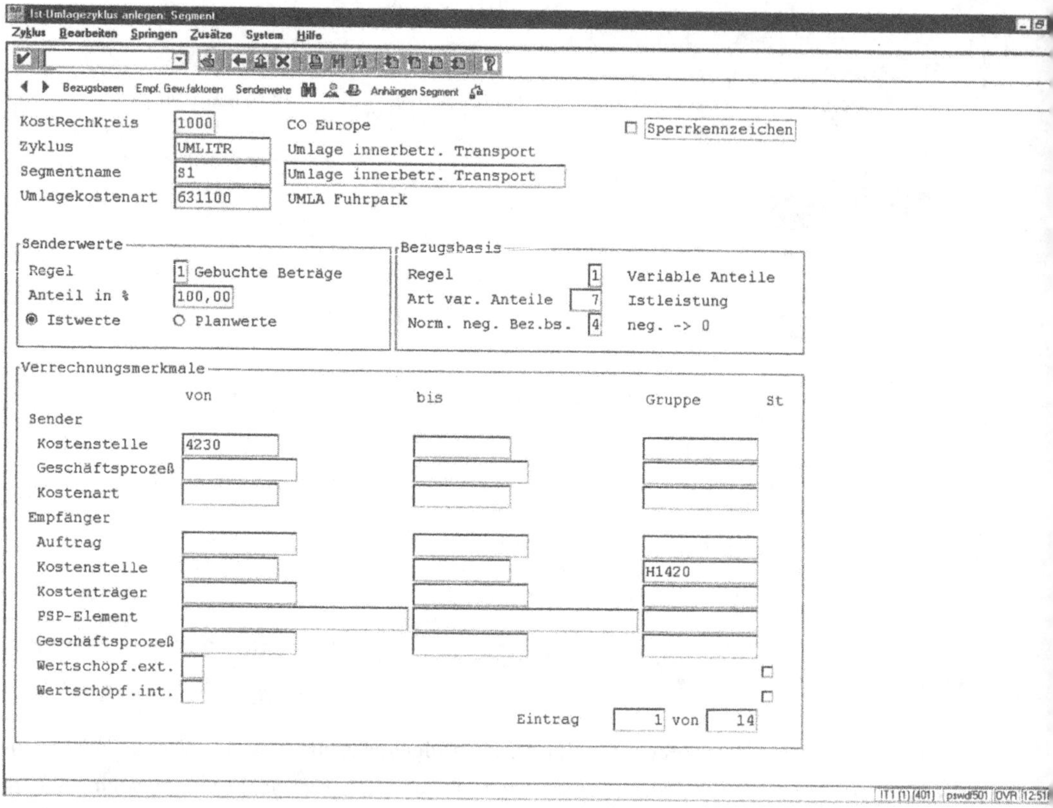

Abbildung 42: Umlagezyklus © by SAP AG

Wird als Aufteilungsbasis die bei den Empfängern gebuchten Istkosten verwendet, so kann es vorkommen, daß eine negative Bezugsbasis auftritt. Dies ist dann der Fall, wenn mehr Kostenentlastung als –belastung bei der Kostenstelle gebucht wurde. Negative Bezugsbasen können zu falschen Ergebnissen führen, so daß über die Normierung festgelegt werden kann, ob der Wert auf 0 oder auf Betrag gesetzt wird.

Die Segmente eines Zyklus werden sukzessive abgearbeitet, gegenseitige Beziehungen werden solange durchgerechnet, bis sich ein mathematischer Näherungswerte ergibt. Beispiel: Kostenstelle A Lieferant an Kostenstelle B und C jeweils 50%. Kostenstelle B liefert an A und C ebenfalls 50%. Nach mehreren Iterationsschritten ergibt wird Kostenstelle C mit 100% belastet.

4.2.3.2 Direkte Leistungsverrechnung

Direkte Leistungsverrechnung ist die Verbuchung von Leistungsmengen von Kostenstellen an andere Kostenobjekte. Die zu verrechnenden Kosten ergeben sich aus der Multiplikation von Leistungsmenge x Plantarif. Bei der direkten Leistungsverrechnung wird die Leistungsmenge direkt eingegeben, oder – im Fall der Rückmeldung gefertigter Erzeugnismengen in der Produktion - bei der Rückmeldung aus der gefertigten Produktionsmenge berechnet. Voraussetzung für die direkte Leistungsverrechnung ist die Möglichkeit der Erfassung der erbrachten Istleistungsmengen beim Sender.

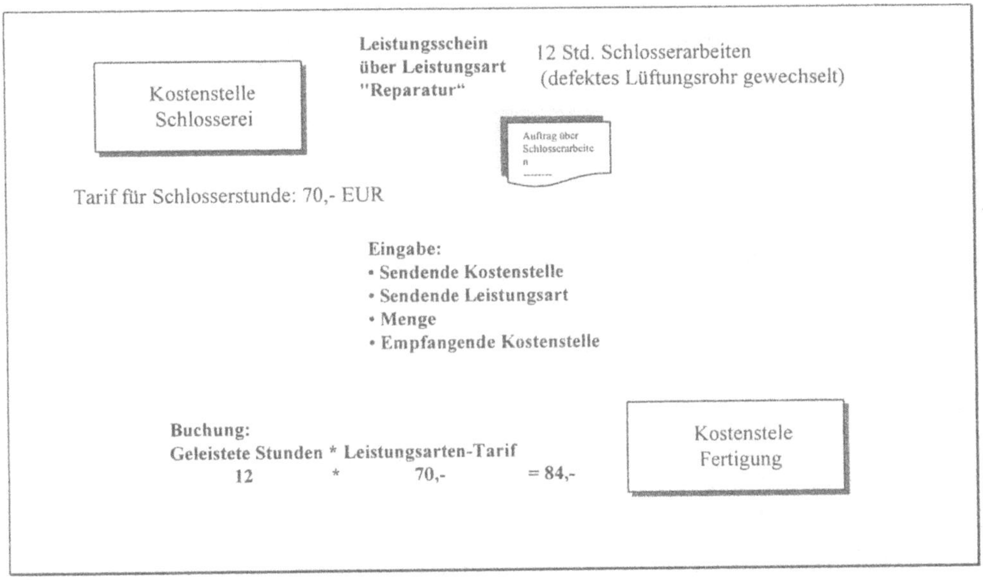

Abbildung 43: Direkte Leistungsverrechnung

Eine wichtige Rolle bei der Leistungsverrechnung ist die Frage, ob mit Gesamttarifen oder mit fixen und variablen Tarifen gearbeitet werden soll.

Der variable Tarif der Leistungsart einer Kostenstelle ergibt sich aus dem Verhältnis der variablen Kosten der Kostenstelle pro Leistungsart und der Leistungsmenge der Leistungsart. In den variablen Tarif gehen die Kosten der Leistungsbeziehungen der Kostenstelle mit anderen Kostenstellen ein.

Der fixe Tarif ergibt sich aus dem Verhältnis der fixen Kosten der Kostenstelle pro Leistungsart und Leistungsmenge der Leistungsart. Fixer und variabler Tarif dienen dazu, die verrechneten fixen bzw. variablen Kosten der Kostenstelle getrennt über die Leistungsverrechnung zu verrechnen und auszuweisen. Damit können für die bei der Leistungsverrechnung gebuchten sekundären Kosten auch die Sollkosten berechnet werden.

Die Sollkosten ergeben sich aus den verrechneten fixen Kosten + variable Kosten * Beschäftigungsgrad. Die fixen Kosten sind das Produkt aus fixer Tarif und verrechnete Leistungsmenge, und zwar sowohl fixe als auch variable Leistungsmenge. Die variablen Kosten sind das Produkt aus variabler Tarif und verrechnete variable Leistungsmenge.

Beispiel

Die Kostenstelle Instandhaltung plant folgende Instandhaltungsleistung für eine Fertigungskostenstelle:

Fixe Instandhaltung (vorbeugende Instandhaltung):	500 Stunden
Variable Instandhaltung (bei Bedarf):	500 Stunden
Gesamtstunden:	1.000 Stunden

Für die Instandhaltung benötigt die Instandhaltungskostenstelle:

Fixe Kosten (Abschreibung für Maschinen, Werkzeuge):	40.000,- EUR
Variable Kosten (Verbrauchsmaterial, Leistungslohn):	35.000,- EUR
Gesamte Plankosten:	75.000,- EUR

Damit ergeben sich folgende Tarife für die Leistungsverrechnung:

Fixer Tarif = 40.000 / 1.000 = 40,- EUR
Variabler Tarif = 35.000 / 1.000 = 35,- EUR
Gesamt-Tarif = 75,- EUR

Bei einer Beschäftigung von 100%, d.h. es werden 1.000 Stunden Instandhaltunsleistung erbracht, ergeben sich als Sollkosten:

Fixe Sollkosten	= Fixer Tarif * fixe Inst.-Std. + fixer Tarif * variable Inst.-Std.
	= 40 * 1.000 + 35 * 500 = 40.000 + 17.500 = 57.500,- EUR
Variable Sollkosten	= Variabler Tarif * variable Inst.-Std.
	= 35 * 500 = 17.500,- EUR

Beim Vergleich der Plankosten mit den Istkosten spielen die Sollkosten folgende Rolle: Sind die verrechneten fixen Istkosten höher oder niedriger, als die fixen Sollkosten, so handelt es sich um eine Fixkostendeckungsabweichung. Das heißt, es wurden zuviel oder nicht alle Fixkosten verrechnet. Die Auswirkung von Beschäftigungsabweichungen auf die fixen Kosten können aber nur berechnet werden, wenn auch die fixen Sollkosten geplant wurden. Dies wiederum erfordert die Trennung des Tarifs in einen fixen und variablen Anteil.

Bei der Berechnung des Plantarifs sind nicht nur die direkt geplanten Kosten der Kostenstelle zu berücksichtigen, sondern auch die Plankosten, die sich aus der Inanspruchnahme von Leistungen anderer Kostenstellen ergeben. Dadurch ergeben sich für die Tarifermittlung mehrere Planungsschritte für die Kostenstellen, bis alle Kosten berücksichtigt sind.

Beispiel

Kostenstelle A plant für einen Monat:

Fixe Kosten: 250.000,- EUR
Variable Kosten: 550.000,- EUR
Planleistung: 10.000 Std.
Damit ergeben sich folgende Tarife:
Fixer Tarif: 25,- EUR
Variabler Tarif: 55,- EUR

Kostenstelle B plant für den gleichen Monat:

Fixe Kosten: 350.000,- EUR
Variable Kosten: 650.000,- EUR
Planleistung: 10.000 Std.
Damit ergeben sich folgende Tarife:
Fixer Tarif: 35,- EUR
Variabler Tarif: 65,- EUR

Kostenstelle B liefer an Kostenstelle A für den Monat 1.000 Stunden. Die wird mit 35.000,- EUR fixen und 65.000,- EUR variablen Kosten verrechnet. Auf 10 Leistungsstunden der Kostenstelle A fällt 1 Leistungsstunde der Kostenstelle B. Für die Tarifermittlung folgt:

Kostenstelle A:

Fixe Kosten: 250.000,- EUR + 35.000,- EUR aus Leistungsbeziehung Kostenstelle B = 285.000,- EUR
Variable Kosten: 550.000,- EUR + 65.000,- EUR aus Leistungsbeziehung Kostenstelle B = 615.000,- EUR
Planleistung: 10.000 Std.
Damit ergeben sich folgende Tarife:
Fixer Tarif: 28,50 EUR
Variabler Tarif: 61,50 EUR

4.2.3.3 Indirekte Leistungsverrechnung

Das Controlling der Leistungsbeziehungen wird über die indirekte Leistungsverrechnung durchgeführt, wenn die Leistungen aufgrund einer festen Bezugsbasis zwischen Sender und Empfänger erbracht werden. Die Bezugsbasis können feste Anteilswerte oder auch auf den Empfängern gebuchte Größen, z.B. Kosten oder Leistungsmengen sein.

Beispiel

In der Produktion eines Unternehmens sind in einem Monat 1.000 Stunden für die Arbeitsvorbereitung angefallen. Der Tarif für die Arbeitsvorbereitung beträgt 90,- EUR je Stunde. Da die Arbeitsvorbereitung keine Erfassung der für die Fertigungsaufträge einer Kostenstelle geplanten Produktionsaufträge durchführt, sollen die Stunden für die Arbeitsvorbereitung prozentual in gleichen Teilen auf die Fertigungskostenstellen A bis D verrechnet werden.

Es wird ein Zyklus für die indirekte Leistungsverrechnung definiert, in dem folgendes festgelegt wird:

Senderkostenstelle:	Arbeitsvorbereitung
Senderwerte:	Istleistung
Senderleistungsart:	Produktionsplaung
Empfängerkostenstellen:	A, B, C, D
Bezugsbasis:	Je 25%

Im Rahmen der indirekten Leistungsverrechnung ergibt sich:

Senderkostenstelle Arbeitsvorbereitung
1.000 * 90 = 90.000,- EUR Entlastung

Empfängerkostenstellen
A bis D jeweils: 250 Stunden * 90,- = 22.500,- EUR Belastung

Ein anderes Szenario ergibt sich, wenn die Senderkostenstelle keine Leistungserfassung durchführt, dennoch die Kosten zwecks genauerer Analyse im Controlling gefordert wird. In diesem Fall ist eine indirekte Leistungsverrechnung mit retrograd ermittelten Leistungsmengen zu definieren.

Beispiel

In der Produktion eines Unternehmens wurden in einem Monat 100.000 Fertigungsstunden geleistet. Auf 100 Fertigungsstunden kommt je 1 Qualitätsprüfungsstunde. Eine Qualtätsprüfungsstunde hat einen Tarif von 110,- EUR. Die Fertigungsstunden wurden von den Kostenstellen wie folgt erbracht:

Kostenstelle A:	20.000 Std.
Kostenstelle B:	40.000 Std.
Kostenstelle C:	15.000 Std.
Kostenstelle D:	25.000 Std.

Es wird ein Zyklus für die indirekte Leistungsverrechnung mit retrograd ermittelter Leistungsmenge definiert:

Senderkostenstelle:	Qualitätsprüfung
Senderwerte:	retrograd ermittelte Leistungsmenge
Senderleistungsart:	Qualitätsprüfung
Empfängerkostenstellen:	A, B, C, D
Bezugsbasis:	Istfertigungsleistung

Im Rahmen der indirekten Leistungsverrechnung ergibt sich:

Senderkostenstelle Qualitätsprüfung
(100.000 / 100) * 110 = 110.000,- EUR Entlastung

Empfängerkostenstellen

Kostenstelle A:	(20.000 / 100) * 110 = 22.000,- EUR Belastung
Kostenstelle B:	(40.000 / 100) * 110 = 44.000,- EUR Belastung
Kostenstelle C:	(15.000 / 100) * 110 = 16.500,- EUR Belastung
Kostenstelle D:	(25.000 / 100) * 110 = 27.500,- EUR Belastung

Eine weitere Möglichkeit der indirekten Leistungsverrechnung mit retrograder Leistungsermittlung ist die Verwendung des Beschäftigungsgrades der Empfängerkostenstellen als Bezugsbasis. Da sich in diesem Fall aus dem Beschäftigungsgrad der Empfänger Soll-Leistungsmengen des Senders ergeben, die als Ist-Leistungsmengen gebucht werden, handelt es sich um eine Soll-Ist-Leistungsverrechnug.

In der Produktion eines Unternehmens entfielen auf einen Monat folgende Fertigungsstunden:

Kostenstelle	Plan-Fert.-Std.	Ist-Fert.-Std.	Beschäftigungsgrad
A:	20.000	10.000	50%
B:	40.000	28.000	70%
C:	15.000	15.000	100%
D:	25.000	20.000	80%

Der innerbetriebliche Transport führt keine Leistungsaufschreibung durch. Statistisch wurde ermittelt, daß bei Vollbeschäftigung 1 Transportstunde (Tarif = 60,- EUR) je 10 Stunden Fertigungsleistung erforderlich ist. Bei Teilbeschäftigung fällt der Transportaufwand unterproportional. Je 10% Unterbeschäftigung fällt das Transportaufkommen nur um 5% (es werden nur zum Teil gefüllte Behälter transportiert, die bei den nachfolgenden Produktionsstellen benötigt werden). Damit ergibt sich folgende Abhängigkeit der Beschäftigung:

Beschäftigung Fert.-Kostenstelle	Beschäftigung innerbetrieblicher Transport
100%	100%
90%	95%
80%	90%
70%	85%
...	...

Daraus läßt sich folgende Formel für die Berechnung des Beschäftigunsgrades als Faktor ableiten:

$$BG_{TKOSTL} = \frac{100 - ((100 - (BG_{FKOSTL} \bullet 100)) \bullet 0{,}5)}{100}$$

TKOSTL – Transportkostenstelle, FKOSTL – Fertigungskostenstelle,
BG - Beschäftigungsgrad

Probe:

Für die Beschäftigungsgrade ergibt sich:

$$BG_{TKOSTL} = \frac{100 - ((100 - (1{,}0 * 100)) \bullet 0{,}5)}{100} = 1{,}0$$

$$BG_{TKOSTL} = \frac{100 - ((100 - (0{,}9 * 100)) \bullet 0{,}5)}{100} = 0{,}95$$

$$BG_{TKOSTL} = \frac{100 - ((100 - (0{,}8 * 100)) \bullet 0{,}5)}{100} = 0{,}9$$

$$BG_{TKOSTL} = \frac{100 - ((100 - (0{,}7 * 100)) \bullet 0{,}5)}{100} = 0{,}85$$

Es wird ein Zyklus für die indirekte Leistungsverrechnung mit retrograd ermittelter Leistungsmenge unter Berücksichtigung von Gewichtungsfaktoren definiert:

Senderkostenstelle:	Innerbetrieblicher Transport
Senderwerte:	retrograd ermittelte Leistungsmenge
Senderleistungsart:	Anlieferung in der Produktion
Empfängerkostenstellen:	A, B, C, D
Bezugsbasis:	Beschäftigungsgrad und Gewichtungsfaktor

Im Rahmen der indirekten Leistungsverrechnung ergibt sich:

Senderkostenstelle Innerbetrieblicher Transport

Soll-Transportstunden = (Planfertigungsstunden / 100) * BG_{FKOSTL}) * BG_{TKOSTL}
für

Kostenstelle A:	(20.000 / 100) * 0,5 * 0,95 = 95 Stunden
Kostenstelle B:	(40.000 / 100) * 0,7 * 0,85 = 238 Stunden
Kostenstelle C:	(15.000 / 100) * 1,0 * 1,0 = 150 Stunden
Kostenstelle D:	(25.000 / 100) * 0,8 * 0,9 = 180 Stunden

Für die Senderkostenstelle ergibt sich damit eine Entlastung von 663 Stunden * 60,- EUR = 39.780,- EUR.

Für die Empfängerkostenstelle ergibt sich als Belastung:

Kostenstelle A:	95 Std. * 60,- = 5.700,- EUR
Kostenstelle B:	238 Std. * 60 = 14.280,- EUR
Kostenstelle C:	150 Std. * 60 = 9.000,- EUR
Kostenstelle D:	180 Std. * 60 = 10.800,- EUR

4.2.4 Kosten- und Leistungsplanung

Die Kosten- und Leistungsplanung umfaßt die integrierte und analytische Planung der von den Kostenstellen zu erbringenden Leistungsmengen und die daraus resultierenden Kosten. Die Planung der Kosten und Leistungsmengen im Kostenstellencontrolling ist Bestandteil der Unternehmensplanung. Die in den jeweiligen Fachbereichen geplanten Werte werden in die Kosten- und Leistungsplanung des Kostenstellencontrollings übernommen.

4.2.4.1 Basisdaten für die Kosten- und Leistungsplanung

In der Absatz- und Produktionsplanung wird die Planung der Absatzmengen und die zu ihrer Erfüllung erforderlichen Produktionsmengen durchgeführt. Die geplanten Produktionsmengen führen zu einer disponierten Leistung der Produktionskostenstellen. Innerhalb des Gemeinkostencontrollings werden Leistungsaufnahmeplanungen durchgeführt, die ebenfalls zu einer disponierten Leistung bei den Senderkostenstellen führen.

Beispiel

Die Produktion von 1.000 Pumpen erfordert im ersten Bearbeitungsgang für die Bereitstellung der benötigten Materialien 20 Stunden der Kostenstelle Komissionierung. Die Einplanung der Produktion führt zu einer disponierten Leistung von 20 Stunden der Leistungsart kommissionieren bei der Kostenstelle Kommissionierung.

Die Produktionskostenstellen planen für die Wartung der Maschinen 100 Stunden vorbeugende und 100 Stunden bedarfsgesteuerte Instandhaltungsstunden. Die Leistungsaufnahmeplanung führt zu einer disponierten Leistung von 100 Instandhaltungsstunden fix und 100 Instandhaltungsstunden variabel.

Aus der disponierten Leistung wird der Bedarf an Anlagen- und Personalkapazität und der Materialbedarf abgeleitet. Die Anlagenkapazität wirkt sich kostenmäßig als geplante kalkulatorische Abschreibung für Abnutzung (AfA) der Anlagen und kalkulatorische Zinsen aus. Die Berechnung der AfA erfolgt in der Anlagenbuchaltung und wird in die Kostenstellenplanung übernommen. Die erforderliche Personalkapazität wird im Personalsystem in Form von Stellen geplant, für die in Abhängigkeit von Lohnart und Lohngruppe die Personalkosten geplant und an die Kostenstellen übergeben werden. Der Materialbedarf wird in der Materialwirtschaft berechnet und führt zu einer entsprechenden Kostenplanung bei der Kostenstelle. Dabei handelt es sich um Gemeinkostenmaterial für die Kostenstelle, also in der Regel Hilfs- und Betriebsstoffe. Das für die Produktion benötigte Material wird direkt in der Produktkostenplanung geplant.

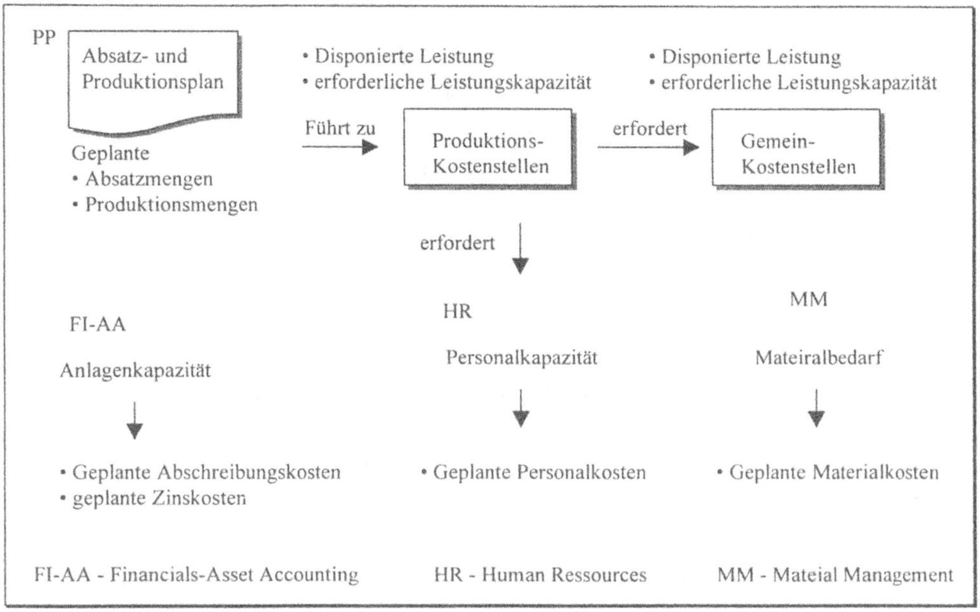

Abbildung 44: Basisdaten für die Kostenstellenplanung

Die übernommenen Plankosten werden in der Kostenstellenplanung dahingehend abgestimmt

- daß für die disponierte Leistung fixer und variabler Verbrauch getrennt disponiert wird
- daß alle gegenseitigen Leistungsbeziehungen berücksichtigt werden
- daß die Summe an disponierter Leistungsmenge die geplante Leistungskapazität nicht übersteigt
- daß der sich aus dem Verhältnis von Leistungsmenge und Kosten ergebende Tarif vereinbart wird.

4.2.4.2 Planintegration

Die Planung der Gemeinkosten ist Teil der betrieblichen Gesamtplanung. Ausgangspunkt ist die Planung der Absatzmengen der Erzeugnisse des Unternehmens. Diese Planung findet im Rahmen der Umsatzplanung statt. Basis sind die Umsatzplanung der Vergangenheit, konkret vorliegende Kundenaufträge und Prognosen des Vertriebsbereiches. Für ein marktorientiertes Controlling müssen gesamtwirtschaftliche und betriebsindividuelle Einflußgrößen berücksichtigt werden. Gesamtwirtschaftliche Einflußgrößen ergeben sich aus dem aktuellen und erwarteten Konjunkturverlauf, Saisoneinflüsse, dem Verhalten der Wettbewerber und absehbare Trends im Kundenverhalten. Betriebsindividuelle Einflüsse ergeben sich aus der Position der Produkte im Produktlebenszyklus und dem Preis-Leistungs-Verhältnis der Produkte. Der Zusammenhang zwischen den Einflußgrößen und den Ergebnissen der Absatz- und Umsatzplanung ist durch Anwendung mathematisch-statistischer Verfahren nachzuvollziehen. Maßgebend für die Einschätzung der künftigen Absatzentwicklung sind die Aussagen markterfahrener Vertriebsleute und angesehener Marktforschungsinstitute. Eine verläßliche Absatzplanung ist nur über eine Differenzierung nach Marktsegmenten möglich.

Die Absatzplanung wird nach Marktsegmenten differenziert. Ein Marktsegment ist die Kombination von Vertriebsmerkmalen, die einen Teilmarkt des Unternehmens repräsentieren.

Beispiel

Ein Automobilzulieferer für Abgasanlagen hat als Marktsegmente definiert:

- Warengruppe: Schalldämpfer, Rohre, Rußfilter, Sonderfertigung
- Kundengruppe: verbundene Unternehmen, Fremdunternehmen
- Sparte: PKW, Nutzfahrzeuge, Motorrad
- Vertriebsweg: Entwicklung, Serie, Ersatzteile

Ein Marktsegment ist nun z.B. der Vertrieb von Schalldämpfer für PKW an verbundene Unternehmen für die Serienproduktion. Im System SAP R/3 werden diese Werte vom Vertrieb im Vertriebsinformationssystem geplant und an die Ergebnis- und Marktsegmentrechnung übergeleitet. Dort erfolgt zur Absatzmengenplanung die Erlösplanung und die Ermittlung der geplanten Deckungsbeiträge (vgl. Kapitel Ergebniscontrolling).

Nach Abstimmung der Absatzmengen mit der Ergebnisrechnung können diese Werte an die Produktionsplanung übergeben werden. Dort findet die Planung der Produktionsmengen statt und die Überleitung in einen logistischen Kreislauf und einen der Produktion.

Aus Sicht der Logistik wird aus der Produktionsplanung an verkaufsfähigen Erzeugnissen die Bedarfsplanung für das benötigte Vormaterial und schließlich die Einsteuerung in die Produktion mit Planaufträgen durchgeführt.

Aus Sicht des Controlling erfolgt die Überleitung der Produktionsmengen als benötigte (disponierte) Leistung für die Kostenstellen. Im Kostenstellencontrolling werden auf dieser Basis die Leistungsmengen, benötigte Ressourcen, Kosten und der Leistungstarif berechnet (vgl. vorheriges Kapitel).

Der Leistungsartentarif ist Basis für die Berechnung der Fertigungskosten in der Erzeugniskalkulation. Die Materialkosten für ein Erzeugnis resultieren aus den Kalkulation für das eigengefertigte Material bzw. den Lieferpreisen für Fremdmaterial. Zusammen mit den Kosten für Fremdbezug und Gemeinkosten ergibt sich der Preis auf Basis der Herstellkosten.

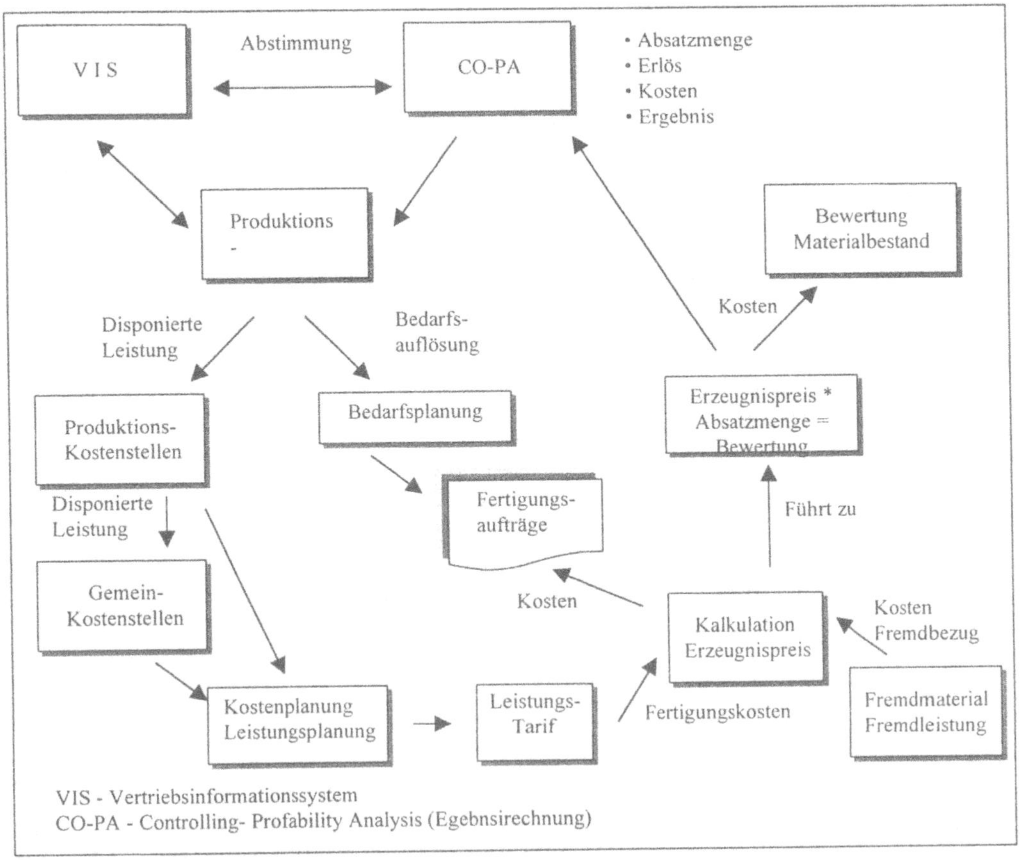

Abbildung 45: Planintegration

Der Erzeugnispreis ist Basis für die Bewertung der geplanten Absatzmengen. Dabei werden die Kostenbestandteile in unterschiedliche Wertfelder gesteuert, so daß eine Plandeckungsbeitragsrechnung durchgeführt wird. Schließlich dienen die Erzeugniskosten auch für die Bewertung des Materialbestandes.

4.2.4.3 Planung der Primär- und Sekundärkosten

Die Übernahme und Abstimmung der disponierten Leistung für eine Kostenstelle führt zunächst zur Planung der Primärkosten (Material- und Personalkosten). Die fixen Primärkosten werden für die Kombination Kostenstelle und Kostenart geplant. Die variablen Primärkosten werden zur Kombination Kostenstelle, Leistungsart und Kostenart geplant. Die fixen Plankosten sind in voller Höhe auch Sollkosten, die variablen Plankosten sind nur im Verhältnis des Beschäftigungsgrades der Leistungsart auch Sollkosten.

Beispiel

Die Materialkosten für die Kostenstelle ABWEICHUNG werden unter der Kostenart 400000 für den Zeitraum März 1999 zum Teil fix (1.000,-) und zum Teil variabel, d.h. in Abhängigkeit zur Leistungsart 1420 geplant (1.000,-). Der geplante Materialverbrauch beträgt jeweils 100 Stück. Damit ergibt sich ein geplanter Materialpreis von 10,- DEM.

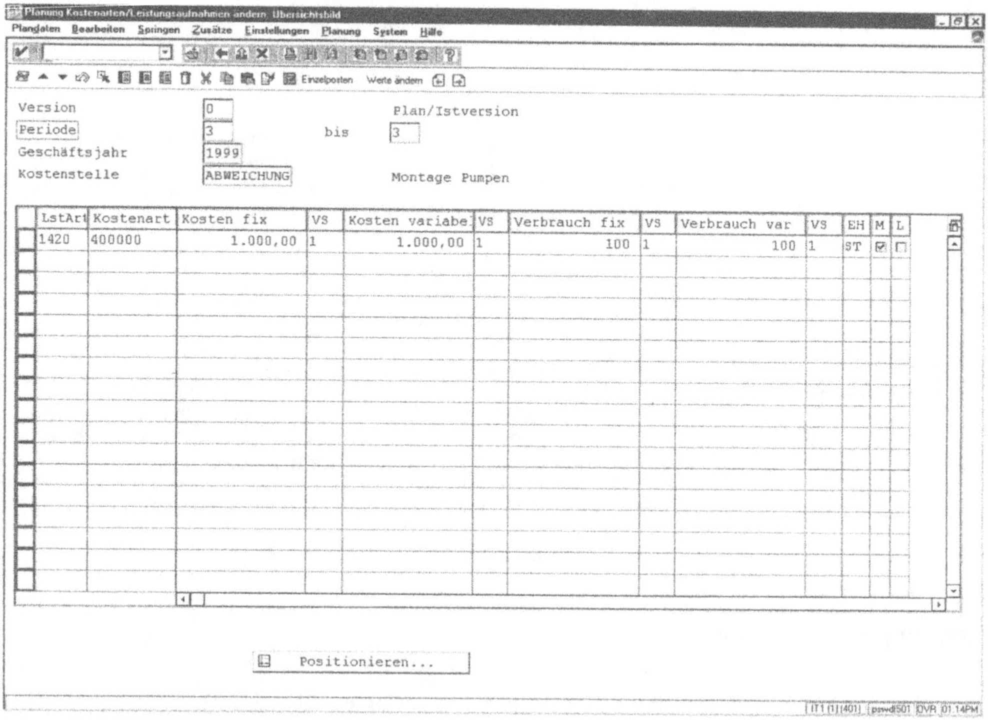

Abbildung 46: Primärkostenplanung © by SAP AG

Die Planung erfolgt entweder monatlich oder jährlich mit Verteilung gemäß einem Verteilungsschlüssel (VS), z.B. auf Basis Anzahl Arbeitstage im Monat.

Die Sekundärkostenplanung wird im Rahmen einer Leistungsaufnahmeplanung durchgeführt. Die Leistungsaufnahme kann fix sein, das heißt, sie erfolgt unabhängig vom Beschäftigungsgrad der Empfängerkostenstelle. Die Planung erfolgt zur Kombination Senderkostenstelle, Senderleistungsart und Empfängerkostenstelle. Eine variable Leistungsaufnahmeplanung wird mit Bezug zum Beschäftigungsgrad der Empfängerkostenstelle durchgeführt. Die Planung erfolgt zur Kombination Senderkostenstelle, Senderleistungsart, Empfängerkostenstelle und Empfängerleistungsart.

Beispiel

Die Kostenstelle Reinigung plant eine wöchentliche Reinigung von 5 Stunden je Produktionskostenstelle. Bei einem Beschäftigungsgrad von 100% der Produktionskostenstelle sind noch weiter 5 Stunden Reinigung der Maschinen notwendig.

Die Planung erfolgt zu:

Senderkostenstelle:	Reinigung
Senderleistungsart:	Reinigung Produktionshalle und Maschinen
Empfängerkostenstelle:	Produktion
Empfängerleistungsart:	Fertigung
Fixer Leistungsmenge:	20 Stunden je Monat
Variable Leistungsmenge:	20 Stunden je Monat

Bei einer Beschäftigung von 50% der Produktionskostenstelle ergibt sich ein Soll-Leistungsmenge von 20 + 20 * 0,5 = 20 Stunden.

4.2.4.4 Tarifplanung

Voraussetzung für die Leistungsaufnahmeplanung ist – wie bei der Leistungsverrechnung im Ist – die Tarifplanung. Der Leistungstarif ergibt sich aus dem Verhältnis der leistungsbezogenen Kosten (variable Kosten) und der geplanten Leistungsmenge. Der Tarif kann, je nach Anforderung des Controllings, politisch festgelegt oder im Controllingsystem ermittelt werden. Die maschinelle Tarifermittlung hat das Ziel, einen Leistungstarif zu berechnen, mit dem alle Plankosten der Kostenstelle bei einer Beschäftigung von 100% verrechnet werden würden. Daher müssen auch die fixen Kosten den Leistungsarten der Kostenstelle zugeordnet werden. Dies erfolgt auf Basis einer Gleichverteilung, z.B. über Äquivalenzziffer oder auf Basis einer Verteilungsschlüssels. Der Verteilungsschlüssel kann z.B. die Planleistungsmenge, eine statistische Kennzahl oder die Plankosten zur Leistungsart sein.

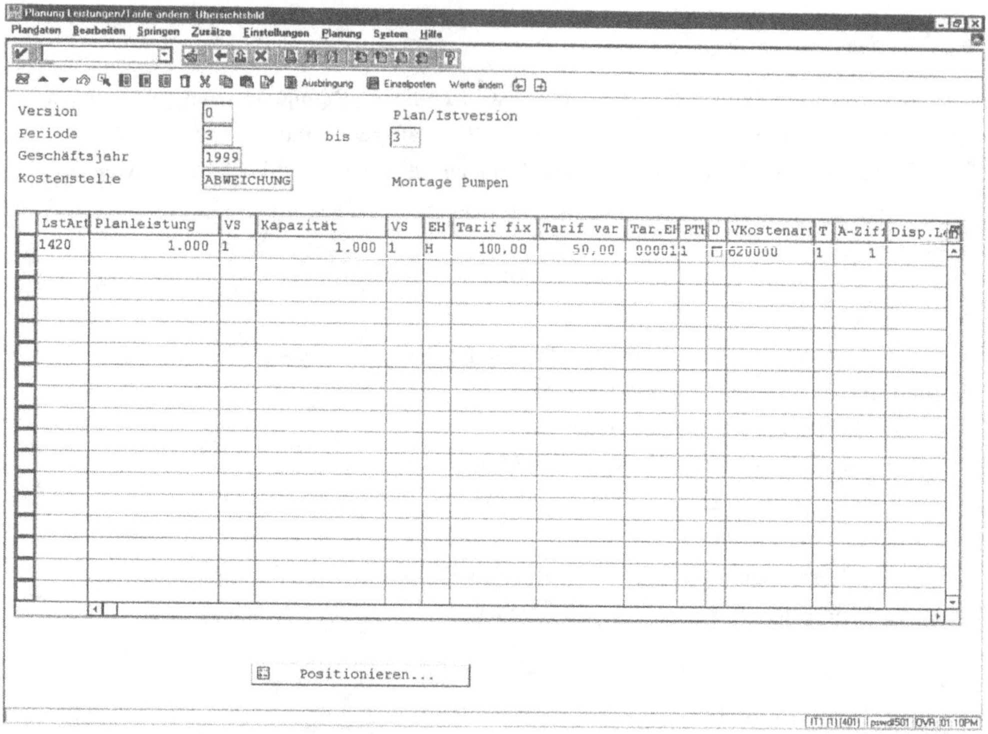

Abbildung 47: Tarifplanung © by SAP AG

Beispiel

Eine Kostenstelle PRODA hat folgende Planung:

Leistungsart RSTD (Maschine rüsten):	500	Stunden
Leistungsart FSTD (Fertigungsstd.):	2.000	Stunden
Fixe Kosten (Kostenart 400000):	80.000,-	EUR

In einem Splittungsschema wird festgelegt:

Verfahren: Splittung auf Basis der Planleistungsmenge

Selektion: - Kostenart 400000
- Kostenstelle PRODA
- Leistungsarten RSTD, FSTD

Nach Durchführung der Splittung werden die 80.000,- EUR wie folgt gesplittet:

Leistungsart RSTD: 80.000 / 2.500 * 500 = 16.000,- EUR
Leistungsart FSTD: 80.000 / 2.500 * 2.000 = 64.000,- EUR

4.2.5 Controlling der Kostenabweichungen

Das Controlling der Kostenabweichung einer Kostenstelle dient der Analyse, welche Ursachen zu Kostenabweichungen geführt haben und welche Gegenmaßnahmen sich daraus ableiten lassen. Für eine differenzierte Abweichungsanalyse sind folgende Voraussetzungen gegeben:

Bezug der Plankosten zur Leistung und damit Unterscheidung von fixen und variablen Kosten. Damit können bei Kostenabweichungen die Anteile herausgerechnet werden, die durch Änderungen in der Beschäftigung eingetreten sind. Die Beschäftigungsabweichung (auch Fixkostendeckungsabweichung) besagt, welcher Teil der fixen Kosten aufgrund einer Beschäftigungsänderung nicht oder zuviel über die Leistungsverrechnung verrechnet wurde.

Planung von Kosten und Mengen bei den Primärkosten. Durch die Planung der Mengen ergibt sich aus dem Verhältnis von Plankosten und Planmenge der Planpreis. Bei der Kontierung der Istkosten ergibt sich als Quotient aus Istkosten und Istmengen der Istpreis. Die Differenz von Planpreis und Istpreis, multipliziert mit der Istverbrauchsmenge ergibt die Preisabweichung. Durch die Planung und Isterfassung lassen sich auch die Mengenabweichungen berechnen. Sie berechnen sich aus der Differenz von Plan- und Istmenge, multipliziert mit dem Planpreis.

Berechnung der Sollkosten, d.h. Umrechnung der Plankosten auf die Istbeschäftigung. Nur der Soll-Ist-Vergleich spiegelt die tatsächliche Kostensituation wieder. Um 10% geringere Istkosten als Plankosten haben keine Aussagekraft ohne Betrachtung des Beschäftigungsgrades. Liegt der Beschäftigungsgrad bei 50%, so müßten die Istkosten ggf. um 30% unter den Plankosten liegen.

4.2.5.1 Abweichungskategorien

Die Kostenabweichung im Kostenstellencontrolling lassen sich nach folgenden Kategorien unterscheiden:

A. Abweichungen auf der Inputseite

Einsatzpreisabweichung

Die Einsatzpreisabweichung sagt aus, ob ein Material mit einem anderen Preis geplant wurde, als tatsächlich bezahlt wurde. Gleiches gilt für die Inanspruchnahme von Kostenstellenleistungen und damit verbundener Tarifabweichungen.

Die Berechnung erfolgt nach:

$$\text{Preisabweichung:} \quad \Delta p = \left(p_{Ist} - p_{Soll}\right) \bullet x_{Ist}$$

mit p – Preis und x – Menge.

Einsatzmengenabweichung

Mit der Einsatzmengenabweichung wird berechnet, welche Kostenabweichung dadurch zustande gekommen ist, daß mehr oder weniger Materialmenge (oder Leistungsmenge) in Anspruch genommen wurde, als geplant.

Berechnung:

$$\text{Mengenabweichung:} \quad \Delta x = \frac{x_{Ist}}{x_{Soll}} p_{Soll}$$

Einsatzstrukturabweichung

Die Strukturabweichung tritt ein, wenn ein anderes Material und/oder eine andere Leistung in Anspruch genommen wurde, als geplant. Das Programm zur Abweichungsermittlung stellt dies aufgrund einer anderen, im Ist gebuchten Kostenart oder Leistungsart fest.

Einsatzrestabweichung

Hierunter fallen insbesondere Rundungsdifferenzen.

B. Abweichungen auf der Outputseite

Abweichungen auf der Outputseite fallen dann an, wenn aufgrund einer anderen Istbeschäftigung als die Planbeschäftigung mit einem falschen Plantarif die Istleistungsverrechnung gebucht wurde.

Verrechnungspreisabweichung

Die Verrechnungspreisabweichung ergibt sich aus der Differenz der Istentlastung (auf Basis des Plantarifs) und der Sollentlastung der Kostenstelle (auf Basis des berechneten Plantarifs = Solltarif). Der Plantarif kann der maschinell ermittelte (dann gilt Plantarif = Solltarif) oder ein politisch gesetztere Tarif sein. Der Solltarif ist in jedem Fall der Quotient aus leistungsbezogenen Plankosten und Planleistungsmenge.

Verrechnungspreisabweichung: $\Delta vp = Sollentlastung - Istentlastung$

Ist der Plantarif niedriger als der Solltarif, ergibt sich eine positive Verrechnungspreisabweichung. Das heißt, es wurden zu wenig Kosten verrechnet.

Fixkostendeckungsabweichung

Die Fixkostendeckungsabweichung gibt an, welcher Anteil der fixen Kosten aufgrund des Beschäftigungsgrades nicht verrechnet wurde.

Fixkostendeckungsabweichung: $\Delta fp = Sollkosten_{fix} - Plankosten_{fix}\left(\frac{Istleistung}{Planleistung}\right)$

4.2.5.2 Beispiel zur Ermittlung der Kostenstellenabweichungen

Beispiel

Ein Kostenstelle hat folgende Prmärkosten geplant:

$Kosten_{fix}$	$Kosten_{var}$	$Verbrauch_{fix}$	$Verbrauch_{var}$
1.000,-	1.000,-	100,-	100,-

Damit ergibt sich ein Planpreis von 10,- DEM.

Für die Leistungsart wurden 1.000 Stunden geplant und 500 Stunden im Ist verrechnet. Damit ergibt sich ein Beschäftigungsgrad von 50%.

Als Tarif wurden 150,- DEM (100,- fix und 50,- variabel) geplant.

Daraus ergeben sich Sollkosten von: 1.000 + 1.000 * 0,5 = 1.500,- DEM

Die Kostenstelle wird nun mit Istkosten in Höhe von 1.000,- DEM und 50 Stück belastet. Dies entspricht einem Istpreis von 20,- DEM.

Daraus ergeben sich folgende Kostenabweichungen:

Preisabweichung:

$$\Delta p = (\text{Istpreis} - \text{Sollpreis}) * \text{Istmenge}$$
$$= (20 - 10) * 50$$
$$= 500,-$$

Der höhere Istpreis schlägt also mit 500,- DEM Mehrkosten zu Buche.

Mengenabweichung:

Die Sollmenge ergibt sich aus $\text{Planmenge}_{fix} + \text{Planmenge}_{var} * \text{Beschäftigungsgrad}$ $= 100 + 100 * 0{,}5 = 150$ Stück.

Die Mengenabweichung ist damit:

$$\Delta x = (\text{Istmenge} - \text{Sollmenge}) * \text{Sollpreis}$$
$$= (50 - 150) * 10$$
$$= - 1000,-$$

Aufgrund des Beschäftigungsgrad von 50% müsste eigentlich ein Verbrauch von 150 Stück und nicht 50 Stück gebucht sein. Es ist zu untersuchen, warum zum Zeitpunkt der Analyse die Buchung über 100 Stück noch nicht erfolgt ist oder was zu dem Minderverbrauch geführt hat.

Verrechnungspreisabweichung

Die verrechneten Istkosten berechnen sich aus:

Istverrechnung = 500 Stunden * 150,- DEM = 75.000,- DEM (= Istentlastung)

Die Sollentlastung bezieht sich auf den Solltarif. Dieser beträgt:

Solltarif = Plankosten / Planleistung = 2.000,- / 1.000 Std. = 2,- DEM

Daraus resultiert folgende Sollentlastung:

Sollentlastung = Istleistung * Solltarif = 500 Std. * 2,- = 1.000,- DEM

Die Verrechnungspreisabweichung ist damit:

$$\begin{aligned}\Delta vp &= \text{Sollentlastung} - \text{Istentlastung}\\ &= 1.000 - 75.000\\ &= -\ 74.000,\text{- DEM}\end{aligned}$$

Es wurden 74.000,- DEM mehr verrechnet, als aufgrund der aktuellen Kostensituation (1.000,- DEM Istkosten) hätten verrechnet werden dürfen. Die Materialkosten gehen mit einem Anteil von 2,- DEM in die Leistungsverrechnung mit ein. Zur genauen Analyse sind noch die anderen Plankosten mit heranzuziehen.

Fixkostendeckungsabweichung

Die Fixkostendeckungsabweichung ergibt sich aus:

$$\begin{aligned}\text{Fixkostendeckungsabweichung} &= \text{Sollkosten}_{\text{fix}} - \text{Plankosten}_{\text{fix}} * \text{BG}\\ &= 1.000 - 1.000 * 0,5\\ &= 500,\text{-}\end{aligned}$$

Von den fixen Plankosten konnten 50% = 500,- DEM aufgrund des Beschäftigungsgrades von 50% nicht verrechnet werden. Es ist zu untersuchen, ob die Planbeschäftigung zu hoch angesetzt wurde oder noch nicht alle Istleistungen verrechnet wurden.

Die nachfolgende Abbildung bestätigt die berechneten Werte.

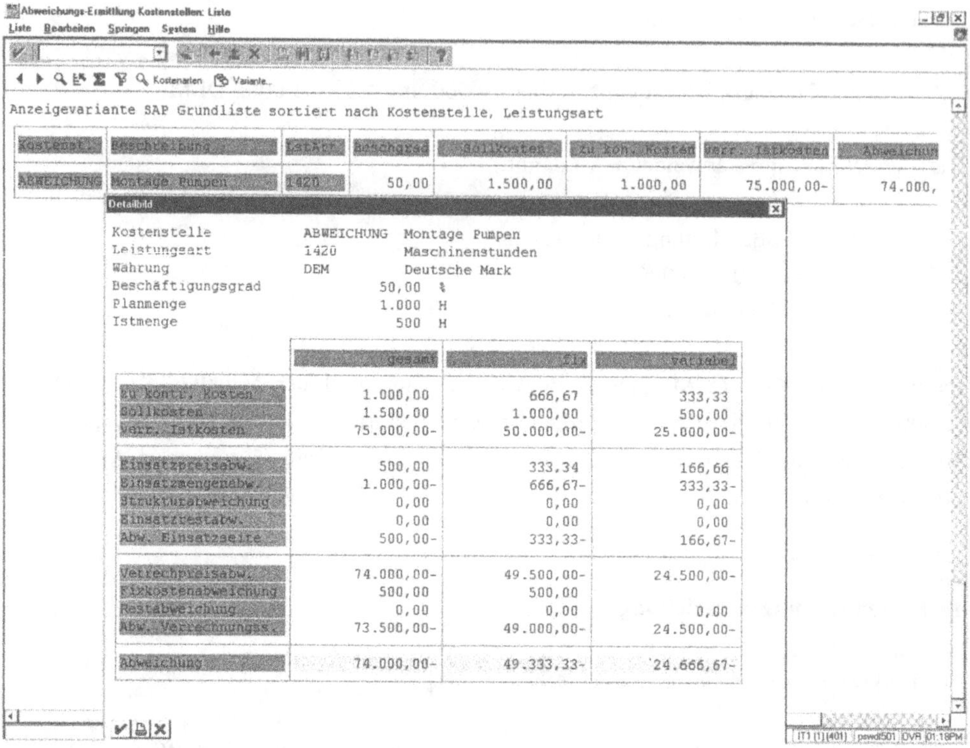

Abbildung 48: Abweichungsermittlung © by SAP AG

Die zu kontrollierenden Kosten sind die Istkosten, die auf Basis der Sollkostenanteile im Verhältnis 2:1 interpretiert werden. Die fixen Sollkosten entsprechend den fixen Plankosten. Die variablen Sollkosten sind das Ergebnis aus variablen Plankosten * Beschäftigungsgrad (1000,- * 0,5). Analog werden auch für die Abweichungen auf der Einsatzseite die fixen und variablen Anteile berechnet.

Der fixe Anteil der Verrechnungspreisabweichung ergibt sich aus:

$$\begin{aligned}\Delta vp_{fix} &= \text{Sollentlastung}_{fix} - \text{Istentlastung}_{fix}\\ &= \text{Istleistung} * \text{Solltarif}_{fix} - \text{Istleistung} * \text{Plantarif}_{fix}\\ &= 500\text{ Std} * 1,\text{- DEM} - 500\text{ Std} * 100,\text{ DEM}\\ &= 500 - 50.000\\ &= -49.500,\text{- DEM}\end{aligned}$$

Für den variablen Anteil der Verrechnungspreisabweichung ergibt sich entsprechend:

$$\begin{aligned}\Delta vp_{var} &= \text{Sollentlastung}_{var} - \text{Istentlastung}_{var}\\ &= \text{Istleistung} * \text{Solltarif}_{var} - \text{Istleistung} * \text{Plantarif}_{var}\\ &= 500 \text{ Std} * 1,\text{- DEM} - 500 \text{ Std} * 50,\text{- DEM}\\ &= 500 - 25.000\\ &= -\ 24.500,\text{- DEM}\end{aligned}$$

Das Beispiel zeigt, daß folgende Controlling-Aufgaben aus der Abweichungsermittlung resultieren:

- Preisabweichung für das geplante Material (bei Fremdmaterial: Frage an den Einkauf, bei Eigenfertigungsmaterial: Frage an die Produktion)
- Mengenabweichung, die möglicherweise daraus resultiert, daß ein hoher Anteil an Materialverbrauch noch nicht gebucht wurde.
- Beschäftigungsabweichung, unrealistisch geplant oder noch ausstehende Leistungsverrechnungen?

5 Controlling mit Innenaufträgen

5.1 Betriebswirtschaftlicher Einsatz

Innenaufträge dienen als Kostenobjekte, wenn es um die Kosten- und Ergebnissteuerung betrieblicher Aufgaben geht, die keine logistische Steuerung (Produktion von Sachgütern, Durchführung von Projekten) haben.

Innenaufträge werden für das Kostencontrolling in folgenden Szenarien eingesetzt:

- Kostensammler für betriebliche Maßnahmen, z.B. Reparaturen
- Kostensammler für selbsterstellte Anlagen
- Statistische Zusatzauswertung, z.B. für Dienstfahrzeuge
- Kostenträger in der Dienstleistungsbranche (keine Produktion)

5.1.1 Innenaufträge als Kostensammler

Ein Innenauftrag wird als Kostensammler eingesetzt, wenn für betriebliche Maßnahmen die Plan- und Istkosten erfaßt und Abweichungen analysiert werden sollen. Die Primärkosten werden dem Innenauftrag durch Kontierung in den jeweiligen Belegen belastet. Die Sekundärkosten über Umbuchungen, Verteilungen, Umlagen und Verrechnungen. Es läßt sich dann feststellen, ob die Entwicklung der Istkosten konform mit dem Auftragsfortschritt und den dafür geplanten Kosten verläuft.

Beispiel

Die Instandhaltungsarbeiten sollen für jede Produktionshalle getrennt auswertbar sein. An Plankosten wird für das kommende Geschäftsjahr veranschlagt:

Malerarbeiten:	20.000,- EUR
Elektrik:	7.000,- EUR
Klima/Heizung:	14.000,- EUR
Schlosserarbeiten:	3.000,- EUR

Es wird ein Innenauftrag mit Nr. INST99 angelegt und die Eingabe der Planwerte vorgenommen.

Mit den Malerarbeiten wird eine externe Firma beauftragt. Sie sendet bis Jahresende Rechnungen in Höhe von 21.000,- EUR. Beim Einbuchen der Rechnung wird der Innenauftrag INST99 im Beleg kontiert.

Die Elektrikerarbeiten werden von der Hauselektrik übernommen. Es werden 110 Std. zum Tarif von 70,- EUR verrechnet. Empfänger der Leistungsverrechnung ist der Innenauftrag INST99. Istkosten: 7.700,- EUR.

Die Arbeiten an den Klima- und Heizungsanlagen werden von einem Tochterunternehmen durchgeführt, das mit dem Auftraggeber eine steuerliche Organschaft bildet. Es wird eine Pauschalumbuchung in Höhe von 13.000,- EUR durchgeführt. Sender ist die Kostenstelle KHMA1, Empfänger der Innenauftrag INST99.

Die Schlosserarbeiten werden vom Hausmeister erledigt. Der Innenauftrag wird mit einer Umlage von 3.200,- EUR belastet. Die Umlage wird über einen Umlagezyklus gebucht, Sender ist die Kostenstelle HAUSM, Empfänger der Innenauftrag INST99.

Am Ende des Geschäftsjahres ergibt sich folgendes Bild:

Innenauftrag INST99

Kostenart	Plan	Ist	Abweichung
Malerarbeiten:	20.000,- EUR	21.000, -EUR	1.000,- EUR
Elektrik:	7.000,- EUR	7.700,- EUR	700,- EUR
Klima/Heizung:	14.000,- EUR	13.000,- EUR	- 1.000,- EUR
Schlosserarbeiten:	3.000,- EUR	3.200,- EUR	200,- EUR
Gesamt	44.000,- EUR	44.900,- EUR	900,- EUR

Für das Controlling stellt sich die Aufgabe, die Ursachen für die Einzelabweichungen zu untersuchen.

5.1.2 Innenaufträge für selbsterstellte Anlagen

Für selbsterstellte Anlagen werden zum Ende einer Rechnungsperiode die bisher angefallenen Herstellkosten als Anlage im Bau ausgewiesen. Für die Analyse der Kosten eignet sich der Innenauftrag als Controllingobjekt insbesondere dann, wenn die Kosten budgetiert werden und ein Überschreiten des Budgets explizit genehmigt werden muß.

Die Kosten werden zunächst auf dem Innenauftrag gesammelt. Dabei wird entschieden, ob alle oder nur bestimmte Kosten an die Anlage im Bau abgerechnet und damit aktiviert werden. Nicht aktivierungspflichtige Kosten werden in der Regel an Kostenstellen oder an das Ergebnis abgerechnet und sind damit voll kostenwirksam. Die aktivierten Kosten werden dagegen nur sukzessive in Höhe der Abschreibungen kostenwirksam. Aus der Sicht des Controlling ist es daher wichtig, ob durch eine restriktive Aktivierung das Ergebnis eher verschlechtert werden soll, um die Bemessungsgrundlage für die Gewinnbesteuerung zu reduzieren.

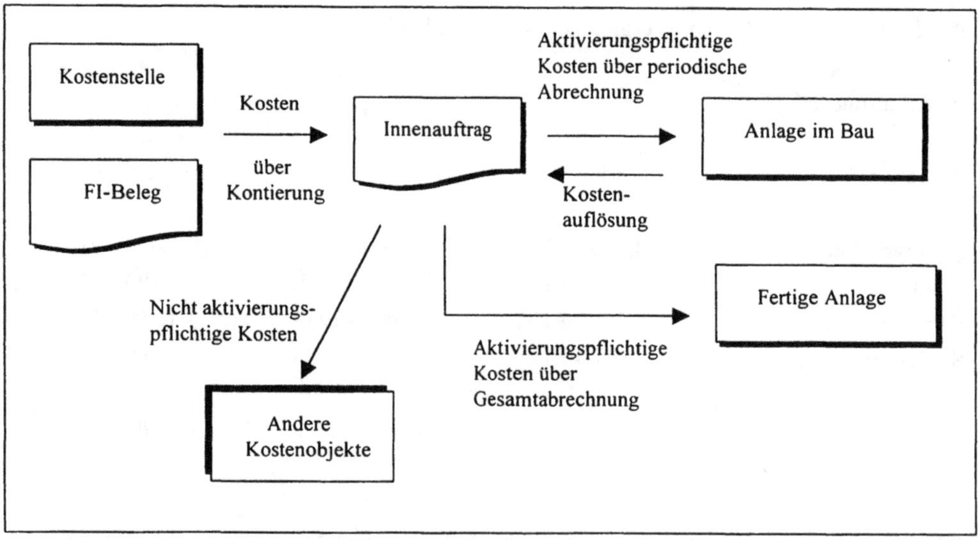

Abbildung 49: Innenauftrag für selbsterstellte Anlagen

Der Innenauftrag erhält somit eine Abrechnungsvorschrift, mit der die aktivierungspflichtigen Kosten an eine Anlage im Bau, die nicht aktivierungspflichitgen Kosten an das Ergebnis abgerechnet werden. Dazu werden die Kosten auf getrennte Kostenarten gebucht und über die Abrechnungsvorschrift entsprechend selektiert. Nach Fertigstellung der Anlage wird die Anlage im Bau aufgelöst und die gesamten, aktivierungspflichtigen Kosten an die Anlage abgerechnet.

5.1.3 Innenaufträge für statistische Zusatzauswertungen

Die Verwendung eines Innenauftrages als statistisches Kostenobjekt dient dazu, eine genauere Analyse der Kosten gegenüber der echten Kontierung zu ermöglichen, ohne bei Kontierung der Kosten einen Mehraufwand in Kauf nehmen zu müssen. Dazu werden die Kosten parallel auf dem echten Kostenobjekt (z.B. Kostenstelle) und dem statistischen Auftrag kontiert. Eine Umbuchung ist nicht mehr notwendig.

Beispiel

Der Kosten der Firmenfahrzeuge eines Unternehmens werden von der Kostenstelle Fuhrpark verantwortet. Alle eingehenden Rechnung für Neukauf, Kraftstoff und Reparaturen werden auf die Kostenstelle Fuhrpark kontiert. Zusätzlich sollen auch die Kosten für jedes einzelne Firmenfahrzeug ausgewertet werden.

Für jedes Firmenfahrzeug wird daher ein Innenauftrag angelegt, der als statistischer Auftrag gekennzeichnet wird. Dem Innenauftrag wird die Kostenstelle Fuhrpark zugeordnet. Die eingehenden Belege werden auf den Innenauftrag und damit automatisch auf die Kostenstelle kontiert.

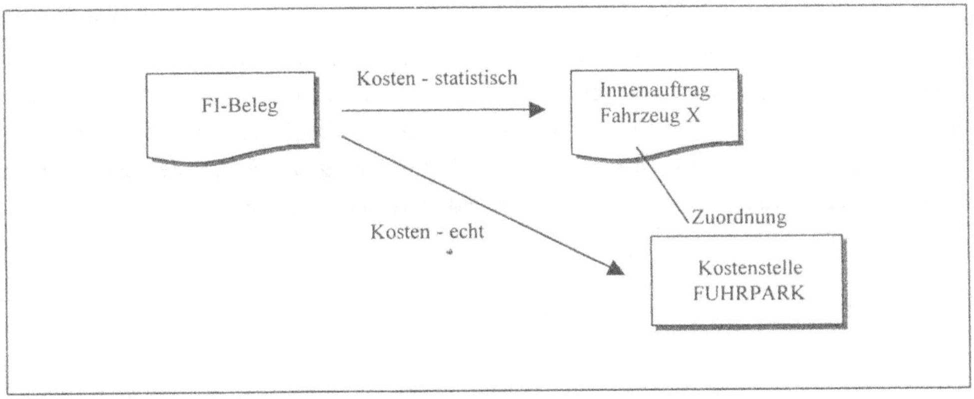

Abbildung 50: Beispiel für statistische Innenaufträge

Von der Kostenstelle Fuhrpark ist die Weiterverrechnung der Kosten möglich, vom Innenauftrag aus nicht möglich (und auch nicht sinnvoll). Durch die Buchung mit Werttyp echt auf ein Kostenobjekt bleiben Finanzbuchhaltung und Controlling abgestimmt.

5.1.4 Innenaufträge als Kostenträger

Innenaufträge werden dann als Kostenträger eingesetzt, wenn ein Wertschöpfungsprozeß nicht in ein Sachgut, sondern in eine verkaufsfähige Leistung (Dienstleistung) mündet. Auf dem Innenauftrag werden dann sowohl Kosten als auch Erlöse geführt. Das Ergebnis des Auftrags ergibt sich aus der Differenz von Erlösen und Kosten, differenziert nach Kosten- bzw. Erlösarten.

Die Kosten werden dem Innenauftrag durch Kontierung (externe Kosten) bzw. innerbetriebliche Verrechnung belastet. Die Erlöse durch Kontierung des Innenauftrages im Buchhaltungsbeleg.

Setzt ein Unternehmen für die Faktura ein integriertes Vertriebssystem ein, so bietet es sich an, nicht den Innenauftrag, sondern den Kundenauftrag als Kostenträger zu verwenden. Die Erlöse werden dann direkt auf dem Kundenauftrag geführt, die Kosten durch Kontierung gebucht.

Beispiel

Ein Softwareunternehmen legt für die Entwicklung und Einführung von Anwendungssoftware einen Innenauftrag an. Die für das Softwareprojekt erbrachten Leistungen werden von den Entwicklern und Beratern durch Leistungsverrechnung dem Innenauftrag belastet. Extern zugekaufte Leistungen werden durch Kontierung auf den Innenauftrag gebucht. Die Faktura an den Kunden erfolgt auf Basis von Tagessätzen für die Mitarbeiter, die beim Kunden vor Ort tätig sind bzw. auf Basis der abgelieferten Softwareprogramme. Bei der Erstellung des Fakturabeleges wird der Innenauftrag kontiert und führt somit die Isterlöse.

5.2 Stammdaten des Innenauftrags

Die Stammdaten eines Innenauftrages setzen sich aus folgenden Datengruppen zusammen:

- Allgemeine Daten
- Zuordnung
- Investitionen
- Steuerungen
- Periodenabschluß

Die allgemeinen Daten enthalten Beschreibungen zum Innenauftrag ohne steuernde Wirkung auf den Wertefluß zum Innenauftrag. Beispiele dafür sind: Bezeichnung, Beschreibung, verantwortliche Kostenstelle, Verantwortlicher, Zeitrahmen.

In den Zuordnungen wird die organisatorische Eingliederung des Innenauftrags festgelegt. Zugeordnet werden Kostenrechnungskreis, Buchungskreis und Werk. Damit wird der Wertefluß vom und zum Innenauftrag vordefiniert.

In der Sicht Investitionen erfolgt der Eintrag eines Investitionsprofils. Werden Innenaufträge als Kostensammler für selbsterstellte Anlagen verwendet, so wird über das Investitionsprofil festgelegt, in welcher Anlagenklasse eine Anlage im Bau angelegt wird und ob die Abrechnung einzelpostengenau oder in Summen erfolgt.

Mit den Einträgen für die Steuerung des Innenauftrages wird bestimmt, über welches Zuschlagsschema die Berechnung von Gemeinkosten erfolgt (vgl. Kapitel Abgrenzung zum Kostenartencontrolling), welche Kostenstelle bei einem statistischen Auftrag automatisch kontiert werden soll und es werden Kennzeichen gesetzt für :

- Statistischer Auftrag (vgl. Ausführungen oben)
- Planintegrierter Auftrag (eine Leistungsaufnahmeplanung von einer Kostenstelle zum Auftrag für automatisch zu einer disponierten Leistung und Planentlastung der Kostenstelle)
- Erlösbuchungen (wenn Innenauftrag als Kostenträger eingesetzt werden soll)
- Obligofortschreibungen (Bestellanforderungen und Bestellungen werden als Obligo auf dem Auftrag geführt).

Eine wirksame Kostenkontrolle über die gesamte Laufzeit eines Auftrages wird dadurch unterstützt, daß in bestimmten zeitlichen Phasen der Auftragsplanung und –abwicklung nur die für die Phase erforderlichen Vorgänge erlaubt bzw. nicht erlaubt sind. Dies erfordert das Setzen der für die betriebswirtschaftlichen Vorgänge erlaubten Transaktionen des Controlling-Systems.

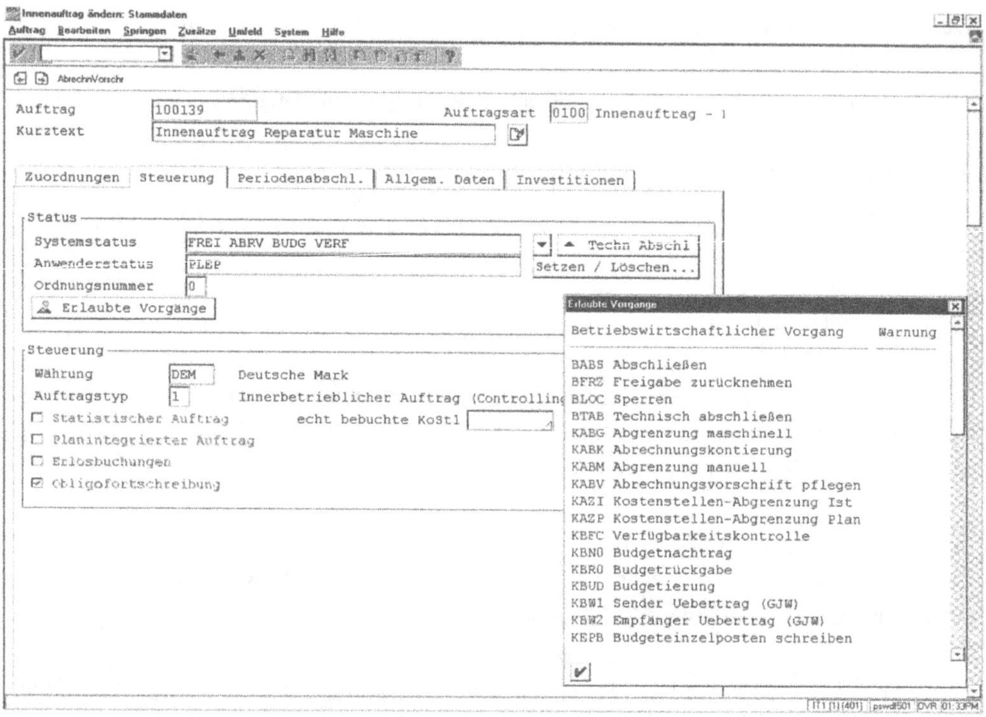

Abbildung 51: Stammdaten eines Innenauftrages © by SAP AG

Dazu wird ein Statusschema definiert, das aus einzelnen Phasen besteht. Pro Phase werden die erlaubten betriebswirtschaftlichen Vorgänge zugewiesen. Bestimmte Phasen sind für eine ordnungsgemäße Abwicklung des Auftrags notwendig. Die notwendigen und betriebswirtschaftlich wichtigen Phasen sind in einem Systemstatusschema vordefiniert. Es besteht beim Innenauftrag aus den Phasen:

- *Eröffnet*, alle Planungsvorgänge (Kostenplanung, Budgetplanung, Erlösplanung) sind erlaubt
- *Freigegeben*, alle Plan- und Istvorgänge sind erlaubt, also neben der Änderung der Planwerte die Buchung von Istkosten auf den Auftrag aus allen denkbaren Quellen
- *Abrechnungsvorschrift erfaßt* (die Empfänger der Auftragskosten wurden zugeordnet), Bestandteil der Systemstatusphase *eröffnet*
- *Budgetiert* (dem Auftrag wurde ein Kostenbudget zugewiesen), Bestandteil der Systemstatusphase *eröffnet*
- *Technisch abgeschlossen* (für den Auftrag sind keine Buchungen mehr möglich, der Auftrag kann nur noch abgerechnet werden).
- *Abgeschlossen* (keine Buchungen mehr möglich).

Wenn die Anforderungen über das Systemstatusschema hinausgehen, also unterhalb einer Systemstatusphase eine feinere Einteilung der erlaubten betriebswirtschaftlichen Vorgänge notwendig ist, so wird noch ein zusätzliches, Anwenderstatusschema definiert und dem Auftrag zugeordnet. So könnte z.B. unterhalb der Phase *eröffnet* eine Teilphase für Budgetplanung und eine zweite Teilphase für Kostenplanung definiert werden, um bei eröffnen des Auftrags zunächst nur die langfristige Budgetplanung zuzulassen.

Neben den erlaubten betriebswirtschaftlichen Vorgängen einer Phase wird über das Statusschema auch festgelegt, welche anderen Phasen von der aktuellen Phase aus anwählbar sind. Über den erlaubten Phasenwechsel wird z.B. bestimmt, daß ein abgeschlossener Auftrag nicht mehr mit Plan- und Istwerten gebucht werden darf und ein Wechsel von der Phase *technisch abgeschlossen* in die Phase *freigegeben* nicht möglich ist.

Ein Vorgang ist nur dann erlaubt, wenn er sowohl in der aktuellen System- als auch Anwenderstatusphase erlaubt ist.

5.3 Kosten- und Erlösplanung

5.3.1 Planungsebenen

Je nach Anforderung an die Planungsgenauigkeit erfolgt die Kostenplanung

- als Budgetwert
- als Gesamtwert
- kostenartenbezogen
- über Detailplanung

Budgetplanung

Langfristig wird bei kostenintensiven Aufträgen ein Budget geplant, daß als Gesamtwert oder Jahreswert angesetzt wird. Wird für den Auftrag eine Verfügbarkeitskontrolle aktiviert, so erfolgt bei jeder Kostenbuchung auf den Auftrag systemseitig eine Verprobung der kumulierten Kosten (einschließlich der aktuell anstehenden Buchung) gegen das Budget. Bei annäherndem Erreichen des Budgets (z.B. bei 95%) wird ggf. eine Warnmeldung erzeugt, die Buchung dennoch zugelassen. Bei drohender Budgetüberschreitung erfolgt dagegen eine Fehlermeldung, die Buchung kann zwar gesichert, aber nicht mit Be- und Entlastung gebucht werden.

Gesamtwertplanung

Bei der Gesamtwertplanung erfolgt wie bei der Budgetplanung die Planung eines Gesamt- bzw. Jahreswertes für den Auftrag. Der Planwert ist nicht kostenartenbezogen, kann daher nicht in einem Plan-Ist-Bericht gezeigt werden. Eine Lösung ist die Verwendung einer Hilfskostenart (Bezeichnung: Gesamtwert) für die Gesamtplanung.

Kostenartenbezogene Planung

Die kostenartenbezogene Planung bezieht sich auf die Primärkostenplanung (Bedarf an externen Gütern und Leistungen) und die Leistungsaufnahmeplanung (Bedarf an eigener Kostenstellenleistung). Dazu ist zu analysieren, welcher Ressourcenbedarf sich aus der Aufgabenstellung, für die der Auftrag geführt wird, ableitet. Eine andere Planungsbasis sind auch Erfahrungswerte anderer, ähnlicher Aufträge.

Detailplanung

Bei Planung auf der Ebene Detailplanung wird konkret auf den Bedarf bestimmter Materialien und Kostenstellenleistungen Bezug genommen. Die Materialkosten ergeben sich aus der Multiplikation von benötigter Materialmenge und dem aus dem Materialstammsatz selektierten Materialpreis. Die Kostenstellenkosten werden über die Multiplikation der benötigten Leistungsmenge mit dem Tarif berechnet.

5.3.2 Planung der Gemeinkostenzuschläge

Die Berechnung von Gemeinkostenzuschlägen im Ist und Plan erfolgt über die Anwendung eines Gemeinkostenzuschlagschemas. Ein Zuschlagsschema besteht aus Basis-, Zuschlags- und Entlastungselementen.

Die Basiselemente enthalten den Kostenartenbereich, innerhalb dessen die zu bezuschlagenden Kosten gebucht werden. Beispiel: Für die Materialgemeinkosten werden im Basiselement die Kostenarten eingetragen, über die Materialkosten auf den Auftrag gebucht werden. Für die Fertigungsgemeinkosten werden im Basiselement die Kostenarten eingetragen, über die eine Verrechnung der Kostenstellenleistungen erfolgt.

Wird vom Controlling gefordert, für bestimmte Materialien unterschiedliche Zuschlagssätze zu verwenden, so wird neben der Kostenart noch ein Herkunftsschlüssel im Basiselement definiert, der wiederum in den Materialstammsätzen eingetragen wird.

Beispiel

Für einen Innenauftrag werden Material A und Material B eingesetzt. Die Materialkosten für A sollen mit 10%, die von B mit 8% Materialgemeinkosten bezuschlagt werden. Beide Materialien werden über die Kostenart 400.000 gebucht.

Im Materialstamm von A wird der Herkunftsschlüssel HA, im Materialstamm vom B der Herkunftsschlüssel HB eingetragen. Im Zuschlagsschema zur Berechnung der Gemeinkosten wird das Basiselement B001 mit Selektion auf Kostenart 400.000 und Herkunftsschlüssel HA sowie das Basiselement B002 mit Selektion auf Kostenart 400.000 und Herkunftsschlüssel HB definiert.

Es wird ein Zuschlagselement Z001 definiert mit dem Eintrag 10% und ein Zuschlagselement Z002 mit dem Eintrag 8%.

Die Definition im Zuschlagsschema lautet dann:

Position	Basiselement	Zuschlagselement	Bezug auf Position
010	B001		
020	B002		
030		Z001	010
040		Z002	020

Ein weiteres Selektionskriterium im Basiselement ist der Bezug zu fixen und variablen Anteilen. Es wird bestimmt, ob nur die fixen, variablen oder bei Kostenanteile selektiert werden sollen.

Die Zuschlagselemente enthalten die prozentualen Zuschläge (oder auch Festbeträge). Eine weitere Differenzierung der Bezuschlagung ist die Verwendung von Abhängigkeiten in den Zuschlagselementen. Typische Abhängigkeiten sind

- Zeitraum (zeitliche Abhängigkeit der Zuschlagssätze)
- Plan- bzw. Istkennzeichen (unterschiedliche Plan- und Istzuschlagssätze)
- Organisationselemente (unterschiedliche Zuschlagssätze, z.B. je nach Werkszuordnung des Auftrags)

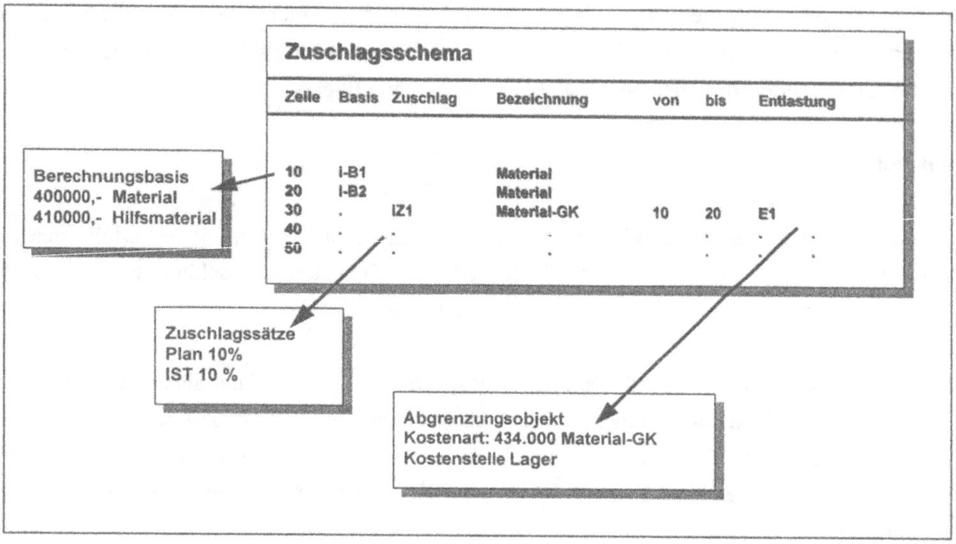

Abbildung 52: Gemeinkostenzuschlagsschema

Das Entlastungselement dient im Zuschlagsschema als Gegenbuchung. Die Gemeinkosten sind in der Regel auf Gemeinkostenstellen oder Gemeinkostenaufträgen gesammelt worden. Zum Beispiel werden die Kosten für Hilfsmaterial erst auf einem Dauerauftrag *Hilfsmaterialien* kontiert.

Mit der Durchführung einer Zuschlagsrechnung wird der Dauerauftrag um den berechneten Gemeinkostenbetrag entlastet. Bleibt nach der Summe der in einer Buchungsperiode angefallenen Enlastungsbuchung eine Über- oder Unterdeckung, wird der verbleibende Rest in das Betriebsergebnis (Ergebnisrechnung) abgerechnet. Bei gravierenden Restbeträgen ist der Zuschlagssatz anzupassen.

5.3.3 Bestellobligo auf einen Auftrag

Ein Bestellobligo dient dazu, neben den bereits gebuchten Kosten auch die erwarteten Kosten auszuweisen. Werden Bestellanforderungen bzw. Bestellungen für einen Auftrag gebucht, so stellen die damit verbundenen Kosten eine Mittelbindung für den Auftrag dar. Die erzeugten Obligos werden zusätzlich zu den gebuchten Kosten bei der aktiven Budgetkontrolle berücksichtigt.

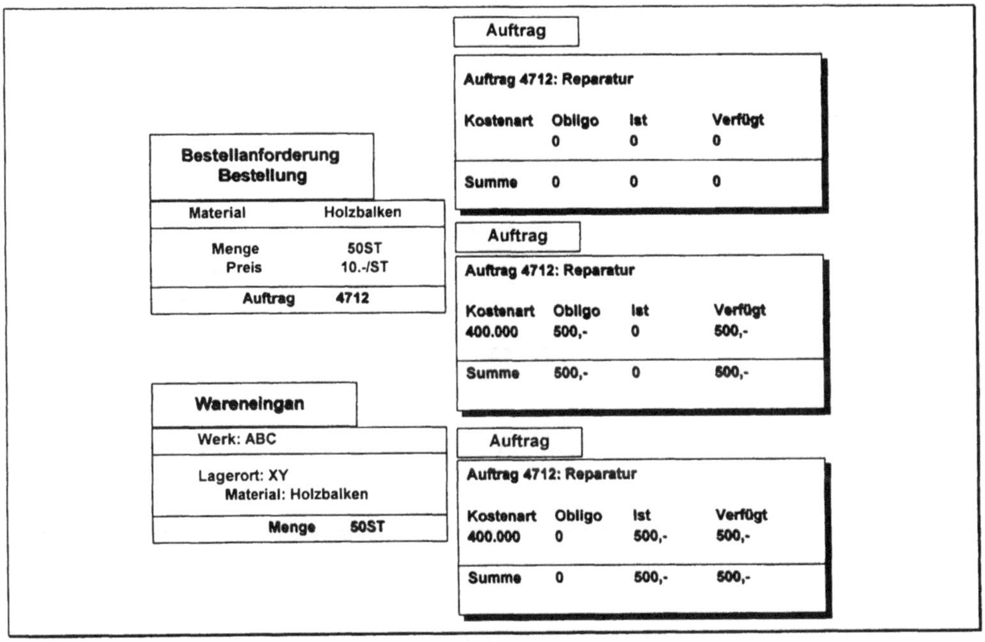

Abbildung 53: Obligo

Mit der Kontierung des Auftrags in einer Bestellanforderung bzw. Bestellung wird das Obligo aufgebaut und als verfügte Mittel (zusammen mit evt. bereits gebuchten Kosten) ausgewiesen. Bei der Buchung des Wareneingangs wird das Obligo aufgelöst und die Kosten für die Warenbeschaffung gebucht.

Die Verwendung von Obligos dient dem Controlling, eine genauere Auswertung der bereits verfügten Mittel eines Auftrags durchzuführen und bereits bei der Bestellung auf etwaige Budgetüberschreitungen hinzuweisen.

5.4 Auftragsabrechnung

Die auf einem Auftrag gebuchten Kosten werden über die Auftragsabrechnung an die Empfänger der Kosten belastet.

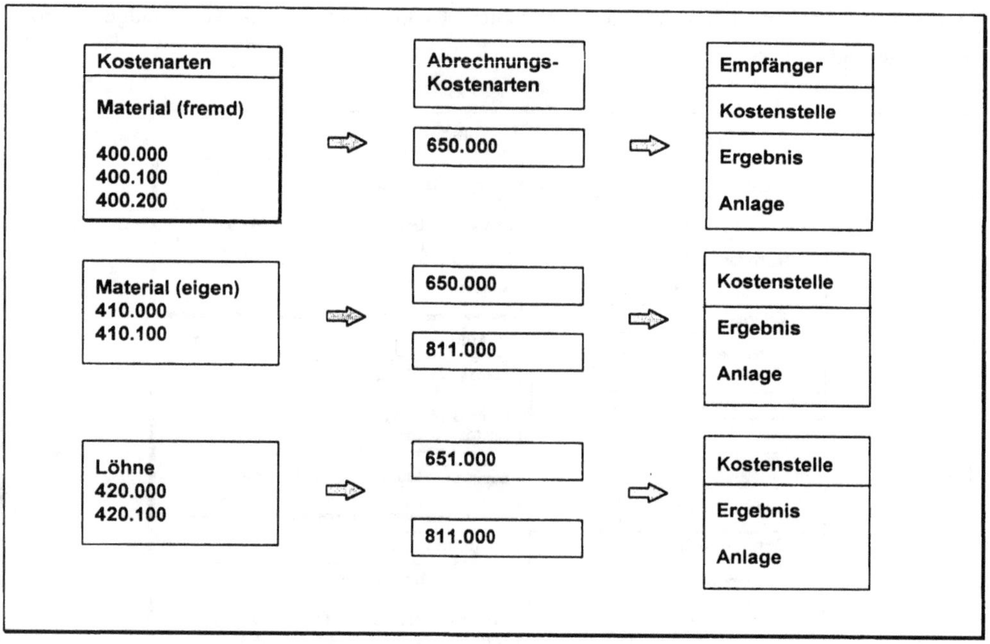

Abbildung 54: Auftragsabrechnung

Die Konzeption der Auftragsabrechnung für das Controlling erfolgt über die Pflege von

- Abrechnungsprofil
- Abrechnungsschema
- Ergebnisschema

5.4.1 Abrechnungsprofil

Über das Abrechnungsprofil wird festgelegt, welche Empfänger der Kosten zu einem bestimmten Auftragstyp passen. Ein Investitionsauftrag rechnet seine Kosten in der Regel an eine Anlage bzw. an ein Sachkonto ab. Für einen Innenauftrag als Kostensammler wird als möglicher Abrechnungsempfänger eine Kostenstelle oder andere Innenaufträge zugelassen. Ein Innenauftrag als Kostenträger wird in der Regel direkt an das Ergebnis abgerechnet. Ein statistischer Auftrag wird nicht abgerechnet. Weitere Festlegungen sind die Aufteilungsregel. Es ist festzulegen, ob die Beträge des Auftrags prozentual oder nach Festbeträgen an unterschiedlichen Empfänger abgerechnet werden. Eine weitere Aufteilung ist die Verwendung eines Ursprungsschemas. Damit ist es möglich, bestimmte Kostenarten des Auftrags zu selektieren und an einen bestimmten Empfänger abzurechnen.

Beispiel

Für einen Innenauftrag wird festgelegt, das die Primärkosten an eine Anlage (aktivierungspflichtige Kosten), die Sekundärkosten an eine Kostenstelle (nicht aktivierungspflichtige Kosten) abgerechnet werden. Die Primärkosten werden im Kostenartenbereich 400000 bis 499999 gebucht, die Sekundärkosten im Kostenartenbereich 600000 bis 699999.

Es wird ein Ursprungsschema definiert, das zwei Ursprungszuordnungen enthält:

Ursprungszuordnung U1, Selektion der Kostenarten 400000 - 499999
Ursprungszuordnung U2, Selektion der Kostenarten 600000 - 699999

Die Abrechnungsvorschrift im Innenauftrag lautet dann:

Abrechnungsregel 1
Selektion mit Ursprungszuordnung U1, Aufteilung 100%, Empfänger Anlage

Abrechnungsregel 2
Selektion mit Ursprungszuordnung U2, Aufteilung 100%, Empfänger Kostenstelle

5.4.2 Abrechnungsschema

Über das Abrechnungsschema wird definiert,

- Welche Kosten des Auftrags für die Abrechnung zusammengefaßt werden oder
- Ob die Kosten unter Beibehaltung der Ursprungskostenart abgerechnet werden
- Unter welcher Abrechnungskostenart bei Kostenzusammenfassung die Abrechnung gebucht wird.

Mit Ausnahme der Abrechnung an andere Aufträge werden in der Regel die Kosten unter einer Abrechnungskostenart zusammengefaßt. Aus der Sicht des Controllings ist die Analyse der Zusammensetzung der Abrechnungsbeträge bei dem sendenden Auftrag möglich und braucht daher nicht beim Empfänger mit gleich hoher Differenziertheit gebucht zu werden.
Für das vorherige Beispiel wird im Abrechnungsschema definiert:

Abrechnungszuordnung 1

Selektion der Kostenartengruppe MATKOST mit dem Kostenartenintervall 400000 – 499999
Empfänger: Kostenstelle, Abrechnung über Abrechnungskostenart 620000
Empfänger: Anlage, Abrechnung kostenartengerecht

Abrechnungszuordnung 2

Selektion der Kostenartengruppe FERTKOST mit dem Kostenartenintervall 600000 - 699999
Empfänger: Kostenstelle, Abrechnung über Abrechnungskostenart 620000
Empfänger: Anlage, Abrechnung kostenartengerecht

Mit dem Abrechnungsschema wird der Wertefluß in der Abrechnung definiert. Die konkreten Abrechnungsempfänger werden dagegen in der Abrechnungsvorschrift des Auftrags eingetragen.

5.4.3 Ergebnisschema

Die Verwendung eines Ergebnisschemas für die Auftragsabrechnung ist dann notwendig, wenn das Ergebniscontrolling auf Basis der Deckungsbeitragsrechnung erfolgt. In diesem Fall müssen die fixen und variablen Anteile der Kosten in unterschiedliche Positionen der Deckungsbeitragsrechnung eingesteuert werden.

Die Zuordnung im Ergebnisschema setzt sich zusammen aus

- Der selektierten Kostenartengruppe
- Einem Fix-Variabel-Kennzeichen
- Zuordnung eines Wertfeldes.

Für das Beispiel könnte die Zuordnung lauten:

Selektion	Fix/Variabel-Kennzeichen	Wertfeld (DB-Zeile)
MATKOST	1 (= variabel)	VV100 (Materialkosten variabel)
MATKOST	2 (= fix)	VV110 (Materialkosten fix)
FERTKOST	1 (= variabel)	VV150 (Fertigungskosten variabel)
FERTKOST	2 (= fix)	VV160 (Fertigungskosten fix)

Dies führt dann zu folgendem Aufbau in der Deckungsbeitragsrechnung:

Erlös
- variable Materialkosten
- variable Fertigungskosten
= Deckungsbeitrag I
- fixe Materialkosten
- fixe Fertigungskosten
= Deckungsbeitrag II (Erfolg)

5.4.4 Verbuchung der Auftragsabrechnung

Die Auftragsabrechnung führt zur Kostenentlastung beim Auftrag und Belastung beim Empfänger der Kosten. Bei einer Auftragsabrechnung innerhalb des internen Rechnungswesens erfolgt die Be- und Entlastungsbuchung unter der Abrechnungskostenart, die dem Auftrag über das Abrechnungsschema zugeordnet wurde. Alternativ erfolgt die Be- und Entlastungsbuchung unter der orginären Kostenart.

Bei Abrechnung des Auftrags an das externe Rechnungswesen erfolgt die Verbuchung unter Berücksichtigung der Kontenfindung für die Finanzbuchhaltung.

Erfolgt die Abrechnung der Kosten an eine Anlage, so werden die Konten aus der Kontenfindung in der Anlagenbuchhaltung selektiert. Das Konto ergibt sich aus den Parametern Anlagenklasse, der die Anlage zugeordnet ist und der Bewegung (Anlagenzugang). Der Buchungssatz lautet dann:

Anlagenbuchhaltung: Anlagenzugang

Finanzbuchhaltung: Bestandskonto Anlagen
an Erträge aus abgerechneten Aufträgen

Kostenrechnung: Erlöse aus aktivierten Eigenleistungen
an Innenauftrag

6 Prozeßcontrolling

6.1 Motivation zum Prozeßcontrolling

Ständig steigende Automatisierung in der Fertigung haben den Anteil der direkten Kosten abnehmen und den der Gemeinkosten überproportional zunehmen lassen. Kritiker der Grenzplankostenrechnung (vgl. Kapitel Kostenrechnungssysteme) stellen daher die Steuerungsmöglichkeiten ausschließlich über Grenzkosten in Zweifel, da ihr Anteil am gesamten Kostenvolumen zu gering ist. Nur über die Analyse der Gemeinkosten lassen sich aus der Sicht der Vertreter der Prozeßkostenrechnung signifikante Kosteneinsparungspotentiale im Unternehmen erkennen. Insbesondere in Unternehmen, in denen ein auf Kostenträger eindeutig zurechenbares Mengengerüst, und damit die Berechnung von Einzelkosten nicht oder in nur geringem Umfang möglich ist, bietet die Prozeßkostenrechnung eine wirksame Ergänzung im Kostencontrolling.

Die Leistungsverrechnung in der Voll- und Teilkostenrechnung geht immer von einer Kostenstelle aus. Damit wird immer Bezug zu einer Organisationseinheit des Unternehmens genommen. Diese funktionsorientierte Sichtweise wird von der Prozeßkostenrechnung durch den Bezug der Kosten auf Geschäftsprozesse geändert. Die logische Konsequenz einer prozeßorientierten Kostenrechnung wäre die Neudefinition der Unternehmensorganisation. Führungskräfte des Unternehmens sind nicht mehr verantwortlich für bestimmte Funktionsbereiche, sondern für bestimmte Geschäftsprozesse. Voraussetzung dafür ist das Etablieren einer neuen Unternehmenskultur, die ein *Abteilungsdenken* durch ein *projekt- und aufgabenorientiertes* Denken ersetzt.

Insbesondere der Lean-Management-Ansatz mit geringen Fertigungsstufen, selbständigen Organisationseinheiten innerhalb eines Unternehmens und einem internen Kunden-Lieferanten-Verhältnis wird durch eine Prozeßkostenrechnung unterstützt. Die Frage lautet: Welche Aufgaben im Unternehmen werden von externen Partnern besser und günstiger gelöst, welche Unternehmensprozesse könnten daher ausgelagert (Outsourcing) werden? Welche Prozesse sind wertschöpfend, erzielen ein Entgelt auf dem Absatzmarkt und dienen dem Geschäftszweck des Unternehmens?

Die betriebswirtschaftlichen EDV-Anwendungen des Unternehmens müssen innerhalb des Controllings eine Funktionalität bieten, mit der Geschäftsprozesse als CO-Objekte definiert und mit den operativen Buchungsvorgängen in den Logistik-Modulen integriert werden können. Die Eigenschaften der Geschäftsprozesse beinhalten eine Unterscheidung nach Leistungsmengenbezug (fix, variabel) und Wertschöpfung (verkaufsfähiges Produkt).

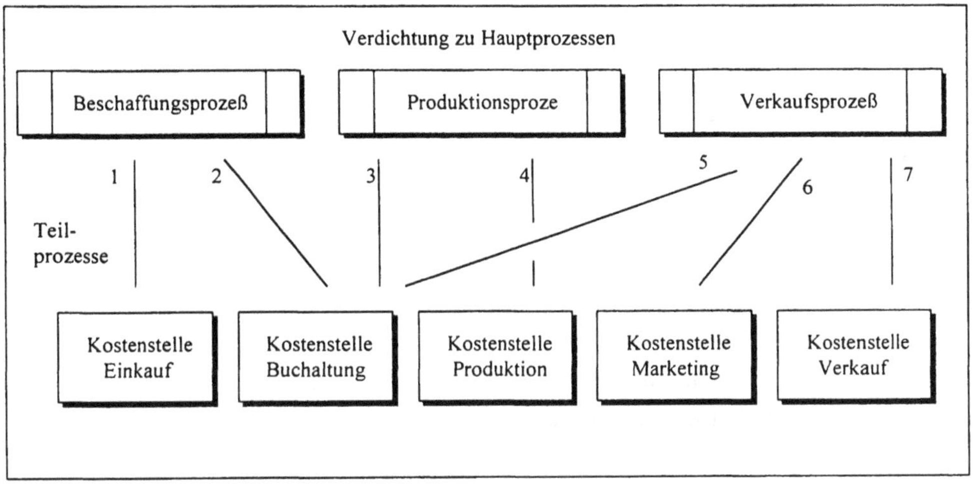

Abbildung 55: Geschäftsprozesse

Ein Geschäftsprozeß ist in der Regel funktionsübergreifend und setzt sich aus einzelnen, den Funktionsbereichen zugeordneten Prozessen zusammen (Teilprozesse). Ein Vertriebsprozeß setzt sich zum Beispiel aus folgenden Prozessen zusammen:

Prozeß	Wertschöpfung int.	Wertschöpfung ext.	Verrechnungstyp
Werbung	keine	durchschnittliche	markenbezogen
Absatzplanung	geringe	keine	absatzwegbezogen
Kundenanfragen	bedeutend	bedeutend	kundenbezogen
Kundenangebote	bedeutend	höchste	kundenbezogen
...			

Die Klassifizierung der Geschäftsprozesse nach Eigenschaften wie Wertschöpfung und Abrechnungsbezug führt dazu, daß die auf die Prozesse kontierten Kosten unterschiedlich interpretiert werden. Kosten der Wertschöpfung werden im Zusammenhang mit der Profitabilität, Kosten nicht wertschöpfender Prozesse im Zusammenhang mit der Rationalisierung analysiert. Insbesondere Fragen nach den Einflüssen für die Leistungsfähigkeit der Prozesse (Prozeßperformance), der Untersuchung der Kostenstruktur der Prozesse nach wertschöpfenden und nicht wertschöpfenden Einflußfaktoren sowie die Frage nach den kostenmäßigen Auswirkungen spezieller Kundenwünsche ist Gegenstand eines prozeßorientierten Controllings.

6.2 Prozeßbildung und Planung

Die Bildung von Prozessen beginnt mit der Tätigkeitsanalyse im Unternehmen. Dazu werden Erhebungen vor Ort bei den Gemeinkostenstellen durchgeführt. Beispiel: Die Tätigkeiten für den Vertrieb eines Einzelfertigers sind:

Aktivitäts-Nr.	Bezeichnung	Kostenstelle
1	Kundenanfragen bearbeiten	Vertrieb
2	Angebote erstellen	Arbeitsvorbereitung
3	Kundenaufträge anlegen	Verkauf
4	Auftragsverfolgung	Produktionssteuerung
5	Verkaufsabteilung leiten	Verkaufsleiter

Im nächsten Schritt sind Maßgrößen für die Tätigkeiten festzulegen. Beispiel:

Aktivitäts-Nr.	Bezeichnung	Maßgröße
1	Kundenanfragen bearbeiten	Anzahl Anfragen
2	Angebote erstellen	Anzahl Positionen, Produktkomplexität (Produktgruppe)
3	Kundenaufträge anlegen	Anzahl Kundenaufträge
4	Auftragsverfolgung	Anzahl Aufträge
5	Verkaufsabteilung leiten	Anzahl Mitarbeiter

Der nächste Schritt besteht darin, die erwartete Aktivitätsmenge für den Planungszeitraum festzulegen. Dazu sind Kenntnisse über bereits vorliegende Kundenaufträge, Erwartungen des Verkaufs und statistische Informationen notwendig. Aus der geplanten Aktivitätsmenge werden die benötigte Anzahl an Mitarbeitern und die Aktivitätskosten abgeleitet.

Aktivitäts-Nr.	Aktivitätsmenge	Bearbeitungsstunden	Aktivitätskosten
1	4.800	2.000	120.000,- EUR
2	4.000	3.000	180.000,- EUR
3	3.500	2.000	120.000,- EUR
4	3.500	2.000	120.000,- EUR
5	1	-	80.000,- EUR

Für die Planung wurde eine Produktmenge von 10.000 Stück zugrundegelegt.

Zur Berechnung der Prozeßkostensätze werden die Teilprozesse nach ihrer Abhängigkeit von der Aktivitätsmenge klassifiziert. Von der Aktivitätsmenge abhängige Prozesse sind leistungsmengeninduziert. Die Kosten entsprechen den variablen Kosten der Plankostenrechnung. Die von der Aktivitätenmenge unabhängigen Prozesse sind leistungsmengenneutral, die Kosten entsprechen den fixen Kosten der Plankostenrechnung.

Der Prozeßkostensatz für eine Prozeßeinheit setzt sich aus den leistungsmengeninduzierten Kosten und einem Zuschlag für die leistungsmengenneutralen Kosten zusammen.

Für das Beispiel sind die Teilprozesse 1 bis 4 leistungsmengeninduziert (lmi), der Teilporzeß 5 (Verkaufsleitung) ist dagegen leistungsmengenneutral (lmn).

Die Teilprozesse werden nun zu dem Prozeß: Auftragsbearbeitung Kundeneinzelprodukt zusammengefaßt. Der Prozeßkostensatz pro Produkteinheit (x) für die Teilprozesse (TP) ergibt sich aus der Division der Prozeßkosten (K) und der produzierten Produktmenge (X).

$$\text{Prozeßkostensatz Teilprozeß je Produkteinheit: } k_{TP,x} = \frac{K_{TP}}{X}$$

Bei einer Produktmenge von 10.000 Stück ergeben sich folgende Prozeßkostensätze je Produkteinheit für die Teilprozesse

Aktivitäts-Nr.	Prozeßkostensatz für Teilprozeß
1	12,- EUR
2	18,- EUR
3	12,- EUR
4	12,- EUR
5	80,- EUR

Der Prozeßkostensatz für den Hauptprozeß (HP) je Produkteinheit (x) ergibt sich aus der Summe der lmi-Prozeßkostensätze:

$$\text{Prozeßkostensatz Hauptprozeß je Produkteinheit: } k_{HP,x} = \sum_{TP=1}^{n} k_{TP,x}$$

Der Prozeßkostensatz für den Hauptprozeß beträgt damit:

k_{HP} = 134,- EUR je Produkteinheit.

Die Vertriebsabwicklung kostet je Produkteinheit 134,- EUR.

Neben der Abhängigkeit des Prozeßkostensatzes von der Anzahl der zu bearbeitenden Aufträge ist insbesondere die Angebotserstellung von der Komplexität der Produkte abhängig. Dies kann bei der Ermittlung des Prozeßkostensatzes durch einen Faktor oder Bezug der Prozeßmenge zur Produktgruppe berücksichtigt werden.

An Kundeneinzelprodukten werden 2.000 Stück der komplexen Produktgruppe A und 8.000 Stück der weniger komplexen Produktgruppe B geplant.

Die modifizierte Aktivitätsanalyse könnte z.B. für den Teilprozeß ergeben, daß

- bei der komplexen Produktgruppe A: 2.000 Angebote mit 2.000 Stunden und
- bei der weniger komplexen Produktgruppe B: 2.000 Angebote mit 1.000 Stunden

geplant werden. Die Angebotserstellung für die Produktgruppe A benötigt mehr Zeit.

Die Prozeßkostensätze lauten nun:

Aktivitäts-Nr.	Prozeßkostensatz für Teilprozeß Produktgruppe A	Prozeßkostensatz für Teilprozeß Produktgruppe B
1	12,- EUR	12,- EUR
2	12,- EUR	6,- EUR
3	12,- EUR	12,- EUR
4	12,- EUR	12,- EUR
5	80,- EUR	80,- EUR

Die Komplexität von Produktgruppe A führt also zu höheren Teilprozeßkosten für die Angebotserstellung und damit auch zu höheren Prozeßkosten für den Hauptprozeß Auftragsabwicklung.

Am Beispiel der Komplexitätskosten wird ersichtlich, daß über die Prozeßkostenrechnung eine genauere Differenzierung der Gemeinkosten (am Beispiel der Vertriebskosten) möglich ist, als über die Verwendung von Gemeinkostenzuschlägen. So läßt sich z.B. berechnen, was ein Geschäftsprozeß kostet und mit alternativen Prozessen (einschließlich Auslagerung) vergleichen. Weitere Analyseschwerpunkte sind die Auswirkungen von Änderungen der Unternehmensorganisation und den Produkteigenschaften.

Voraussetzung dafür ist eine Klassifizierung der Prozesse, um gezielt die Abhängigkeiten für die Berechnung der Prozeßkosten zu analysieren.

6.3 Klassifizierung von Geschäftsprozessen

Basis zur Klassifizierung von Geschäftsprozessen sind folgende Kriterien:

- Produktbezug der Aktivitäten -> Bedeutung für die Produktkalkulation,
- Wiederholungsgrad -> Bedeutung für die Rationalisierung,
- leistungsmengeninduzierte Kosten -> Bedeutung für die Wirtschaftlichkeit,
- Verrechnungstyp extern -> Bedeutung für die Wettbewerbsfähigkeit,
- Wertschöpfung -> Bedeutung für den Periodenerfolg und
- Komplexitätsgrad -> Bedeutung für die Organisation des Unternehmens.

Die Bestimmung der klassifizierten Geschäftsprozesse ist Ausgangsbasis für eine prozeßorientierte Kalkulation in Ergänzung zur Zuschlagskalkulation im Produktkostencontrolling.

Typische Fragestellungen, die aus den Eigenschaften der Geschäftsprozesse abgeleitet werden sind:

- Was ist das eigentlich wertschöpfende an dem Prozeß?
- Welche Leistung wird vom Kunden honoriert?
- Welche Aktivitäten sind Kandidaten für eine Fremdvergabe?
- Entstehen die Kosten für Flexibilität an den richtigen (wertschöpfenden) Phasen des Gesamtprozesses?

Für jeden Prozeß ist zu untersuchen, in welchem Umfang die vordefinierten Eigenschaften auf den Prozeß zutreffen. In späteren Analysen kann dann festgestellt werden, wie hoch der Anteil bestimmter Eigenschaften an den Prozeßkosten ist.

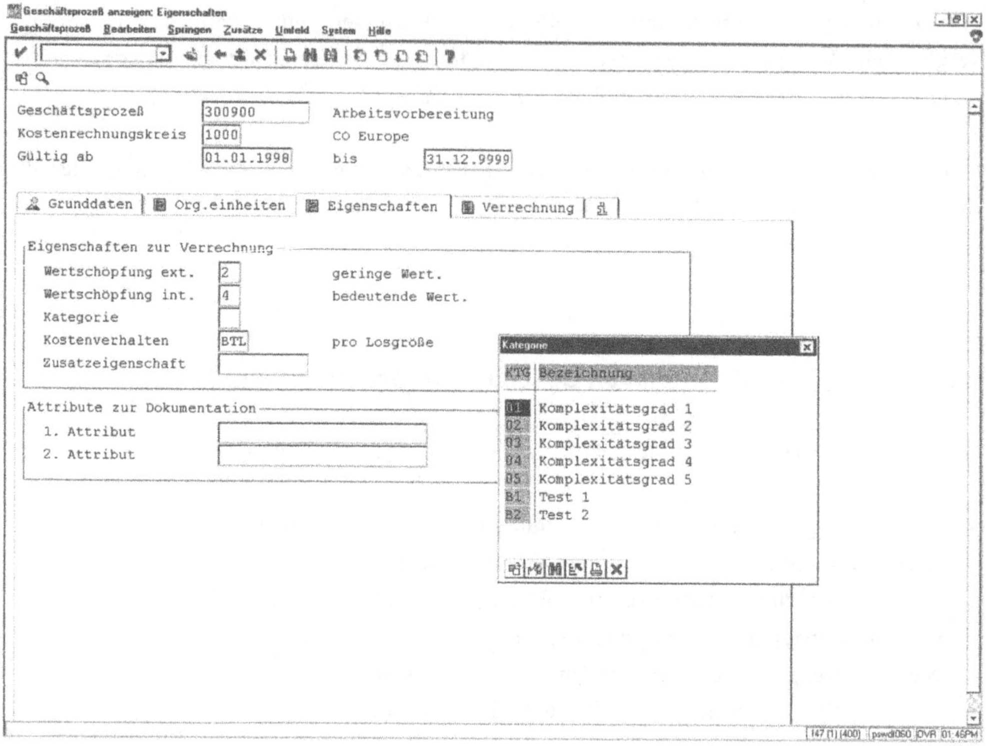

Abbildung 56: Geschäftsprozeß © by SAP AG

Die Integration des Geschäftsprozesses erfolgt über das CO-Organisationselement *Kostenrechnungskreises*, der vorliegende Geschäftsprozeß ist in den Wertefluß mit Kostenstellen und Kostenträgern integriert. Die Integration wird im Controllingsystem über Umlage-, Verteilungs- und Verrechnungszyklen realisiert. Über die Zuordnung der Geschäftsprozesse zu einem Kostenrechnungskreis erfolgt auch die Zuordnung zum Buchungskreis und Geschäftsbereich. Existiert für den Kostenrechnungskreis eine buchungskreisübergreifende Kostenrechnung, erfolgt eine explizite Zuordnung des Prozesses zu Buchungskreis und Geschäftsbereich. Ein einzelner Geschäftsprozeß ist damit genau einer Firma zugeordnet, dennoch kann der Prozeß wiederum Unterprozesse haben, die zwar dem gleichen Kostenrechnungskreis, jedoch unterschiedlichen Buchungskreisen zugeordnet sind. Damit lassen sich im Prozeßcontrolling auch firmenübergreifende Prozesse abbilden und auswerten.

Der vorliegende Geschäftsprozeß *300900 (Arbeitsvorbereitung)* ist Teil des Gesamtprozesses der Produktion. Die Prozeßleistung dient der Produktionsplanung und –steuerung und hat somit eine geringe externe Wertschöpfung. Verzögerungen in der Produktion wirken sich auch auf die Kundenzufriedenheit aus, insofern ist ein geringer bis mittlerer Zusammenhang zu definieren. Die interne Wertschöpfung des Prozesses ist weitaus höher. Fehler in der Arbeitsvorbereitung können zu gravierenden Problemen in der Produktion führen.

Ein weiteres Merkmal des Prozesses ist der Komplexitätsgrad. Technisch komplexe Produkte erfordern in der Regel auch mehr Aufwand in der Arbeitsvorbereitung. Die Fertigungsdaten sind komplizierter, der Herstellungsprozeß aufwendiger. Für einfach und komplexe Produkte werden daher unterschiedliche Prozesse zur Arbeitsvorbereitung definiert, die eine entsprechende Ausprägung der Kategorie Komplexitätsgrad haben.

Das Kostenverhalten ist eine Maßgröße für die Verrechnung der Prozeßkosten an die Kostenträger. Basis sind die Abhängigkeit und der Umfang, mit der ein bestimmter Prozeß in Anspruch genommen wird. Für das Beispiel der Arbeitsvorbereitung wird je Fertigungsauftrag – und damit je Produktionslosgröße – eine Einheit des Prozesses in Anspruch genommen. Für den Prozeß Qualitätsprüfung ist zum Beispiel der Verbrauch einer Prozeßmenge je 100 Stück produzierte Menge denkbar. Bei einer Losgröße im Fertigungsauftrag von 1.000 Stück würde dann die Prozeßmenge von 10 verrechnet werden.

6.4 Werteفluß im Prozeßcontrolling

Zunächst ist für die Prozeßkostenrechnung festzulegen, ob die Prozesse Bestandteil des echten Werteflusses sind oder als statistische Zusatzobjekte geführt werden. In einer strategischen Prozeßkostenrechnung erfolgt die Buchung von Ist-Kosten nur mit dem Werttyp statistisch (vgl. statistische Innenaufträge). Damit können die Kosten von den Prozessen nicht an andere Kostenobjekte verrechnet werden. In diesem Fall handelt es sich um ein paralleles Prozeßcontrolling mit dem Ziel, die Gemeinkosten unter Berücksichtigung bestimmter Eigenschaften auszuwerten. Diese Form des Prozeßcontrollings ist eher der Ausnahmefall.

In der operativen Prozeßkostenrechnung werden die Gemeinkosten nicht direkt über Gemeinkostenzuschläge auf die Kostenträger kontiert, sondern zunächst an Prozesse verrechnet. Dann erfolgt die Verrechnung der Prozeßkosten an die Kostenträger mit dem Ziel einer möglichst verursachungsgerechten Verrechnung.

Für die Verrechnung der Kosten an die Prozesse ist festzulegen, welche Verrechnungsmethode die betriebswirtschaftlichen Anforderungen erfüllt. Kostenstellenleistungen, die direkt einem Prozeß zugeordnet werden können, sollten über die Leistungsverrechnung an die Prozesses verrechnet werden. Andere Kostenstellenkosten werden über Umlagen den Prozessen belastet.

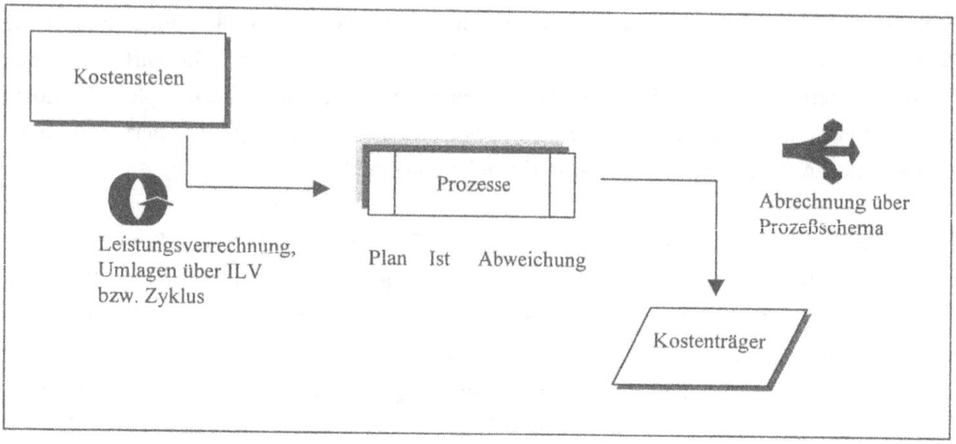

Abbildung 57: Wertefluß im operativen Prozeßcontrolling

Beispiel

Für die Kundenbetreuung fallen Telefonkosten an. Es wäre jedoch wirtschaftlich nicht vertretbar, jedes Telefongespräch einer Vertriebsabteilung dahingehend zu untersuchen, ob diese Kosten einem internen Prozeß (z. B. Informationsgespräch der Vertriebsabteilung mit der Technik) oder einem Kundenservice durch den Vertriebsmitarbeiter zuzuordnen sind. Daher eignet sich dafür die Definition ein Umlagezyklus, mit dem auf Basis von Erfahrungswerten der Prozeß Kundenservice einen Anteil der gesamten Telefonkosten tragen muß. Andererseits sind z.B. Reisekosten zum Kunden uneingeschränkt dem Prozeß Kundenservice zurechenbar. Hier erfolgt die statistische Buchung auf Basis eines Verteilungszyklus. Insbesondere Kosten für Kundenpräsentationen sollten über einen Verteilungszyklus diesem Prozeß zugerechnet werden.

Über die indirekte und direkte Leistungsverrechnung erfolgt die Verrechnung der Kostenstellenkosten über eine Leistungsart. Die für den Prozeß aufgebrachte Leistungsmenge wird mit dem Leistungsartentarif multipliziert und auf den Prozeß gebucht.

Die Verrechnung der Prozeßkosten an die Kostenträger erfolgt über eine Zuordnung der Prozesse zu Merkmalen der die Kosten empfangenden Kostenträger. Typische Merkmale sind Auftragsmenge, Material-Nr., Plan-/Ist-Kennzeichen sowie Organisationselemente wie z.B. Werk, Kostenrechnungskreis und ggf. auch Buchungskreis. Welche Parameter für die Verrechnung einer Prozeßmenge maßgebend sind, ist in der Controlling-Konzeption zu definieren und dem Prozeßschema zuzuordnen.

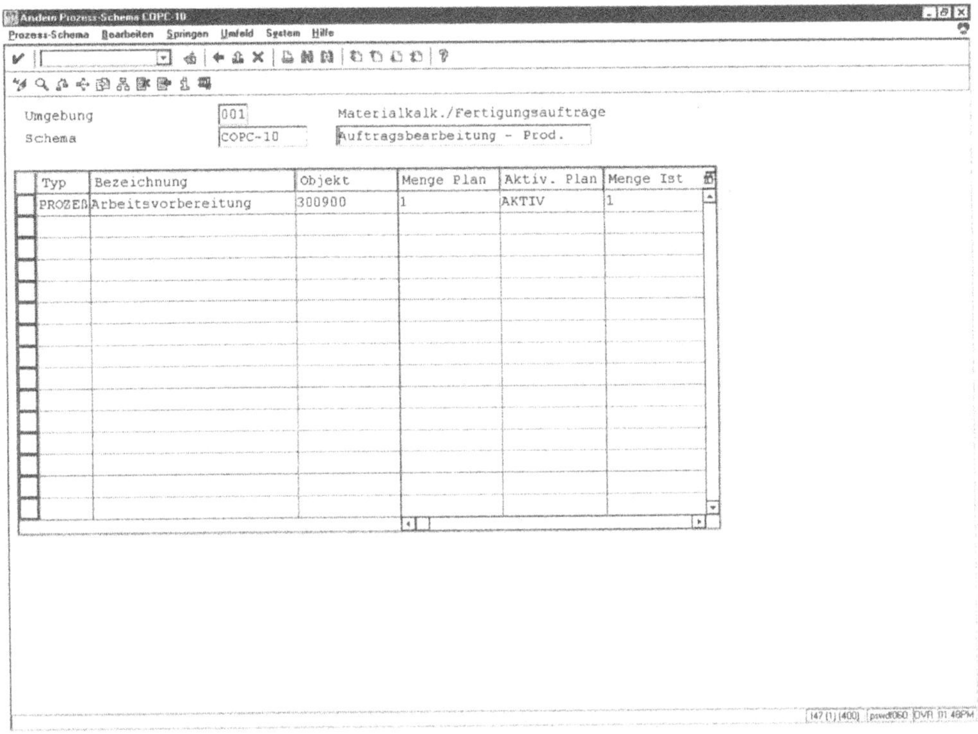

Abbildung 58: Prozeßschema © by SAP AG

Die Abbildung zeigt ein Beispiel für die Verrechnung des Prozesses Arbeitsvorbereitung. Der Typ Prozeß bedeutet, daß die Angaben direkt zur Prozeßverrechnung führen und nicht ein anderes, übergeordnetes Prozeßschema referenzieren. Der Prozeß *30900* wird mit der Menge 1 an einen Kostenträger (Produktpreis, Fertigungsauftrag zum Produkt) sowohl im Plan als auch im Ist verrechnet. Die Umgebung 001 enthält die Parameter, unter deren Bedingung eine Prozeßverrechnung im Controllingsystem gebucht wird.

Die zu buchenden Prozeßkosten ergeben sich aus der Multiplikation der Prozeßmenge mit dem Prozeßtarif. Der Prozeßtarif setzt wird je nach zugrundegelegtem Kostenrechnungstarif als Gesamttarif oder als Summe aus fixen und variablen Anteil geplant.

Dies gilt sowohl für den Teilprozeß als auch für den Hauptprozeß. Beide Prozeßtypen arbeiten in der Regel mit unterschiedlichen Prozeßmengen, so daß der Tarif des Hauptprozesses sich nicht aus der Summe der Tarife der Teilprozesse ergibt sondern als Quotient aus Prozeßkosten und Prozeßmenge des Hauptprozesses.

Es gilt:

Prozeßtarif je Prozeßeinheit:

pt - Prozeßtarif
K - Prozeßkosten im Planungszeitraum
pm - Prozeßmenge im Planungszeitraum

Prozeßtarif$_{fix}$ je Prozeßeinheit: $pt_{fix,pe} = \frac{K_{fix}}{pm}$

Prozeßtarif$_{var}$ je Prozeßeinheit: $pt_{var,pe} = \frac{K_{var}}{pm}$

Prozeßtarif$_{ges}$ je Prozeßeinheit: $pt_{ges,pe} = pt_{fix,pe} + pt_{var,pe}$

6.5 Berichte zu Prozessen

Die Klassifizierungsmerkmale der Geschäftsprozesse ermöglichen eine differenzierte Analyse der Geschäftsprozesse, insbesondere im Hinblick auf Wertschöpfung, Komplexität und Zurechenbarkeit der Prozesse.

Typische Fragestellungen, die über die Berichte im Prozeßcontrolling beantwortet werden sollen sind:

- Für welchen Prozeß und zu welchen Tarifen und Kosten gibt die Kostenstelle Aktivitäten an Prozesse ab?
- Was kosten Teilprozeß, Hauptprozeß
  - Im Planungszeitraum,
  - Je Einheit Aktivität,
  - Je Produkteinheit?
- Für wen wird der Prozeß durchgeführt?
- Welche Prozesse sind notwendig, wie hoch ist der Anteil der wertschöpfenden Teilprozesse am Hauptprozeß?

- Wie ist die Entwicklung der wertschöpfenden und nicht wertschöpfenden Berichte im Vergleich?
- Wie entwickeln sich Prozeßtarif und Wertschöpfung?
- Abweichungsanalyse für Plan- Soll- und Istvergleich, getrennt nach Abweichungskategorien.

6.6 Prozeßorientierte Kalkulation

Die prozeßorientierte Kalkulation ist die Berechnung der Gemeinkostenzuschläge für die Herstellkosten eines Produktes auf Basis der Verrechnung von Prozeßkostensätzen. Voraussetzung dafür ist, daß die benötigte Prozeßmenge auf Basis von Abhängigkeiten in der Produktherstellung definiert, geplant und mit einem Prozeßkostensatz versehen wurde.

Im nachfolgenden Beispiel werden die in den Funktionsbereichen Beschaffung, Fertigungsplanung, Fertigung, Qualitätssicherung und Vertrieb anfallenden Prozeßmengen nach den Erzeugnissen differenziert ermittelt. An dieser Stelle wird deutlich, welcher Aufwand zur Schaffung des Mengengerüstes für ein Prozeßcontrolling aufgebracht werden muß.

Prozeß	Bezugsgröße	Prozeß-Kst. [TDM		Prozeßmengen Produkt				
		gesamt	lmn	gesamt	A	B	C	D
Beschaffung								
1. Angebot einholen	Anzahl der Angebote	453,0	-	12906	6	7	39	58
2. Lieferanten-Verhandlungen	Anzahl der Verhandlungen	582,5	349,5	1099	-	-	1	1
3. Besellungen aufgeben	Anzahl Bestellungen	243,6	-	13920	5	5	35	47
4. Materiallieferung annehmen	Anzahl Lieferungen	238,0	-	9794	5	5	14	14
5. Eingangsprüfung	Anzahl Analysen	537,6	-	10319	1400	50	50	20
6. Qualitätsmängel reklamieren	Anzahl Reklamationen	20,0	-	1191	95	4	5	3
7. Material einlagern	Anzahl Paletten	302,5	-	42014	20	7	3	3
Fertigungsplanung und -steuerung								
8. Auftragsdaten erfassen	Anzahl Erfassungen	296,0	-	1721	-	1	1	1
9. Konstruktionspläne erstellen	Arbeitsstunden	461,0	-	5424	-	-	33	43
10. Konstruktionspläne ändern	Anzahl Änderungen	278,5	-	773	-	1	-	-
11. Arbeitspläne erstellen	Anzahl Arbeitspläne	397,3	-	5369	-	-	2	3
12. Arbeitspläne ändern	Anzahl Produktänderungen	184,0	-	773	-	1	-	-
13. Steuerungsprogramme erstell.	Anzahl Programme	210,5	-	4048	-	2	6	6
14. Fertigungsaufträge ändern	Anzahl Produktionsaufträge	170,0	-	8100	10	5	5	2
15. Informationssystem aktualis.	Anzahl akt. Datensätze	81,0	24,3	2538	3	4	8	8
Fertigung								
16. Maschinen rüsten	Anzahl Rüstvorgänge	971,0	-	43543	46	34	31	32
17. Aufträge auf Maschinen bearb.	Maschinenstunden	1211,3	-	21800	5800	82	83	17
Qualitätssicherung								
18. Qualitätsprüfung Verfahren I	Anzahl Prüfungen V.I	703	-	190000	36000	500	-	-
19. Qualitätsprüfung Verfahren II	Anzahl Prüfungen V.II	586,7	-	41317	-	-	500	100
20. Kundenreklamationen bearb.	Anzahl Reklamationen	71	-	444	1	-	1	-
21. Nacharbeit	Anzahl Nacharbeiten	108,4	-	1658	11	-	3	2
22. Maschinen warten	Anzahl Wartungsaufträge	132,2	-	220	keine Angaben			
23. Maschinen instandsetzen	Anzahl Reparaturen	239,4	-	194	keine Angaben			
Produktvertrieb								
24. Verkaufsgespräche führen	Anzahl Verkaufsgespräche	191,8	95,9	375	-	-	-	1
25. Produkte versenden	Anzahl Versandaufträge	646,3	-	1966	10	5	5	2
26. Rechnungen erstellen	Anzahl Rechnungen	37,0	-	1738	2	5	5	2
27. Geschäftsvorfälle buchen	Anzahl Buchungsanw.	205,0	82,0	50000	15	15	42	55

Abbildung 59: Prozeßbildung und Planung [Becker, Grob, von Zwehl]

In dem hier vorliegenden Beispiel handelt es sich um die Produktion von 4 Produkten:

- Produkt A, Standard-Bauteil, das sich seit Jahren im Produktionsprogramm befindet,

- Produkt B, kundenspezifische Variante, die aus wenigen Standard-Einzelteilen zusammengesetzt wird,

- Produkt C, kundenindividuelle Anfertigung unter Verwendung spezieller Einzelteile, die in der Mehrzahl selbst gefertigt werden und

- Produkt D, komplexe Sonderanfertigung mit hohen Anforderungen an die Produktionsgenauigkeit.

Aus dem Verhältnis der Prozeßkosten und Prozeßmengen ergibt sich der Prozeßkostensatz je Produkt. Dabei ist zwischen den variablen (leistungsmengeninduzierten - lmi) und fixen (leistungsmengenneutralen - lmn) Kosten zu unterscheiden. Ein Prozeßkostensatz setzt sich wie der leistungsartenbezogene Kostensatz aus einem fixen (lmn) und variablen (lmi) Tarif zusammen.

Für das Beispiel ergibt sich für den Prozeß *Angebot einholen* folgender Prozeßkostensatz:

Prozeßkosten (gesamt) 453.000,- DM / Leistungsmenge 12.906 Stck = 35,099 $\approx$ 35,10 DM

Für den Prozeß *Verhandlung mit Lieferant führen* ergibt sich als Ergebnis der leistungsmengeninduzierten Prozeßkosten:

Prozeßkosten (lmi) = DM 582.500 - DM 349.500,- = DM 233.000,-

Prozeßkosten (lmi) 233.000,- DM / 1.099 Verh. = 212,01 DM pro Verhandlungs-Session.

Prozeß	Prozeß-kostensatz	Prozeß-Kosten je Produkt				Kosten je Stück			
		A	B	C	D	A	B	C	D
1. Angebot einholen	35,10	210,60	245,70	1368,90	2035,80	0,01	0,49	2,74	20,36
2. Lieferanten-Verhandlungen	212,01	0,00	0,00	212,01	212,01	0,00	0,00	0,42	2,12
3. Besellungen aufgeben	17,5	87,50	87,50	612,50	822,50	0,00	0,18	1,23	8,23
4. Materiallieferung annehmen	24,30	121,50	121,50	340,20	340,20	0,00	0,24	0,68	3,40
5. Eingangsprüfung	52,10	72940,13	2605,00	2605,00	1042,00	2,03	5,21	5,21	10,42
6. Qualitätsmängel reklamieren	16,80	1595,97	67,20	84,00	50,40	0,04	0,13	0,17	0,50
7. Material einlagern	7,20	144,00	50,40	21,60	21,60	0,00	0,10	0,04	0,22
Summe Beschaffung		75099,70	3177,30	5244,21	4524,51	2,09	6,35	10,49	45,25
8. Auftragsdaten erfassen	171,99	0,00	171,99	171,99	171,99	0,00	0,34	0,34	1,72
9. Konstruktionspläne erstellen	85,00	0,00	0.00	2805,02	3655,02	0.00	0.00	5,61	36,55
10. Konstruktionspläne ändern	360,38	0.00	360,38	0.00	0.00	0.00	0.72	0.00	0.00
11. Arbeitspläne erstellen	74,00	0.00	0.00	147,99	221,98	0.00	0.00	0,30	2,22
12. Arbeitspläne ändern	238,10	0,00	238,10	0.00	0.00	0.00	0.48	0.00	0.00
13. Steuerungsprogramme erstell.	52,00	0.00	104.00	312.01	312.01	0.00	0,21	0.62	3,12
14. Fertigungsaufträge ändern	20,99	209,88	104,94	104,94	41,98	0,01	0,21	0,21	0,42
15. Informationssystem aktualis.	22,35	67,03	89,38	178,76	178,76	0,00	0,18	0,36	1,79
Summe Fert.-Planung/-steuerung		276,91	1068,79	3720,71	4581,74	0,01	2,14	7,44	45,82
16. Maschinen rüsten	22,30	1025,80	758,20	691,30	713,60	0,03	1,52	1,38	7,14
17. Aufträge auf Maschinen bearb.	55,56	322272,48	4556,27	4611,83	944,59	8,95	9,11	9,22	9,45
Summe Fertigung		323298,28	5314,47	5303,13	1658,19	8,98	10,63	10,61	16,58
18. Qualitätsprüfung Verfahren I	3,70	133200,04	1850,00	0.00	0,00	3,70	3,70	0,00	0,00
19. Qualitätsprüfung Verfahren II	14,20	0.00	0,00	7100,00	1420,00	0.00	0.00	14,20	14,20
20. Kundenreklamationen bearb.	159,98	159,98	0.00	159,98	0,00	0.00	0,00	0,32	0.00
21. Nacharbeit	65,40	719,40	0.00	196,20	130,80	0.02	0.00	0,39	1,31
22. Maschinen warten	600,91								
23. Maschinen instandsetzen	1231,48								
Summe Qualitätssicherung		134079,42	1850.00	7456,18	1550,80	3.72	3.70	14,91	15,51
24. Verkaufsgespräche führen	255,60	0.00	0.00	0.00	255,60	0.00	0.00	0.00	2,56
25. Produkte versenden	328,71	3287,05	1643,53	1643,53	657,41	0.09	3,29	3,29	6,57
26. Rechnungen erstellen	21,29	42,58	106,46	106,46	42,58	0.00	0,21	0,21	0,43
27. Geschäftsvorfälle buchen	2,46	36,90	36,90	103,32	135,30	0.00	0.07	0,21	1,35
Summe Produktvertrieb		3366,53	1786,89	1853,31	1090,89	0.09	3,57	3,71	10,91
Gesamtsumme		536120,84	13197,45	3577,54	13406,13	14,89	26,39	47,16	134,06

Abbildung 60: Berechnung der Prozeßkosten je Produkteinheit

Die produktbezogenen Prozeßkosten ergeben sich durch die Multiplikation der Prozeßkostensätze mit den produktbezogenen Mengen. Im Beispiel sind die Prozeßkosten für Produkt A: 35,10 DM x 6 (= Prozeßmenge) = 210,60 DM.

Die produktbezogene Zuordnung der Prozeßkosten unterstützt so in gewisser Hinsicht auch das Verursachungsprinzip. Dennoch ist zu berücksichtigen, daß bei Verwendung eines Gesamtprozeßkostensatz mit proportionalisierten Fixkosten gerechnet wurde. Auch der variable Prozeßkostensatz ergibt sich für ein Produkt durch eine Verteilungsrechnung auf Basis einer statistischen Kennzahl. In diesem Fall ist als Bezugsgröße die Produktionsmenge oder auch die Anzahl geführter Lieferantenverhandlungen in die Rechnung einbezogen worden. Damit ist jedoch noch keine Analyse dahingehend gemacht worden, wie lange eine Lieferantenverhandlung gedauert hat, oder wer (Senior- oder Junior-Vertriebsmitarbeiter) die Verhandlungen geführt. Beide Bestimmungsfaktoren beeinflussen jedoch die Prozeßkosten ganz erheblich.

Der Unterschied einer prozeßorientierten Kostenkalkulation gegenüber einer Zuschlagskalkulation liegt insbesondere in der Analyse, welche Prozesse für die objektbezogenen Kosten (hier Produktkosten) maßgebend sind. Ist für bestimmte Produkte ein höherer Komplexitätsgrad in den Prozessen zu bewältigen, so stellt sich für das Controlling die Frage, ob die höhere Komplexität der Produkte sich im Produktpreis widerspiegelt, also vom Markt honoriert wird. Dieser Effekt wird als *Komplexitätseffekt* bezeichnet. Eine weitere Analyse geht der Frage nach, wie sich Änderungen in den Prozeßmengen auf die Prozeßkosten auswirken. Es wird untersucht, ob sich die leistungsmengeninduzierten Kosten über- oder unterproportional entwickeln. Weiterhin ist zu untersuchen, ob diese Kostenentwicklung möglicherweise von dem Skaleneffekt, das heißt der Verteilung der leistungsmengenneutralen Kosten auf die Leistungsmenge, überlagert wird. Dieser Effekt wird als *Degressionseffekt* bezeichnet.

Dazu soll ein Kalkulationsbeispiel aus *[Becker, Grob, von Zwehl]* hier vorgestellt werden. Die Durchführung einer Zuschlagskalkulation führt zu folgendem Ergebnis (Basisdaten siehe oben):

Produkt	A	B	C	D
Materialkosten	12,20	14,10	12,70	13,50
+21% MGK	2,56	2,96	2,67	2,84
Fertigungslöhne	8,10	8,20	8,30	8,50
+11,5% FGK	9,32	9,43	9,55	9,78
Herstellkosten	32,18	34,69	33,22	34,62
+35% VwVtGK	11,26	12,14	11,63	12,12
Selbstkosten	43,44	46,83	44,85	46,47

Die Kalkulation der prozeßorientierten Selbstkosten erfolgt auf Basis der Produkteinzelkosten wie bei der Zuschlagskalkulation. Die produktbezogenen Gemeinkosten werden jedoch nicht über Gemeinkostenzuschlagssätze berechnet, sondern aus dem Verhältnis der gesamten Prozeßkosten und den produktbezogenen Prozeßmengen.

Produkt	A	B	C	D
Materialeinzelkosen	12,20	14,10	12,70	13,50
Fertigungslöhne	8,10	8,20	8,30	8,50
Prozeß Materialbeschaffung	2,09	6,35	10,49	45,25
Prozeß Fertigungsplanung	0.01	2,14	7,44	45,82
Prozeß Fertigung	8,98	10,63	10,61	16,58
Prozeß Qualitätssicherung	3,72	3,70	14,91	15,51
Prozeß Vertrieb	0.09	3,57	3,71	10.91
Prozeßorient. Selbstkosten	**35,19**	**48,69**	**68,16**	**156,07**

Gegenüber der Zuschlagskalkulation ergeben sich für die prozeßorientierte Kalkulation folgende Unterschiede:

Produkt A

Die Kosten der Prozeßkalkulation sind geringer als die der Zuschlagskalkulation. Dies resultiert daraus, daß in der Zuschlagskalkulation für alle Produkte der gleiche Zuschlagssatz verwendet wird. Die hohe Absatzmenge bei Produkt A wird bei der prozeßorientierten Kalkulation stärker berücksichtigt.

Produkt C und D

Hier ist das Ergebnis der Prozeßkalkulation höher als das Ergebnis der Zuschlagskalkulation. Dies kommt dadurch, daß der Komplexitätseffekt für Individualprodukte bei einer relativ geringen Prozeßmenge voll zum Tragen kommt. Bei höherer Absatzmenge würde der Komplexitätseffekt durch einen Degressionseffekt überlagert werden, da die Anzahl Prozesse zum Teil nur unterproportional wachsen würde. Prozeß 16 (Maschine rüsten) zeigt dies im Vergleich von Produkt A und B (einfache Varianten) ganz deutlich. In der prozeßorientierten Kalkulation werden nur leistungsmengeninduzierte Prozesse den Produkten zugerechnet.

Produkt B

Die hohe Komplexität zeigt sich bei diesem Produkt insbesondere in den Prozeßkosten zu den Prozessen Materialbeschaffung (Spezial-Komponenten von Spezial-Lieferanten), Fertigungsplanung (Einsteuerung komplexer Fertigungsvorgänge) und Vertrieb (erklärungsbedürftiges Produkt).

Für die Steuerungsaufgabe eines prozeßorientierten Controllings haben die Ergebnisse folgende Bedeutung: Im Hinblick auf Rationalisierungspotentiale sollten die Prozesse mit den höchsten Kostenabweichungen im Vergleich zu den anderen Produkten analysiert werden.

Dabei sind folgende Möglichkeiten in Betracht zu ziehen:

- Verwendung von Substitutionskomponenten

- Einsatz anderer Dispositionsverfahren für die Einsteuerung der Fertigungsprozesse und

- einer Überarbeitung im Hinblick auf die Absatzpolitik, insbesondere Vertriebswege und Kundeninformation.

- Andererseits ist der Produktpreis zu überdenken, die hohen Vertriebskosten müßten durch entsprechende Servicekomponenten im Erzeugnispreis berücksichtigt werden. Die hohen Kosten für Kundenberatung und Konfiguration des Erzeugnisses sollten als eigener Preisbestandteil ausgewiesen werden.

An diesem Beispiel wird deutlich, wie die Prozeßkostenrechnung die Zuschlagskalkulation ergänzen kann. Klassifizierende Eigenschaften wie Komplexität und Wertschöpfung stellen die Controllingobjekte unter einen neuen Blickwinkel und sind Basis organisatorischer Entscheidungen.

Zwischentest I (Gemeinkostencontrolling)

Aufgabe 1

Welche Aussagen zu *Organisationselementen* sind richtig [R] oder falsch [F]?

Einem Buchungskreis können beliebig viele Kostenrechnungskreise zugeordnet werden. ☐
Ein Kostenrechnungskreis wird direkt einem Werk zugeordnet. ☐
Mehrere Werke können einem Buchungskreis zugeordnet werden. ☐
Geschäftsbereiche können buchungskreisübergreifend angelegt werden. ☐

Aufgabe 2

Welche Aussagen zu *Kostenrechnungssystemen* sind richtig [R] oder falsch [F]?

In der starren Plankostenrechnung werden auch Sollkosten berechnet. ☐
In der flexiblen Plankostenrechnung werden nur Grenzkosten betrachtet. ☐
In der Normalkostenrechnung werden die Kosten auf Basis der Vergangenheit geplant. ☐
Ein fixer und variabler Tarif wird in der starren Plankostenrechnung nicht gebildet. ☐

Aufgabe 3

Welche Aussagen zum *Gemeinkostencontrolling* sind richtig [R] oder falsch [F]?

Lieferantenrechnungen werden über sekundäre Kostenarten gebucht. ☐
Abschreibung auf Anlagen sind stets primäre Kosten. ☐
Messekosten (z.B. Kosten der CeBit) sollten über eine Kostenstelle verfolgt werden. ☐
Gemeinkosten werden über Zuschlagssätze den Kostenträgern belastet. ☐
Zuschlagssätze werden für Einzelkosten gebildet. ☐
Kostenstellenkosten werden über sekundäre Kostenarten verrechnet. ☐
Auftragskosten werden an die Leistungsempfänger verteilt. ☐
Daueraufträge werden periodisch abgerechnet. ☐

Aufgabe 4

Welche Aussagen zur *Leistungsverrechnung* sind richtig [R] oder falsch [F]?

Die Leistungsarten werden Aufträgen zugeordnet. ☐
Der Leistungstarif bezieht sich auf eine konkrete Kostenstelle. ☐
Durch Zuordnung einer Kostenart zu einer Leistungsart werden variable Kosten geplant. ☐
Die indirekte Leistungsverrechnung hat als Basis eine Bezugsmenge beim Empfänger. ☐

Aufgabe 5

Welche Aussagen zur Verwendungsmöglichkeit eines Innenauftrages sind richtig [R] oder falsch [F]?

Ein Innenauftrag kann - im - Gegensatz zur Kostenstelle - echte Erlöse führen. ☐
Ein Innenauftrag bietet die Verwendung genauerer Methoden zur Leistungsverrechnung. ☐
Auf einen Innenauftrag können Gemeinkostenzuschläge berechnet werden. ☐
Die Leistungsaufnahmeplanung auf einen Innenauftrag kann zu einer disponierten Leistung der sendenden Kostenstelle führen. ☐

Aufgabe 6

Welche Aussagen zum Statusschema eines Innenauftrages sind richtig [R] bzw. falsch [F]?

Die Phasen des Systemstatus sind fest vordefiniert. ☐
Den Phasen eines Statusschmas werden nicht Transaktionen, sondern betriebswirtschaftliche Vorgänge zugeordnet. ☐
Nur die in beiden Statusschemas erlaubten Vorgänge sind ausführbar. ☐
Ein abgeschlossener Auftrag wird für weitere Planungen und Istbuchungen gesperrt. ☐

Aufgabe 7

Welche Aussagen zum Kalkulationsschema sind richtig [R] bzw. falsch [F]?

Ein Kalkulationsschema kann auf Kostenstellen definiert werden. ☐
Mit einem Kalkulationsschema werden fixe Kosten auf Leistungsarten gesplittet. ☐
Zuschlagselemente im Kalkulationsschema können auch Festbeträge enthalten. ☐
Für die Belastung mit Gemeinkostenzuschlägen ist ein Gegenkontierungs-Objekt notwendig, das im Zuschlagsschema definiert wird. ☐

Aufgabe 8

Berechnen Sie die Preis- und Mengenabweichung für folgende Ausgangslage einer Kostenstelle:

Kostenstelle: TAVERNA	Leistungsart: SERVICE
Geplante Leistungsmenge:	1.000 STD
Geplante Primärkosten:	30.000,- DM Kosten fix
	60.000,- DM Kosten variabel
	3.000,- Stück Verbrauch fix
	6.000,- Stück Verbrauch variabel
Ist-Primärkosten	80.000,- DM
	7.200 Stück
Ist-Leistungsverrechnung:	500 STD

Lösung zum Zwischentest I

Aufgabe 1

Welche Aussagen zu *Organisationselementen* sind richtig [R] oder falsch [F]?

Einem Buchungskreis können beliebig viele Kostenrechnungskreise zugeordnet werden. F
(umgekehrt)
Ein Kostenrechnungskreis wird direkt einem Werk zugeordnet. F
(Werk wird dem Buchungskreis zugeordnet)
Mehrere Werke können einem Buchungskreis zugeordnet werden. R
Geschäftsbereiche können buchungskreisübergreifend angelegt werden. R

Aufgabe 2

Welche Aussagen zu *Kostenrechnungssystemen* sind richtig [R] oder falsch [F]?

In der starren Plankostenrechnung werden auch Sollkosten berechnet. F
(nicht möglich, da keine variablen Kosten)
In der flexiblen Plankostenrechnung werden nur Grenzkosten betrachtet. F
(in der Grenzplankostenrechnung)
In der Normalkostenrechnung werden die Kosten auf Basis der Vergangenheit geplant. R
Ein fixer und variabler Tarif wird in der starren Plankostenrechnung nicht gebildet. R
(nur in der flexiblen Plankostenrechnung bzw. Grenzplankostenrechnung)

Aufgabe 3

Welche Aussagen zum *Gemeinkostencontrolling* sind richtig [R] oder falsch [F]?

Lieferantenrechnungen werden über sekundäre Kostenarten gebucht. F
(Primärkostenarten, da externer Leistungsbezug)
Abschreibung auf Anlagen sind stets primäre Kosten. R
(AfA wird über FI nach Controlling gebucht)
Messekosten (z.B. Kosten der CeBit) sollten über eine Kostenstelle verfolgt werden. F
(da nur zeitlich begrenzte Maßnahme ist Innenauftrag besser)
Gemeinkosten werden über Zuschlagssätze den Kostenträgern belastet. R
Zuschlagssätze werden für Einzelkosten gebildet. F
(für Gemeinkosten)
Kostenstellenkosten werden über sekundäre Kostenarten verrechnet. R
(interner Leistungsbezug)
Auftragskosten werden an die Leistungsempfänger verteilt. F
(Verteilung nur für Primärkosten, Vorgang ist Abrechnung)
Daueraufträge werden periodisch abgerechnet. R

Aufgabe 4

Welche Aussagen zur *Leistungsverrechnung* sind richtig [R] oder falsch [F]?

Die Leistungsarten werden Aufträgen zugeordnet. F
(Leistungsverrechnung nur bei Kostenstellen)
Der Leistungsartentarif bezieht sich auf eine konkrete Kostenstelle. R
Durch Zuordnung einer Kostenart zu einer Leistungsart werden variable Kosten geplant. R
Die indirekte Leistungsverrechnung hat als Basis eine Bezugsmenge beim Empfänger. R

Aufgabe 5

Welche Aussagen zur Verwendungsmöglichkeit eines Innenauftrages sind richtig [R] oder falsch [F]?

Ein Innenauftrag kann - im - Gegensatz zur Kostenstelle - echte Erlöse führen. R
Ein Innenauftrag bietet die Verwendung genauerer Methoden zur Leistungsverrechnung. F
(Leistungsverrechnung nur bei Kostenstellen)
Auf einen Innenauftrag können Gemeinkostenzuschläge berechnet werden. R
Die Leistungsaufnahmeplanung auf einen Innenauftrag kann zu einer disponierten Leistung der sendenden Kostenstelle führen. R

Aufgabe 6

Welche Aussagen zum Statusschema eines Innenauftrages sind richtig [R] bzw. falsch [F]?

Die Phasen des Systemstatus sind fest vordefiniert. R
Die Phasen eines Statusschemas werden direkt Transaktionen zugeordnet. F
(betriebswirtschaftlichen Vorgängen)
Nur die in beiden Statusschemas erlaubten Vorgänge sind ausführbar. R
Ein abgeschlossener Auftrag wird für weitere Planungen und Istbuchungen gesperrt. R

Aufgabe 7

Welche Aussagen zum Gemeinkostenzuschlagsschema sind richtig [R] bzw. falsch [F]?

Ein Zuschlagsschema kann auf Kostenstellen definiert werden. F
(Innenauftrag)
Mit einem Zuschlagsschema werden fixe Kosten auf Leistungsarten gesplittet. F
(Splittungsschema)
Zuschlagselemente im Kalkulationsschema können auch Festbeträge enthalten. R
Für die Belastung mit Gemeinkostenzuschlägen ist ein Gegenkontierungs-Objekt notwendig, das im Zuschlagsschema definiert wird. R

Aufgabe 8

Berechnen Sie die Preis- und Mengenabweichung für folgende Ausgangslage einer Kostenstelle:

Kostenstelle: TAVERNA	Leistungsart: SERVICE
Geplante Leistungsmenge:	1.000 STD
Geplante Primärkosten:	30.000,- EUR Kosten fix
	60.000,- EUR Kosten variabel
	3.000,- Stück Verbrauch fix
	6.000,- Stück Verbrauch variabel
Istprimärkosten	80.000,- EUR
	7.200 Stück
Istleistungsverrechnung:	500 STD

Planpreis = 90.000 / 9.000 = 10,- EUR; Istpreis = 80.000 / 7.200 = 11,11 EUR

Preisabweichung = (Istpreis – Planpreis) * Istmenge
= (11,11 – 10) * 7.200
= 8.000,- EUR

Sollmenge = 3.000 + 6.000 * 0,5 = 6.000 Stück

Beschäftigungsgrad = Planleistung / Istleistung
= 1.000 / 500
= 0,5

Mengenabweichung = (Istmenge – Sollmenge) * Planpreis
= (7.200 – 6.000) * 10
= 12.000,- EUR

Daraus folgt: Gesamtabweichung = 20.000,- EUR

Probe:

Istkosten = 80.000,- EUR

Sollkosten = $\text{Plankosten}_{\text{fix}}$ + $\text{Plankosten}_{\text{var}}$ * Beschäftigungsgrad
= 30.000 + 60.000 * 0,5
= 60.000,- EUR

Daraus folgt: Soll-Ist-Abweichung = 20.000,- EUR

7 Produktkostencontrolling

Das Produktkostencontrolling beinhaltet die Kalkulation von Erzeugnissen, Fertigungs- und Kundenaufträgen. Ziel ist es, im Rahmen einer Plan-, Soll- und Istkalkulation die mit der Herstellung eigener Produkte verbundenen Kosten zu ermitteln.

Die Kalkulation von Erzeugnissen dient zu folgenden Zwecken:

- Preisermittlung für den Verkauf
- Bestandsbewertung der Erzeugnisse
- Bewertung der verkauften Erzeugnisse für das Ergebniscontrolling
- Controlling der Herstellkosten (Analyse, Vergleiche)

Die Kalkulation der Kostenträger (Fertigungs- und Kundenaufträge) dient:

- Plan- und Istkostenermittlung der Aufträge
- Bewertung der unfertigen Erzeugnis (WIP – Work in Process (Ware in Arbeit))
- Abweichungsanalyse, differenziert nach Abweichungskategorien

7.1 Controlling der Erzeugniskosten

Das Controlling der Erzeugniskosten beinhaltet die Kalkulation, Analyse der Zusammensetzung und die Auswertung der Entwicklung der Erzeugniskosten. Die Ergebnisse der Erzeugniskalkulation werden nach unterschiedlichen Gesichtspunkten ermittelt. In der Gesamtsicht erfolgt eine Analyse der Kosten nach bestandsbewertungsrelevanten und nicht bestandsbewertungsrelevanten Anteilen, nach direkten (Herstellkosten) und indirekten (Gemeinkosten) Anteilen und nach der Zusammensetzung aus fixen und variablen Kosten. Nach welchen betriebswirtschaftlichen Anforderungen die Kalkulation erfolgt, wird über Parameter zur Berechnung festgelegt.

7.1.1 Kalkulationsarten

Je nach Szenario werden unterschiedliche betriebswirtschaftliche Anforderungen an die Berechnung der Erzeugniskosten gestellt. Während eine Plankalkulation auf Basis geplanter Preise und Mengen der benötigten Komponenten zum Endprodukt durchgeführt wird, sind bei der Kundenauftragskalkulation spezifische Vorgaben an die Eigenschaften des Endproduktes maßgebend.

7.1.1.1 Plankalkulation

In einer *Plankalkulation* erfolgt die Berechnung des Standardpreises eines Erzeugnisses. Der Planpreis wird für neue Produkte und zu Beginn einer Rechnungsperiode (Geschäftsjahr, Monat) ermittelt. Basis sind die Planpreise und Planmengen der für die Herstellung des Erzeugnisses benötigten Vorprodukte. Der Standardpreis ist Basis für die Bewertung des Lagerbestandes zum Erzeugnis. Der aktuell bewertete Lagerbestand ergibt sich aus der Multiplikation von Istlagermenge und aktuell gültiger Standardpreis.

Für die Dauer der Rechnungsperiode, für die der Standardpreis ermittelt wurde, ist der Preis fest. Eine Änderung des Standardpreises durch Neukalkulation mit veränderten Preisen und/oder Mengen führt zu einer Umbewertung des Lagerbestandes. Für Halb- und Fertigprodukte ist die Bestandsbewertung mit Standardpreissteuerung die Regel. Eine Alternative ist die Bestandsbewertung mit einem aktuellen Istpreis. In diesem Fall wird bei jeder Lagerzugangsbuchung der gleitende Durchschnittspreis neu berechnet. Diese Vorgehensweise wird in der Regel in Ländern mit hoher Inflationsrate und in Branchen mit stark schwankenden Rohstoffpreisen angewendet.

7.1.1.2 Sollkalkulation

Ändert sich das Mengengerüst zur Herstellung des Produktes durch andere Einsatzgüter oder Änderung der Einsatzmengen an Material bzw. Fertigungsleistung, so wird auf der Basis der aktuellen Istmengen und der Planpreise eine *Sollkalkulation* erstellt. Die Istmengen ergeben sich aus der aktuellen Stückliste (Materialbedarf) und dem aktuellen Arbeitsplan (Bedarf an Fertigungsleistung). Ergebnis der Sollkalkulation ist ein Planpreis. Der ermittelte Planpreis dient z.B. der Auswertung unterschiedlicher Fertigungsszenarien und deren Auswirkung auf die Herstellkosten des Erzeugnisses. Fehlende Verfügbarkeit benötigter Vormaterialien oder nicht vorhandene Kapazitäten, die zur Produktion auf anderen Arbeitsplätzen führen, sind Beispiele für die Notwendigkeit einer Sollkalkulation.

Im Rahmen der Abweichungsermittlung beim Controlling der Kostenträgerkosten erfolgt die Umrechnung der Plankosten auf die Istsituation in der Fertigung. Wurden in der Fertigung andere Materialien benötigt oder wurde Ausschuß produziert, so sind auch dies typische Beispiele für die Abweichung der Soll- von den Plankosten. Eine Abeichungsermittlung nach Abweichungskategorien ist nur auf Basis der Ist- mit den Sollkosten möglich, da nur die Sollkosten die Fertigungssituation aus Sicht von Planpreisen und Planmengen widerspiegeln.

7.1.1.3 Istkalkulation

Die Istkalkulation erfolgt über die Bewertung der logistischen Prozesse bei der Erzeugnisherstellung. Die Istmaterialkosten werden über Multiplikation der eingesetzten Materialmengen mit den Preisen berechnet, die Istfertigungskosten durch die Multiplikation der eingesetzten Kostenstellenleistungen mit den Leistungstarifen. Fremdleistungen werden über die in Rechnung gestellten Preise berücksichtigt.

7.1.1.4 Inventurkalkulation

Erfolgt die Kalkulation mit dem jeweils niedrigsten Preis für Material und Kostenstellenleistung (Leistungsart), so ist das Ergebnis der für die Abschlußrechnung in der Finanzbuchhaltung notwendige handels- und steuerrechtliche Wertansatz. Dazu werden bei der Inventurkalkulation Abschläge auf die ermittelten Kosten vorgenommen.

Beispiel

Ein Unternehmen berücksichtigt bei der Kalkulation des Leistungstarifs die kalkulatorischen Abschreibungen und kalkulatorischen Zinsen der in der Kostenstelle eingesetzten maschinellen Anlagen. Die kalkulatorischen Zinsen erhöhen den Leistungstarif und führen so über höhere Kostenstellenkosten auch zu einer höheren Bewertung der Materialbestände. Es wird ermittelt, wie hoch der prozentuale Anteil der kalkulatorischen Zinsen am Leistungstarif der Kostenstelle ist. Der Abschlagsfaktor wird bei Kalkulation berücksichtigt, indem er in den Arbeitsplänen, über welche die Selektion der entsprechenden Kostenstellenleistungen erfolgt, eingetragen wird.

7.1.2 Grunddaten zur Ermittlung der Erzeugniskosten

Die Grunddaten zur Ermittlung der Erzeugniskosten werden in den logistischen Anwendungssystemen geführt. Benötigt werden der Materialstamm in der Materialwirtschaft, Stückliste, Arbeitsplatz und Arbeitsplan in den Stammdaten des Produktionsplanungssystems und für die Kalkulation von Kundenaufträgen die Verbindung zum Vertriebssystem. Für die Ermittlung der Erzeugniskosten ist daher eine hohe Integration zwischen dem Controllingsystem und den logistischen Systemen erforderlich.

7.1.2.1 Materialstamm

Der Materialstamm enthält für die Kalkulation des Erzeugnispreisen folgende relevante Daten:

- Kennzeichen Kalkulation. Es wird festgelegt, ob das Material kalkulationsrelevant ist.
- Kennzeichen Herkunft. Es wird festgelegt, ob die Material-Nr. bei den Auswertungen der Kalkulation mit ausgegeben wird. Bei Stücklisten mit eine hohen Anzahl an Positionen wird z.B. festgelegt, daß nur bis zur Ebene der Halbprodukte die Material-Nr. mit ausgegeben wird.
- Selektion von Stückliste und Arbeitsplan.
- Kalkulationslosgröße. Aus Sicht des Controllings ist die Losgröße anzugeben, mit der das Erzeugnis üblicherweise produziert wird. Wird mit wechselnden Produktionslosen produziert, so ist die Losgröße dynamisch über die Steuerung zur Kalkulation (siehe unten) mitzugeben.
- Herkunftsgruppe. Angabe, wenn bei der Berechnung der Materialgemeinkosten nur bestimmte Materialkosten (die der Materialien mit dem Schlüssel) berücksichtigt werden sollen.
- Gemeinkostengruppe. Angabe, wenn bei der Berechnung von Materialgemeinkosten nur bei bestimmte Materialien (mit dem Gemeinkostenschlüssel) ein Zuschlagssatz Anwendung findet.
- Bewertungsdaten, insbesondere Eintrag der Preise (Standardpreis, Planpreise, steuer- und handelsrechtliche Preise).

Wird ein Erzeugnis sowohl selbst produziert als auch fremd beschafft, so werden die unterschiedlichen Kosten durch eine getrennte Bewertung berücksichtigt. Der Materialstamm erhält jeweils ein Segment für Eigenfertigung und Fremdbezug, in denen die jeweiligen Preise geführt werden.

7.1.2.2 Stückliste

Über die Stückliste erfolgt die Bewertung des Materialeinsatzes für die Herstellung des Produktes. Das nachfolgende Beispiel zeigt den Zusammenhang zwischen Mengengerüst des Kalkulationsobjektes und dem Bewertungsansatz. Die Stückliste zum Fahrrad enthält die Mengenangaben zu den Positionen Rahmen und Felgen. Für beide Positionen sind in den Materialstammsätzen unterschiedliche Preise gepflegt. Über die Preisfindungsstrategie in der Bewertungsvariante wird eine Suchfolge definiert, welcher Preis mit welcher Priorität zu selektieren ist. Da lt. Bewertungsvariante zuerst ein Standardpreis gesucht werden soll, wird für beide Materialien ein Standardpreis selektiert. Wäre kein Standardpreis vorhanden, würde der Rahmen zum gleitenden Durchschnittspreis (Priorität 3 oder höher) und die Felge zum Planpreis bewertet werden. Wäre kein gleitender Durchschnittspreis in der Bewertungsvariante enthalten, so würde in der Kalkulation eine entsprechende Nachricht in das Kalkulationsprotokoll eingetragen werden.

Die Selektion der für die Kalkulation zu verwendenden Stückliste bezieht sich auf die Verwendungsart (Stückliste zur Fertigung, Stückliste zu Kalkulation, Vertriebsstückliste, ...), auf die zeitliche und räumliche Gültigkeit (z.B. werksbezogene Stücklisten) und auf die Losgröße. Durch den Losgrößenbezug ist es möglich, über- oder unterproportionale Kostenentwicklungen durch entsprechende Einsatzmengen des Materials zu berücksichtigen.

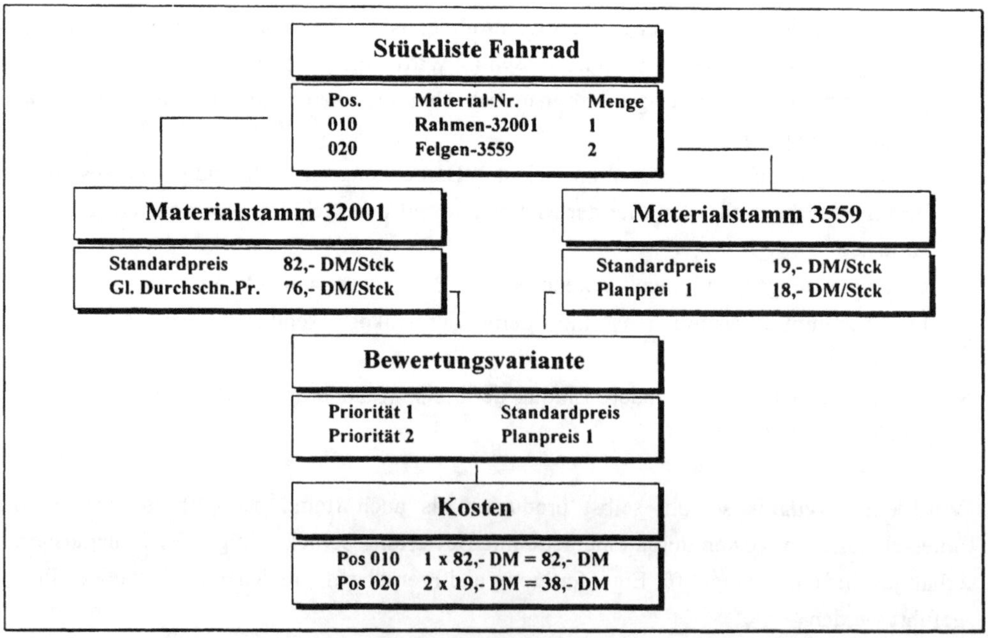

Abbildung 61: Berechnung der Materialkosten über Stückliste

7.1.2.3 Arbeitsplan, Arbeitsplatz

Im Arbeitsplan werden die für die Fertigung notwendigen Bearbeitungsvorgänge nach Inhalt, Einzelschritten und zeitlichen Vorgaben definiert. Für die Produktion des Fahrrads werden zum Beispiel folgende Bearbeitungsschritte definiert:

Position 010: Kommissionierung der benötigten Teile
Position 020: Vormontage von Rahmen, Sitz, Pedale, Felgen
Position 030: Endmontage
Position 040: Qualitätsprüfung

Die Arbeitsplanposition enthält den für den Bearbeitungsvorgang zuständigen Arbeitsplatz und die Vorgabewerte für die einzelnen Bearbeitungsaktivitäten. Die Bearbeitungsaktivitäten sind in der Regel das Einstellen der Maschinen und die Bearbeitung. Die Vorgabewerte beziehen sich in der Regel auf Rüst- und Bearbeitungszeiten, sowohl für Personalzeit als auch Maschinenzeit.

Für die Fahrradproduktion folgt im Beispiel:

Position	Bezeichnung	Vorgabe Personalzeit	Vorgabe Maschinenzeit
Position 010:	Kommissionierung		
	Vorgabe Bearbeiten	10 Min pro Stück	--
Position 020:	Vormontage		
	Vorgabe Rüsten	50 Min	-
	Vorgabe Bearbeiten	10 Min pro Stück	10 Min pro Stück
Position 030:	Endmontage		
	...		
Position 040:	Qualitätsprüfung		
	...		

Über den Arbeitsplatz werden den Vorgabewerten die Leistungsarten (Rüsten, Bearbeiten) der Kostenstelle des Arbeitsplatzes zugeordnet.

Die Berechnung der Fertigungskosten für einen Bearbeitungsvorgang erfolgt durch die Multiplikation der Vorgabewerte mit dem Leistungsartentarif.

Das Beispiel zeigt, daß die Vorgabewerte für das Rüsten sich auf die gesamte Auftragsmenge, die Vorgabewerte für die Bearbeitung pro Fertigungseinheit beziehen. Die Abhängigkeit der Vorgabewerte hat einen fertigungstechnischen und kostenrechnerischen Gesichtspunkt. Für die Logistik resultieren aus den Vorgabewerten die Reservierung der benötigten Arbeitsplatzkapazitäten und der damit verbundenen Einzelkapazitäten (Personal- und Maschinenkapazität). Aus der Sicht des Controlling wird mit der Abhängigkeit berücksichtigt, wie sich die Kosten bei Änderung der Fertigungslosgröße ändern.

Für beide Anforderungen erfolgt die Berücksichtigung der Abhängigkeit bei der Berechnung der effektiv benötigten Zeit über die Zuordnung einer Formel.

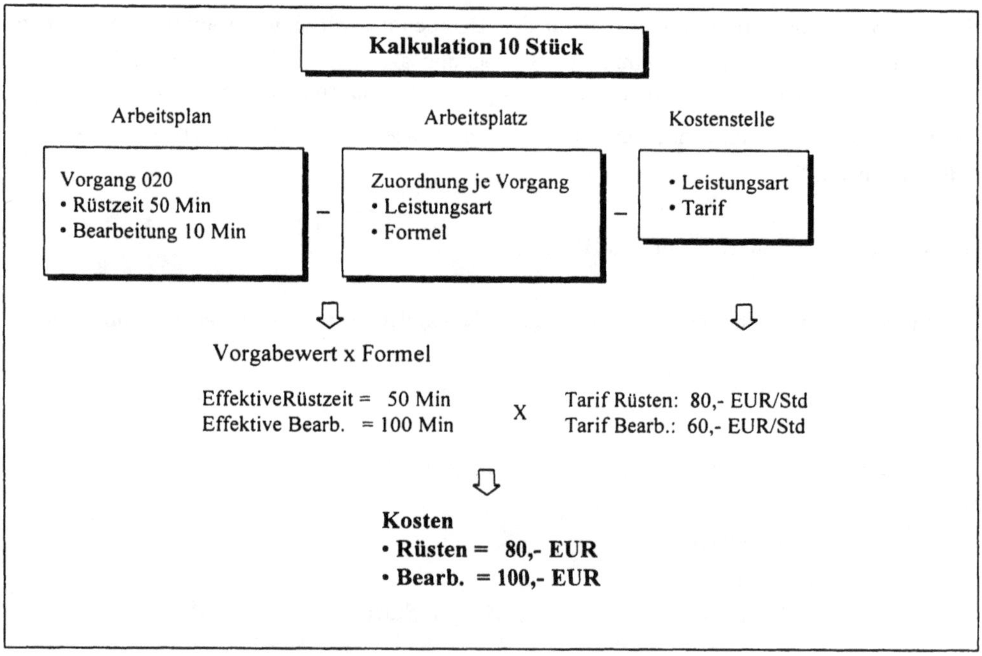

Abbildung 62: Kalkulation der Fertigungskosten

In der Formel wird festgelegt, ob der Vorgabewert mit der Kalkulationslosgröße multipliziert wird, oder nicht. Auch andere Abhängigkeiten, z.B. Nachrüsten oder die Berücksichtigung eines Abschlagfaktors ab einer bestimmten Losgröße, werden in der Formel gepflegt.

Bei der Berechnung der Fertigungskosten werden die effektiven Vorgabewerte mit dem Leistungstarif multipliziert.

Beispiel zur Berechnung der effektiven Bearbeitungszeit

In einem Produktionsprozeß ergibt sich die Durchführungszeit aus:

- Grundrüstzeit: Zeit, die vor Beginn der Bearbeitung benötigt wird
- Nachrüstzeit: Zeit, die während der Bearbeitung für Nachrüstvorgänge anfällt. Immer wenn eine Menge in Höhe des Rüstsprungs (RS) produziert wurde, müssen bestimmte Werkzeuge ausgetauscht werden.

Die Durchführungszeit ergibt sich aus:

Durchführungszeit = Rüsten + (Bearbeiten + Nachrüsten) = F1 + F2

F1 = TR (Zeit zum Rüsten der Maschine)

F2 = TE * LOS/B + TRP ((LOS - 1) DIV RS)

Dabei gilt:

TE - Bearbeitungszeit	LOS - Fertigungslos
B - Basismenge für Vorgabewerte	TRP - Aufwand für periodisches Rüsten
DIV - Ganzahlige Division	RS - Rüstsprung (Menge, nach der nachgerüstet werden muß).

TE	= 50 Minuten
B	= 100 Stück
TRP	= 10 Minuten
RS	= 500 Stück

Daraus ergibt sich: F2 = 50 * 10000 / 100 + 10 ((10.000 - 1) DIV 500)
= 5000 + 10 * 19
= 5190 Minuten.

Durch den Ausdruck LOS - 1 wird in der Kalkulation berücksichtigt, daß nicht nach dem letzten produzierten Stück noch ein Nachrüstvorgang kalkuliert wird, obwohl das Fertigungslos erfüllt ist.

7.1.3 Kalkulationsmethoden

Über die verwendete Kalkulationsmethode wird festgelegt, wie auf die benötigten Grunddaten zur Kalkulation zugegriffen wird. Die Selektion kann sich auf ein vorhandenes Mengengerüst beziehen (Stückliste und Arbeitsplan), oder das Mengengerüst wird bei der Kalkulation selbst angelegt.

Maßgebend für die anzuwendende Kalkulationsmethode ist das Szenario, aus dem heraus das Controlling der Produktkosten erfolgt. Im Fall neuer Produkte ist ein Mengengerüst noch nicht vorhanden, das Produkt wird über eine Einzelkalkulation kalkuliert. Bei Kundeneinzelfertigung mit Fertigung nach Kundenspezifikation wird das Mengengerüst erst im Kundenauftrag zusammengestellt. Hier erfolgt die Kalkulation nach der Erzeugniskalkulation. Die Erzeugniskalkulation ist auch für die periodische Ermittlung der Herstellkosten zu den Produkten einzusetzen. Sind bei der Erzeugniskalkulation Kosten zu berücksichtigen, die nicht über das Mengengerüst berechnet werden können, erfolgt zur Erzeugniskalkulation eine additive Kalkulation mit den Mitteln der Einzelkalkulation.

7.1.3.1 Einzelkalkulation

In einer Einzelkalkulation werden benötigten Vorprodukte und Kostenstellenleistungen bei der Kalkulation definiert.

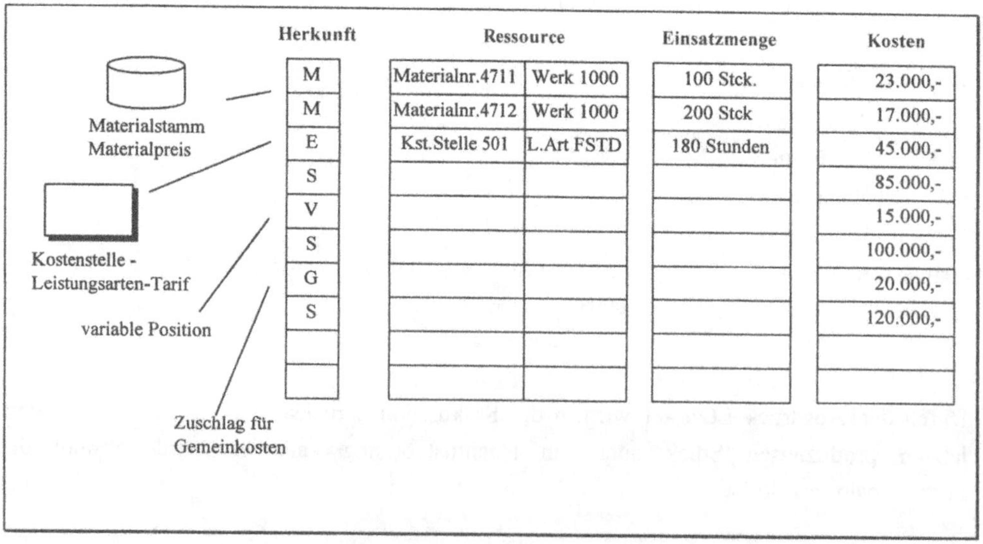

Abbildung 63: Einzelkalkulation

Der Preis für die benötigten Materialien wird aus dem Materialstammsatz gelesen und mit der in der Kalkulation eingegebenen Menge multipliziert. Der Tarif für die Kostenstellenleistung wird aus der Tarifplanung in der Kostenstellenrechnung gelesen. Änderungen der zugrundeliegenden Preise werden durch eine Neubewertung der Kalkulation berücksichtigt.

Über den Herkunftstyp V (variable Position) werden Kostenpositionen berücksichtigt, die nicht über ein Objekt berechnet werden. Beispiel: *Gewinnzuschlag* oder ein *kalkulatorisches Wagnis.*

In der Kalkulationsposition G erfolgt die Berechnung der Gemeinkostenzuschläge. Basis dafür ist ein Zuschlagsschema, daß über die Steuerung zur Kalkulation zugeordnet wurde.

7.1.3.2 Erzeugniskalkulation

Für CO-Objekte mit Mengengerüst erfolgt über die Erzeugniskalkulation die Auflösung und Auswertung der Stückliste und des Arbeitsplanes, die der Kalkulation über eine Selektionsstrategie zugeordnet wurden.

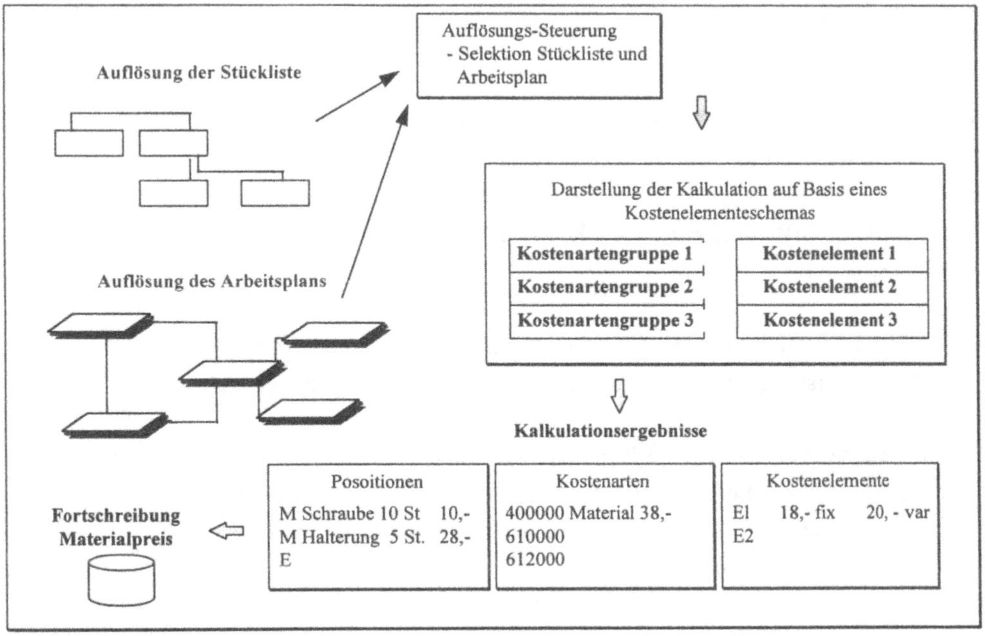

Abbildung 64: Erzeugniskalkulation

Zunächst erfolgt auf Basis der Stückliste die Selektion der benötigten Materialmengen und die Multiplikation mit den Materialpreisen aus dem Materialstammsatz. Die Fertigungskosten werden über die Multiplikation der Vorgabewerte lt. Arbeitsplan mit den Tarifen der Leistungsarten multipliziert, die den Arbeitsvorgängen über den Arbeitsplatz zugeordnet sind (vgl. oben).

Die Kosten werden sukzessive für jede Komponente des Erzeugnisses berechnet. Dabei werden die Kosten kostentypengerecht summiert. Das heißt, die Materialkosten des Rohstoffeinsatzes werden zu den Materialkosten der Baugruppen addiert. Die Materialkosten aller Baugruppen ergeben die Materialkosten des Endproduktes. Anlog werden auch die Fertigungskosten über alle Stücklistenstufen verdichtet. Diese Kostenschichtung ist maßgebend dafür, daß über die gesamte Stückliste je Stücklistenstufe die Kosten getrennt nach Materialkosten, Fertigungskosten, Gemeinkosten und innerhalb des Kostentyps nach fixen und variablen Anteilen ausgewertet werden können.

Dies hat für das Produktkostencontrolling den Vorteil, daß jede Fertigungsstufe zum Produkt analysiert werden kann. Typische Fragestellungen, die aus der Kostensicht nach Produktionsstufen beantwortet werden, sind:

- Wie stehen die Kosten einer Produktionsstufe bei Eigenfertigung gegenüber Fremdbezug?
- Welche Auswirkungen haben Rationalisierungsmaßnahmen auf die Kosten einer Fertigungsstufe?
- Wie entwickeln sich anteilig die Personal- und Maschinenkosten auf einer Produktionsstufe?

Eine weitere Differenzierung der Kostenanteile erfolgt innerhalb eines Kostentyps auf Objektebene, z.B.

- Wie hoch ist der Anteil an Eigen- und Fremdmaterial innerhalb der Materialkosten?
- Wie hoch ist der Anteil einzelner Primärkosten innerhalb der Fertigungskosten?

Die Auswertung des Anteils an Primärkosten innerhalb der Fertigungskosten erfolgt dadurch, daß im Tarif der Leistungsart die Primärkostenanteile fortgeschrieben werden. Diese Kostenanteile werden dann in einer eigenen Sicht, der sog. Primärkostenschichtung in der Kalkulation ausgewiesen.

Beispiel

Der Tarif für Fertigungsstunden einer Kostenstelle setzt sich zusammen aus

Personalkosten:	264.000,- EUR
Verbrauchsmaterial:	20.000,- EUR
AfA Anlagen:	100.000,- EUR

Bei einer Leistungsmenge von 8.000 Stunden ergibt sich ein Tarif von 48,- EUR.

Die Kalkulation von 100 Stück für ein Produkt bei einen Bedarf von 10 Minuten pro Erzeugniseinheit ergibt:

Fertigungskosten für 100 Stück = 1.000 Minuten x 0.8 EUR/MIN = 800,- EUR.

In der Nebenschichtung wird dann ausgewiesen

Personalkosten:	550,- EUR	(264.000 / 8.000) / 60 * 1.000
Verbrauchsmaterial:	42,- EUR	(20.000 / 8.000) / 60 * 1000
AfA:	208,- EUR	(100.000 / 8.000) / 60 * 1000

Das Ergebnis der Kalkulation wird nach Freigabe in den entsprechenden Preis im Materialstammsatz des Erzeugnisses übernommen. Im Fall einer Standardpreissteuerung erfolgt mit der Freigabe des Standardpreises die Umbewertung des aktuellen Lagerbestandes.

7.1.4 Berücksichtigung der Gemeinkosten

Die Berechnung der Gemeinkostenzuschläge erfolgt über ein Kalkulationsschema durch die Kombination der Kalkulationselemente *Basis*, *Zuschlag* und *Entlastung*.

Das Basiselement enthält den Kostenartenbereich, auf den sich die Berechnung des Zuschlagsatzes bezieht. Basis sind alle innerhalb des angegebenen Kostenartenbereiches im Planungszeitraum auf das Kalkulationsobjekt gebuchten Beträge. Der Planungszeitraum ist wie der Kostenrechnungskreis und die Schlüssel der Kalkulationsobjekte (Aufrags-Nr.) ein Parameter der Kalkulationsfunktion. Im System R/3 kann in das Basiselement eine Abhängigkeit eingetragen werden, mittels derer die Selektion der *Kalkulationsbasis unterhalb der Kostenartenebene* bezogen auf *einzelne* Materialien möglich ist. Der im Basiselement eingetragene

Schlüssel wird in den Stammdaten der Materialien eingetragen, die für die Kalkulation selektiert werden sollen (Herkunftsschlüssel).

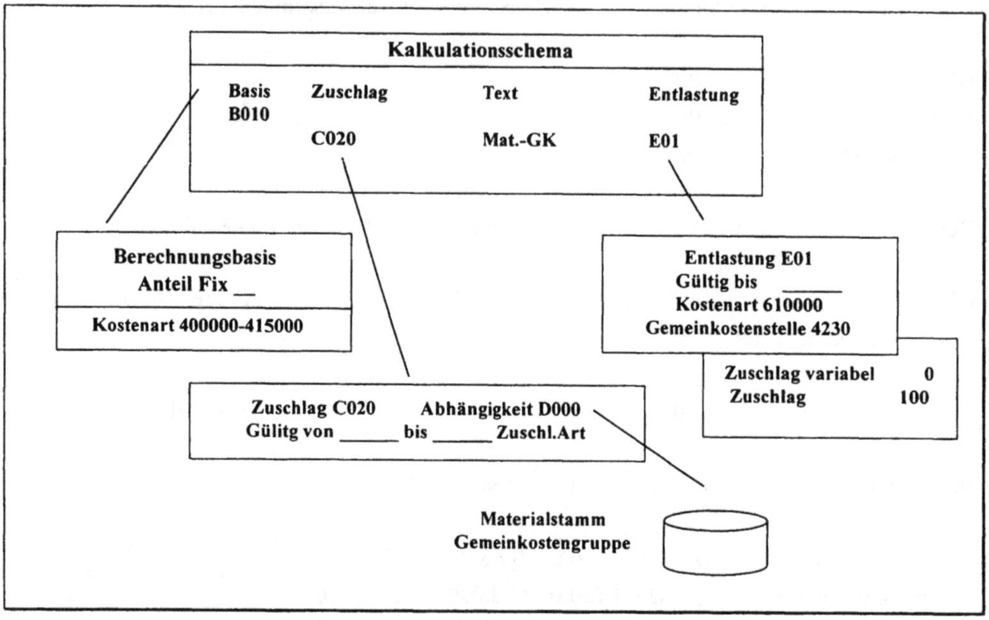

Abbildung 65: Zuschlagsschema im Produktkostencontrolling

Das Zuschlagselement enthält den Plan- und Istkostenzuschlag. Der Zuschlagssatz ist in der Regel von einer Vielzahl von Parametern abhängig. Er unterscheidet sich zum Beispiel im Hinblick auf das Erzeugnis, den Produktionsort (Werk, Kostenstelle), den Zeitpunkt und der Eigenschaft der Kostenart. Auch zu den fixen und variablen Kosten einer Kostenart könnte ein unterschiedlicher Zuschlagssatz gepflegt.

Die Bedingungen für die Selektion eines bestimmten Zuschlagssatzes werden durch die Definition von Konditionssätzen festgelegt. Ein Konditionssatz bezieht sich zum Beispiel auf den Kostenrechnungskreis 1000 und hat bei Kostenstelle *5011* den Wert 20%, bei Kostenstelle *5012* den Wert 25%. Die Konditionssätze werden zu einem Schlüssel angelegt, der in das Zuschlagselement eingetragen wird. Der Schlüssel hat als Parameter die Abhängigkeiten, auf die sich der Zuschlagssatz bezieht. Beispiel für Abhängigkeiten: Kostenstelle, Kostenrechnungskreis, Buchungskreis, usw.

Die Belastung eines CO-Objektes mit Gemeinkosten führt zu einer Entlastungsbuchung bei einer Gemeinkostenstelle oder einem Gemeinkostenauftrag.

7.1.5 Steuerung der Ermittlung von Erzeugniskosten

Über die Steuerung zur Ermittlung der Erzeugniskosten wird der betriebswirtschaftliche Werdegang zur Kalkulation festgelegt. Alle für die Kalkulation relevanten Steuerungsparameter werden im System SAP R/3 in einer Kalkulationsvariante festgelegt, zu der auch die Kalkulation erfolgt.

Für die Controlling-Konzeption ist festzulegen,

- Kalkulationsart
  Ergebnis der Kalkulation für Materialbewertung (Plankalkulation), Kundenauftrag (Ad-hoc Kalkulation), Abweichungsermittlung (Sollkalkulation), handels- und steuerrechtliche Bewertung (Inventurkalkulation).

  Mit der Kalkulationsart wird auch die Terminsteuerung festgelegt. Die Plankalkulation erfolgt in der Regel zu Beginn der nächsten Geschäftsperiode (Jahresbeginn, Monatsbeginn). Die Kundenauftragskalkulation wird zum Tagesdatum ausgeführt.

- Selektionsstrategie
  Über die Selektionsstrategie wird festgelegt, mit welcher Priorität Stücklisten und Arbeitsplänen für die Kalkulation selektiert werden. Bei der Plankalkulation zur Ermittlung des Standardpreises ist eine typische Suchstrategie für Stücklisten

Priorität	Stücklistenverwendung	Alternative
1	Kalkulationsstückliste	1
2	Fertigungsstückliste	2

  Für einen Arbeitsplan ist als Suchstrategie denkbar:

Priorität	Arbeitsplantyp	Plangruppe
1	Normalarbeitsplan	001
2	Standardarbeitsplan	001

- Übernahmesteuerung
  Die Übernahmesteuerung ist maßgebend dafür, daß bestehende Kalkulationen übernommen werden.

Beispiel

Ein Automobilzulieferer hat ein Produktionswerk und eine Vertriebsniederlassung mit Lager. Die Kalkulation und Bestandsbewertung erfolgt im Produktionswerk. Für die Bewertung der Lagerbestände im Auslieferungswerk ist eine Kalkulation nicht möglich (da keine Stücklisten und Arbeitspläne zu diesem Werk angelegt worden sind) und auch nicht sinnvoll (da in diesem Werk nicht produziert wird). Daher erfolgt die Übernahme der Kalkulation vom Produktionswerk in das Auslieferungswerk.

- Preisselektion
  Über eine Selektionsstrategie wird festgelegt, mit welcher Priorität nach Materialpreisen und Kostenstellentarifen selektiert wird. Je nach Szenario (Plankalkulation, Kundenauftragskalkulation, ...) und Erzeugniskomponenten (Material, Eigenleistung, Fremdleistung, ...) wird die Preisselektion festgelegt.

  Beispiel

  Ein Automobilzulieferer hat für die Erzeugniskalkulation folgende Preisselektion festgelegt:

Kalk.-Variante / Bewertungs-strategie	ZP00 S-Preis-Mat.	ZP01 Planpreis 1	ZP02 Planpreis 2	ZP03 Planpreis 3	FE-Auftrag Plan	FE-Auftrag Ist
Material	2 3	4 2 3	5 2 3	6 2 3	2 3	7
Eigenleistung	3	3	3	3	1	1
Fremdleistung	1 3	1 3	1 3	1 3	1 3	9
Lohnbearbeitung	3	3	3	3	Bestellung wird manuell angelegt	Bestellung wird manuell angelegt
Kalkulations-Schema	HUG_04	HUG_04	HUG_04	HUG_04	HUG_04	HUG_04

1- Nettoangebotspreis

2 - Standardpreis

3 - Gleitender Durchschnittspreis

4 - Planpreis 1

5 – Planpreis 2

6 - Planpreis 3

7 - Preis lt. Preissteuerung

9 - Effektivpreis aus Bestellung

Während Eigenleistungen zum gleitenden Durchschnittspreis kalkuliert werden wird für Fremdleistungen der Nettoangebotspreis des Lieferanten selektiert. Die Kalkulation zum

Preis lt. Preissteuerung bedeutet, daß bei Rohmaterialien mit Preissteuerung V (Verrechnungspreis) der gleitende Durchschnittspreis, bei Halbprodukten mit Preissteuerung S der Standardpreis selektiert wird.

Die Preisfestlegung erfolgt in einer Bewertungsvariante zur Kalkulationsvariante. In der Bewertungsvariante wird auch das Zuschlagsschema eingetragen, über das die Berechnung der Gemeinkosten erfolgt.

7.1.6 Beispiel einer Erzeugniskalkulation

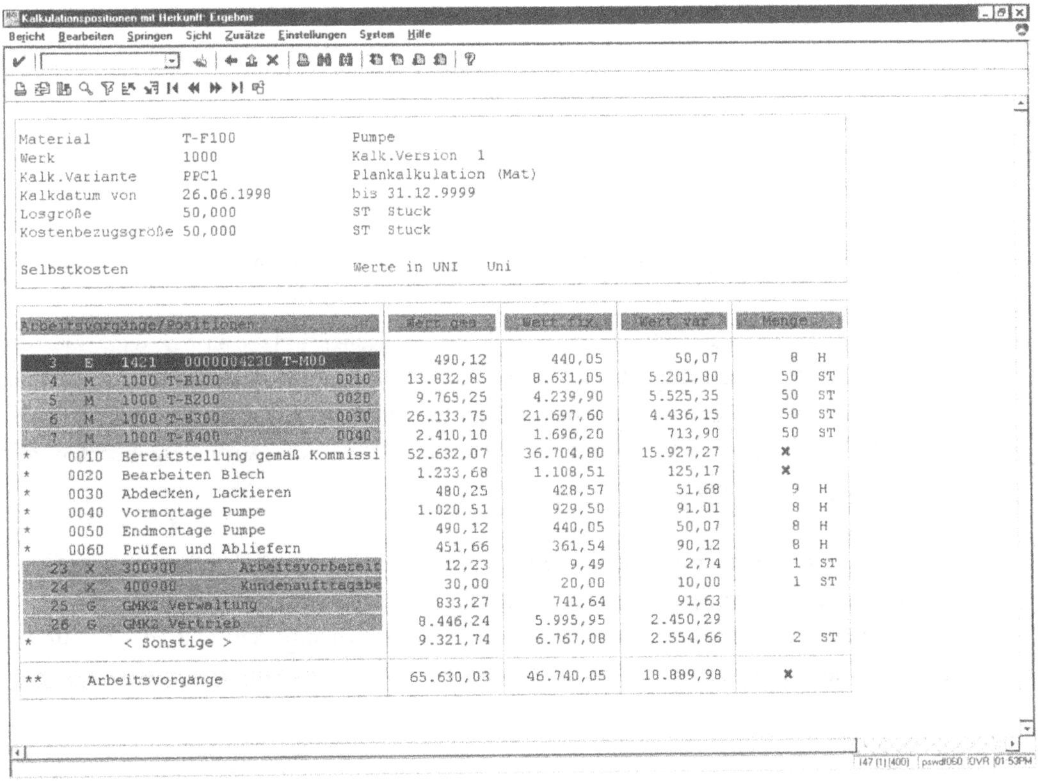

Arbeitsvorgänge/Positionen	Wert ges	Wert fix	Wert var	Menge
3 E 1421 0000004230 T-M00	490,12	440,05	50,07	8 H
4 M 1000 T-B100 0010	13.832,85	8.631,05	5.201,80	50 ST
5 M 1000 T-B200 0020	9.765,25	4.239,90	5.525,35	50 ST
6 M 1000 T-B300 0030	26.133,75	21.697,60	4.436,15	50 ST
7 M 1000 T-B400 0040	2.410,10	1.696,20	713,90	50 ST
* 0010 Bereitstellung gemäß Kommissi	52.632,07	36.704,80	15.927,27	✖
* 0020 Bearbeiten Blech	1.233,68	1.108,51	125,17	✖
* 0030 Abdecken, Lackieren	480,25	428,57	51,68	9 H
* 0040 Vormontage Pumpe	1.020,51	929,50	91,01	8 H
* 0050 Endmontage Pumpe	490,12	440,05	50,07	8 H
* 0060 Prüfen und Abliefern	451,66	361,54	90,12	8 H
23 X 300900 Arbeitsvorbereit	12,23	9,49	2,74	1 ST
24 X 400900 Kundenauftragabe	30,00	20,00	10,00	1 ST
25 G GMK2 Verwaltung	833,27	741,64	91,63	
26 G GMK2 Vertrieb	8.446,24	5.995,95	2.450,29	
* < Sonstige >	9.321,74	6.767,08	2.554,66	2 ST
** Arbeitsvorgänge	65.630,03	46.740,05	18.889,98	✖

Abbildung 66: Einzelnachweis einer Erzeugniskalkulation © by SAP AG

Im vorliegenden Beispiel wurde das Erzeugnis T-F100 im Werk 1000 kalkuliert. Die Steuerung der Kalkulation erfolgte über die Kalkulationsvariante PPC1. Für 50 Stück wurden die Selbstkosten ermittelt.

Die Kalkulationspositionen sind zu lesen als:

Position 3, E – Eigenleistung (Kostenstellenleistung), Leistungsart 1421 der Kostenstelle 4230, Arbeitsplatz T-M00. Da in der Kostenstelle für die Leistungsart ein fixer und variabler Tarif geplant wurde, werden die Kosten getrennt nach fixen und variablen Anteilen ausgewiesen (vgl. Kapitel zum Kostenstellencontrolling).

Position 4, M – Materialeinsatz der Baugruppe T-B100 im Werk 1000, Stücklistenposition 0010. Die Baugruppe enthält sowohl Material- als auch Kostenstellenkosten. Daher werden für die Baugruppe sowohl fixe als auch variable Kosten ausgewiesen. Die Materialkosten für Rohstoffe sind dagegen voll variabel.

Position 23, X – Prozeßkosten, Prozeß 300900 (Arbeitsvorbereitung). Zum Prozeß wurde ein fixer und variabler Tarif geplant (vgl. Kapitel zur Prozeßkostenrechnung), daher Ausweis fixer und variabler Kosten.

Position 25, G – Gemeinkostenzuschlag.

7.2 Controlling der Auftragskosten (Kostenträger)

Das Controlling der Kostenträger bezieht sich auf Fertigungsaufträge in der Werkstatt- und Serienfertigung, Prozeßaufträge in der Prozeßfertigung, Kundenaufträge in der Kundeneinzelfertigung und auch Projekte. Ziel ist die Berechnung der auftragsbezogenen Kosten, der Kostenabweichungen und die Ermittlung der auf die Aufträge gebuchten, aber noch nicht abgerechneten Kosten (Ware in Arbeit - WIP).

Die Kostenträgerrechnung erfordert eine hohe Integration zwischen der Produktionsplanung und -steuerung (Steuerung der Fertigungsaufträge), dem Vertriebswesen (Verwaltung der Kundenaufträge und Kalkulation der kundenspezifischen Konditionen) und dem Controlling (Ermittlung der Auftragskosten, Analyse der Abweichungen und WIP).

Die Durchführung des Controllings auf Kostenträger basiert auf der Bewertung aller logistischen Vorgänge im Herstellungsprozeß. Je nach Produktionsszenario ergeben sich unterschiedliche Anforderungen an das Controlling.

Typische Fragestellungen beim Kostenträgercontrolling sind:

- Welche Plan-, Soll- und Istkosten sind im Herstellungsprozeß angefallen? Wie setzen sich die Kosten zusammen, was ist die Herkunft der einzelnen Kostenpositionen?
  Wie ist der Anteil der
  - Komponenten
  - Fertigungsstufen
  - Eigen- bzw. Fremdleistung
  - an den gesamten Kosten der Produktion?
- Welche Kostenabweichungen sind aufgetreten, was sind die Ursachen der Kostenabweichungen?
- Was kostet der Ausschuß?
- Welche Auswirkungen haben organisatorische Änderungen auf die Produktionskosten?
- Was hat der einzelne Kundenauftrag gekostet? Welches Ergebnis wurde mit dem Kundenauftrag erzielt?
- Welches Ergebnis wurde mit einem Produkt über alle bisherigen Aufträge erzielt?

Je nach Anforderungen und Unternehmensszenario kommen für das Kostenträgercontrolling unterschiedliche Controllingobjekte in Betracht. Beim Dienstleistungsunternehmen eignet sich der Innenauftrag bzw. Kundenauftrag als Kostenträger. Beim anonymen Lagerfertiger ist ein Kostensammler zum Produkt geeignet. In der Kundeneinzelfertigung dagegen bietet sich das Projekt an, über das alle Kosten und Erlöse über den gesamten Lebenszyklus eines Produktes gesammelt und ausgewertet werden.

7.2.1 Ablauf des Kostenträgercontrollings

Als Beispiel für das Kostenträgercontrolling dient die Werkstattfertigung eines Automobilzulieferers. In der Werkstattfertigung erfolgt das Controlling für einen Werkstattauftrag bzw. für alle Werkstattaufträge zu einem Produkt. Es handelt sich daher um ein auftragsbezogenes bzw. produktbezogenes Controlling.

Der Ablauf des Controllings richtet sich nach den einzelnen Phasen im Herstellungsprozeß. Die nachfolgende Abbildung zeigt einen exemplarischen Ablauf.

Funktion/Ereignis	Aufgaben	Daten	Organisation
Eröffnen des Fertigungsauftrags	• Vorkalkulation • Überprüfen der Kalkulation	Material Produktio	Arbeits-vorbereitung
Fehler in der Kalkulation	• Überprüfen Materialpreis • Überprüfen Tarif • Überprüfen Mengen-gerüst	Material Kostenstellenplanung Stückliste Arbeitsplan	Arbeits-vorbereitung
Herstellung der Produkte	• Lfd. Mitkalkulation (Istkalkulation) • Überwachung der Istkostenentwicklung	Auftragsdaten	Controlling
Periodenende	• Ermittlung Gemein-kostenzuschlag • WIP-Ermittlung • WIP-Abrechnung	Auftragsdaten	Controlling
Kosten aus Fremdbezug	• Ermittlung der Liefer-mengen bzw. Kosten • Umbuchung Istkosten	Auftragsdaten Lieferdaten	Controlling
Werkzeug fertiggestellt	• Ermittlung Gemein-kostenzuschlag • WIP-Auflösung • Abweichungs-ermittlung • Auftragsabrechnung	Auftragsdaten	Controlling

Abbildung 67: Ablauf im Kostenträgercontrolling

Die Auftragseröffnung erfolgt bei Werkstattfertigung manuell oder durch Umsetzen der in der Produktionsplanung erzeugten Planaufträge. Mit der Eröffnung des Auftrages erfolgt die Selektion des Mengen- und Preisgerüstes. Je nach Selektionsstrategie zur Auftragsart und Kalkulationsart werden die für die Fertigung notwendigen Stücklisten und Arbeitspläne selektiert und aufgelöst. Die Auflösung bezieht sich auf die Mehrstufigkeit des Produktionsprozesses. Über alle Fertigungsstufen wird der Bedarf an Material und

Fertigungsleistung berechnet. Der Materialbedarf führt auf Basis der Verfügbarkeitsprüfung zu einer Reservierung des benötigten Materials bzw. zu Bestellanforderungen und weiteren Fertigungsaufträgen für fehlendes Material. Die erforderliche Fertigungsleistung lt. Arbeitsplan wird über die Termin- und Kapazitätsplanung für den Auftrag in reservierte Kapazitäten an den erforderlichen Arbeitsplätzen umgesetzt.

Aus Sicht des Controlling erfolgt hier die Plankalkulation zum Fertigungsauftrag. Basis sind die Erzeugniskalkulationen der benötigten Baugruppen des Fertigungsauftrages. Welche Preise und Tarife für das selektierte Mengengerüst zur Kalkulation herangezogen werden wird in einer Bewertungsvariante zur Kalkulationsvariante der Kalkulation festgelegt. Das Kalkulationsergebnis wird auf Basis der Kostenelemente (Elementeschema des Kalkulationsschemas), der Kostenarten und im Einzelnachweis (Material- und Eigenleistungspositionen) analysiert und evt. aufgetretene Fehler behoben.

Nach Durchführung der Verfügbarkeitsprüfung, Terminierung des Auftrags und Ermittlung der Auftragskosten erfolgt die Freigabe des Auftrags. Erst in diesem Status ist die Belastung des Auftrages mit Istkosten möglich. Welche Vorgänge in einem bestimmten Auftragsstatus (eröffnen, freigeben, technisch abschließen, ...) erlaubt sind, wird über das zur Auftragsart gepflegt Statusschema festgelegt. Neben dem Systemstatusschema kann ein Anwenderstatusschema geführt werden, über das eine weitere Unterteilung der Systemstatus-Phasen möglich ist. Beispiel: Für die Phase *Freigegeben* lt. Systemstatusschema werden weitere Phasen wie Fertigung, Nacharbeit, Qualitätskontrolle, usw. definiert und sukzessive gesetzt.

Während der Fertigung des Erzeugnisses werden die Istkosten durch Bewertung der logistischen Vorgänge Ermittelt. Bei Materialentnahme erfolgt die Berechnung der Istmaterialkosten über die Multiplikation der entnommenen Materialmenge mit den Materialpreisen. Bei Rückmeldung einzelner Bearbeitungsvorgänge werden über die gemeldeten Fertigungszeiten die Kostenstellenleistungen verrechnet. Dem Controlling obliegt dabei die Überwachung der Istkostenentwicklung. Gefertigte Erzeugnismengen werden auf Lager genommen, dabei wird der Fertigungsauftrag um die Standardkosten des Produktes entlastet und der Lagerbestand belastet. Die Standardkosten ergeben sich aus der Multiplikation von der gebuchten Erzeugnismenge mit dem Standardpreis.

Am Periodenende (Monatsende) erfolgt die Bewertung der Ware in Arbeit. Dies erfolgt über den Saldo der Istkostenbelastungen und –entlastungen des Fertigungsauftrags. Die Ware in Arbeit wird als Information an die Finanzbuchhaltung abgerechnet. Die Abrechnung erfolgt statistisch, d.h., es finde keine echte Entlastung statt. Dadurch bleiben im Controlling beim Fertigungsauftrag während in der Finanzbuchhaltung ein periodengerechter Ausweis der Bestandswerte ermöglicht wird.

Kosten aus Fremdbezug werden über die Lieferantenpreise ermittelt. Bei geplantem Fremdbezug erfolgt bei der Kalkulation die Selektion der Preise aus dem Einkaufsinfosatz. Bei ad-hoc auftretendem Fremdbezug werden im vorliegenden Beispiel die Istkosten durch Kontierung des Wareneingangs auf den Fertigungsauftrag berücksichtigt.

Nach Fertigstellung des Werkstattauftrages werden die Gemeinkostenzuschläge berechnet, über die WIP-Ermittlung der bis dahin gebuchte WIP wieder aufgelöst und die Abweichungen ermittelt. Die Abweichung werden an die Finanzbuchhaltung als Preisdifferenzen (Kosten aus Produktionsabweichung) und, differenziert nach Abweichungskategorien an das Ergebnis abgerechnet.

7.2.2 Periodenabschluß im Kostenträgercontrolling

Der Periodenabschluß im Kostenträgercontrolling beinhaltet folgende Aktivitäten:

- Berechnung von Gemeinkostenzuschlägen
- Verrechnung von Prozeßkosten
- Nachbewertung von Isttarifen
- Ermittlung von Ware in Arbeit für angefertigte Werkstattaufträge
- Berechnung der Kostenabweichungen für fertiggestellte Werkstattaufträge.
- Abrechnung von WIP und Abweichungen

Die Berechnung von Gemeinkostenzuschlägen und Prozeßkosten erfolgt nach den gleichen Prinzipien wie im Controlling der Erzeugnispreise (siehe Kapitel zum Controlling der Erzeugnispreise).

Die Nachbewertung mit Isttarifen setzt voraus, daß im Kostenstellencontrolling Isttarife aus dem Verhältnis der leistungsbezogenen Istkosten und verrechneten Istleistungsmengen durchgeführt wurde. Bei der Nachbewertung findet eine nachträgliche Belastung (oder Entlastung) des Werkstattauftrages statt, je nachdem, ob der Isttarif höher oder niedriger als der Plantarif zum Zeitpunkt der Leistungsverrechnung ist.

Eine besondere Rolle spielen die Ermittlung der Ware in Arbeit und der Kostenabweichungen.

7.2.2.1 Ermittlung der Ware in Arbeit

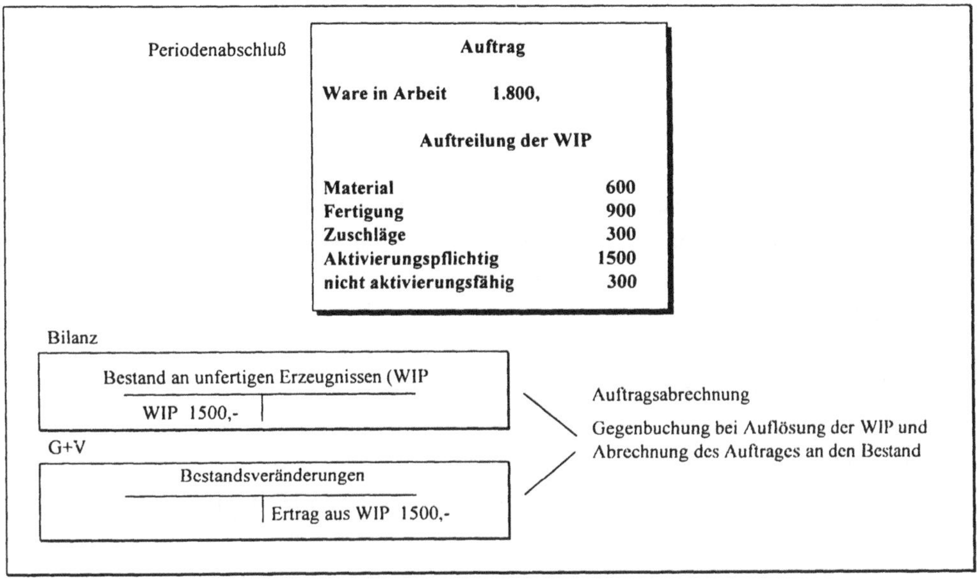

Abbildung 68: WIP-Ermittlung

Die Berechnung der Ware in Arbeit dient dazu, in der Finanzbuchhaltung einen periodengerechten Monatsabschluß zu ermöglichen. Bei der Ware in Arbeit (WIP – Work in Process) handelt es sich um Kosten, die im Fertigungsauftrag in den angefertigten Erzeugnissen gebunden sind. Würde kein WIP-Bestand in der Finanzbuchhaltung ausgewiesen werden, würde das Unternehmen ein schlechteres Monatsergebnis ausweisen, als es der tatsächlichen Vermögenslage entspricht.

Bei der Bildung von Ware in Arbeit kommt es zur Unterscheidung der aktivierungspflichtigen und nicht aktivierungsfähigen Kosten. Nicht aktivierungsfähig sind die Kosten, die zwar für den Auftrag entstanden sind, die jedoch betriebswirtschaftlich nicht dem Lagebestand zugerechnet werden dürfen.

Im Rahmen der WIP-Ermittlung trifft dies insbesondere für Verwaltungs- und Vertriebsgemeinkosten der Fall. Ist der Kostenstellentarif ein Gesamttarif, der auch anteilige Verwaltungs- und Vertriebsgemeinkosten enthält, so wurden im Rahmen der Leistungsverrechnung bei der Rückmeldung zum Fertigungsauftrag auf Verwaltungs- und Vertriebsgemeinkosten dem Auftrag belastet. Über Prozentabschläge werden diese Anteile herausgerechnet und als nicht zu aktivierender WIP ausgewiesen. Andernfalls wäre die Bewertung der Ware in Arbeit zu hoch.

7.2.2.2 Abweichungsermittlung

Die Abweichungsermittlung im Kostenträgercontrolling dient der Ermittlung folgender Kostenabweichungen:

- Abweichungen zwischen den kalkulierten Kosten zum Produkt (Erzeugniskalkulation) und den Istkosten des Werkstattauftrages. Diese Kostenabweichungen können sowohl darin begründet sein, daß sich die Basis für die Ermittlung der Erzeugniskosten geändert hat (Dispositionsabweichung) als auch darin, daß beim Herstellungsprozeß Unregelmäßigkeiten mit der Folge von Kostenabweichungen entstanden sind (Produktionsabweichung). Insofern werden unter diesem Vergleich die Gesamtabweichungen ausgewiesen.
- Abweichungen zwischen den Plankosten des Werkstattauftrages und den Istkosten des Werkstattauftrages enthalten den Anteil der Produktionsabweichungen.
- Abweichungen zwischen den kalkulierten Kosten zum Produkt und den Plankosten des Werkstattauftrages enthalten den Anteil der Dispositionsabweichungen.
- Abweichungen zwischen den Istkosten des Werkstattauftrages und einer beliebigen anderen Erzeugniskalkulation.

Bei der Abweichungsermittlung werden folgende Abweichungskategorien berechnet:

- Einsatzpreisabweichung
  Diese Abweichungen ergeben sich aus Preisänderungen der eingesetzten Materialien und Kostentellenleistungen sowie Fremdleistungen.

- Einsatzmengenabweichung
  Die Einsatzmengenabweichungen werden als Differenz aus Plan- und Istmengen zum Materialeinsatz und Leistungseinsatz berechnet.

- Einsatzstrukturabweichung
  Diese Abeichungen resultieren aus der Verwendung anderer Materialien und Kostenstellenleistungen als geplant.

- Einsatzrestabweichung
  Einsatzrestabweichung sind Abweichungen in den Gemeinkosten, die aus Abweichungen in den anderen Kategorien resultieren. Auch Rundungsdifferenzen fallen unter diese Kategorie und alle anderen Kategorien auf der Einsatzseite, wenn über die Einstellungen zur Abweichungsermittlung eine Kategorie nicht explizit ausgewiesen werden soll.

- Losgrößenabweichung
  Losgrößenabweichungen treten dann auf, wenn die Erzeugniskalkulation zu einer anderen Losgröße durchgeführt wurde als im Werkstattauftrag, weil die Fixkosten sich auf eine andere Menge verteilen.

- Verrechnungspreisabweichung
  Verrechnungpreisabweichung tritt nur dann auf, wenn das Erzeugnis über einen gleitenden Durchschnittspreis bewertet wird. Ändert sich der gleitende Durchschnittspreis des Erzeugnisses, ändert sich auch die Istentlastung gegenüber der Planentlastung zum Werkstattauftrag. Bei standardpreisgesteuertem Material tritt diese Abweichungskategorie nicht auf.

- Restabweichung
  Die Restabweichung auf der Outputseite enthält insbesondere Preisdifferenzen oder Abweichungen auf der Outputseite, die nicht explizit ausgewiesen werden sollen.

Beispiel

Eine Pumpe ist durch folgende Stückliste und Arbeitsplan definiert:

Stückliste

Menge	Bezeichnung	Preis
1	Welle	25,- EUR
1	Gehäuse	20,- EUR
1	Druckdeckel	10,- EUR

Arbeitsplan

Vorgang	Bezeichnung	Vorgabewert	Tarif
1	Rüsten	60 Min	80,- EUR/Std.
2	Montage	10 Min/Stck.	60,- EUR/Std.

Erzeugniskalkulation für 10 Pumpen

10 Wellen à 25,-	=	250,- EUR
10 Gehäuse à 20,-	=	200,- EUR
10 Druckdeckel à 10,-	=	100,- EUR
60 Min Rüsten	=	80,- EUR
100 Min Montage	=	100,- EUR
Materialgemeinkosten 10%	=	55,- EUR

Kosten gesamt 785,- EUR, Erzeugnispreis = 78,50 EUR

Bei der Produktion von 100 Stück Pumpen werden folgende Materialmengen entnommen:

110 Wellen à 25, -EUR	= 2.750, -EUR
100 Gehäuse à 22,- EUR	= 2.200,- EUR
100 Druckdeckel aus Fremdlief. à 11,-	= 1.100,- EUR

Daraus ergeben als Materialgemeinkosten
10% von Materialkosten: = 605,- EUR

Bei der Rückmeldung werden erfaßt:

1 Stunde Rüsten	= 80,- EUR
1000 Min Montage	= 1.000,- EUR

Gesamtkosten des Auftrages = 7.735,- EUR

Bei Erzeugniskosten von 78,50 ergibt sich
Für 100 Stück: = 7.850,- EUR

Damit beträgt die Gesamtabweichung: = <u>- 115,- EUR</u>

Erklärung der Abweichungen:

Wellen: Einsatzmengenabweichung (Mehrverbrauch)
(Istmenge – Planmenge) * Planpreis = (110 – 100) * 25 = 250,- EUR

Gehäuse: Einsatzpreisabweichung (Preisänderung)
(Istpreis – Planpreis) * Istmenge = (22 – 20) * 100 = 200,- EUR

Druckdeckel: Strukturabweichung (andere Deckel als geplant verwendet)
(Istkosten – Plankosten) = 1.100 - 1.000 = 100,- EUR

Gemeinkosten: Einsatzrestabweichung aufgrund anderer Einsatzabweichungen
(Istkosten – Plankosten) = 605 – 550 = 55,-

Rüstvorgang: Losgrößenabweichung, für den Werkstattauftrag wird 1x gerüstet,
Lt. Erzeugniskalkulation wären 10 x Rüsten notwendig.
Istkosten – Plankosten = 80,- - 800,- = - 720,-

Summe Abweichung = 250 + 200 + 100 + 55 – 720 = <u>- 115,- EUR</u>

Verbuchung der Kostenabweichungen

Die Ergebnisse der Abweichungsermittlung haben ihre Ursache in der Bewertungsgrundlage zur Kostenermittlung. Im Beispiel der nachfolgenden Abbildung erfolgt die Ermittlung der Plankosten auf Basis eines Standardpreises von 200,- DM pro Stück. Basis zur Ermittlung des Standardpreises waren Materialkosten in Höhe von 600,- DM, Fertigungskosten in Höhe von 1.100,- DM und Gemeinkosten durch Zuschlagsberechnung von 300,- DM. Die Bewertung des Lagerzugangs von 10 Stück ergibt auf dieser Basis einen Betrag von 10 Stück x 20,- DM = 2.000,- DM.

Die Istkosten von 2.400,- DM führen zur Buchung einer Differenz von DM 400,- auf dem Konto Preisdifferenzen. In der Abweichungsermittlung ist dann der Differenzbetrag zu analysieren.

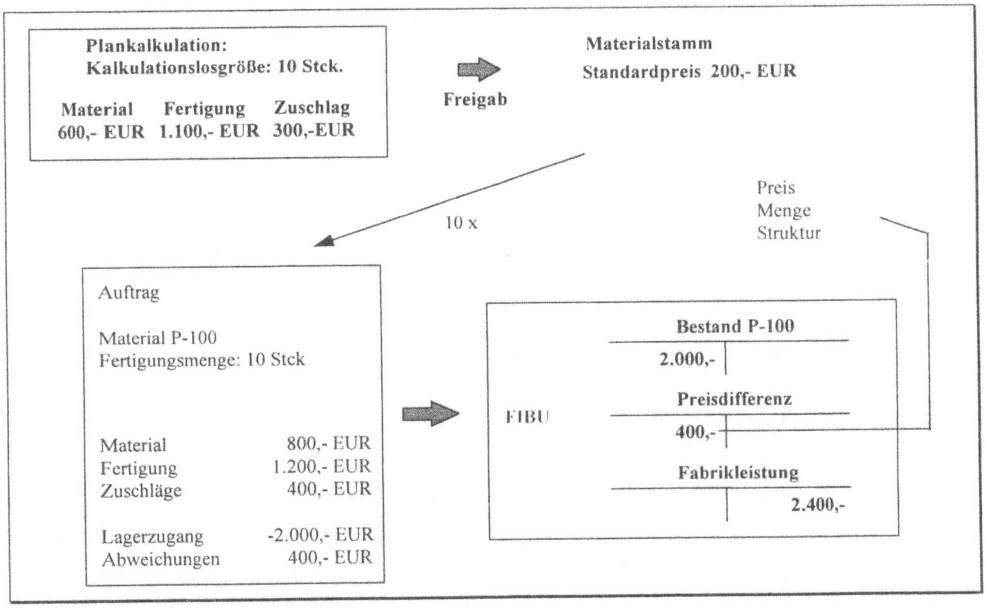

Abbildung 69: Verbuchung der Kostenabweichungen

7.2.2.3 Ergebnisermittlung bei Kostenträgern ohne Bestand

Die Ermittlung der Ergebnisse der Kostenträgerrechnung basiert auf der Gegenüberstellung der ergebniswirksamen Kosten und der ergebniswirksamen Erlöse der Kostenträger. Pro Fertigungsauftrag in der Werkstatt-/Serienfertigung bzw. pro Auftragsposition in der Kundenauftragsfertigung werden die bis zum Abrechnungszeitpunkt kumulierten Planerlöse und Plankosten den angefallenen Istkosten und Isterlösen gegenübergestellt.

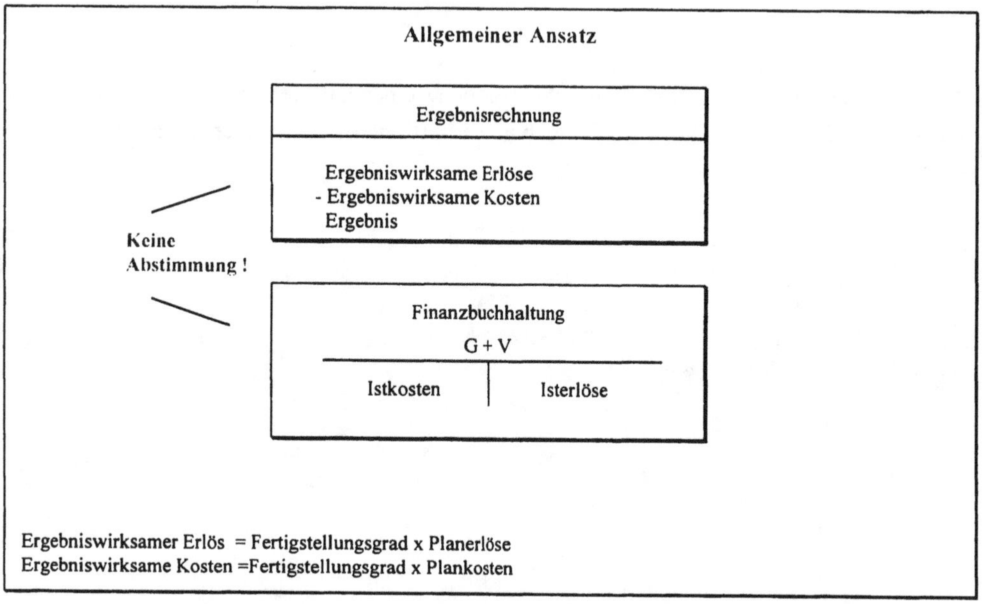

Abbildung 70: Ergebnisermittlung bei Kostenträger, allgemeiner Ansatz

Beim allgemeinen Ansatz der Ergebnisermittlung werden die ergebniswirksamen Kosten und ergebniswirksamen Erlöse berechnet. Die ergebniswirksamen Kosten und - Erlöse ergeben sich aus der Multiplikation der Istkosten und Isterlöse mit dem bis dato erreichten Fertigstellungsgrad. Der Fertigstellungsgrad ist das Verhältnis von Planmenge und Istmenge. Die in der Finanzbuchhaltung nach dem Realisationsprinzip gebuchten Istkosten aufgrund der Belege können sich durch noch nicht gemeldete oder ausgelieferten Fertigungsmengen von den ergebniswirksamen Kosten und Erlösen der Kostenrechnung unterscheiden. Bei diesem Verfahren liegt keine Abstimmung zwischen den Zahlen der Finanzbuchhaltung und der Kostenrechnung vor.

Mit der Erlös oder auch mengenproportionalen Abgrenzung erfolgt die Ergebnisermittlung auf Basis der Kosten des Umsatzes. Bei der erlösproportionalen Abgrenzung ergeben sich die Kosten des Umsatzes aus dem Verhältnis von Plan- und Isterlösen. Im Beispiel der nachfolgenden Abbildung sind zum Zeitpunkt der Ergebnisermittlung 1.200,- DM Isterlöse realisiert worden, dies entspricht 40% der Planerlöse von 3.000,- DM. Daraus folgt die Berechnung der Kosten des Umsatzes mit 2.000,- DM Plankosten x 40% = 800,- DM.

Betriebswirtschaftlich gesehen hätten bei 1.200,- DM Isterlösen 800,- DM Istkosten anfallen dürfen. Die um 200,- DM höheren Istkosten von 2.000,- DM sind so zu erklären, daß in der Fertigung zum Kostenträger noch ein erlösfähiger Bestand von DM 200,- vorhanden ist.

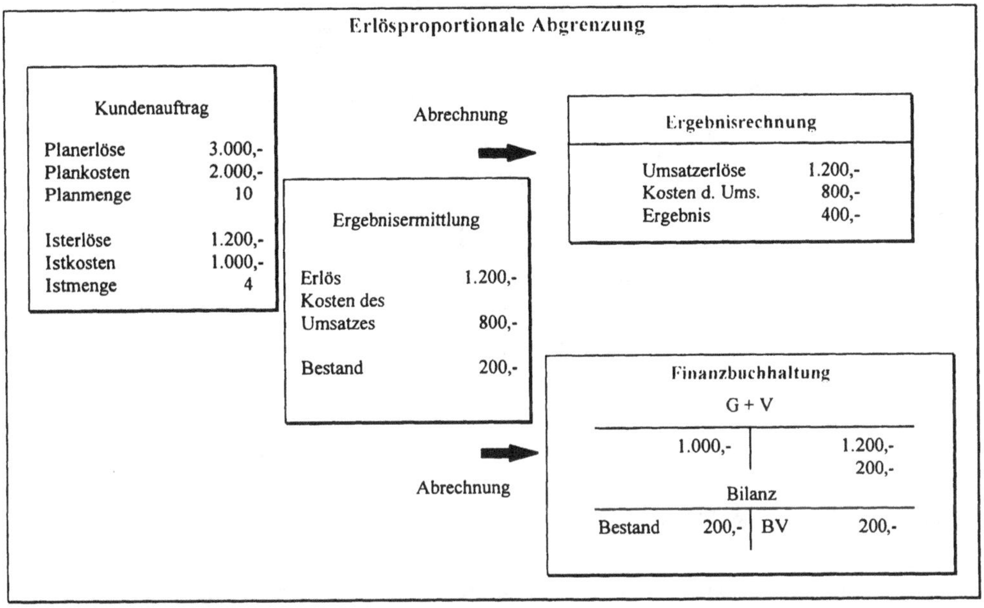

Abbildung 71: Erlösproportionale Abgrenzung

Damit ergibt sich für die Finanzbuchhaltung folgendes Ergebnis: Isterlös = 1.200,- DM, erlösfähiger Bestand = 200,- DM, Istkosten = 1.000,- DM, Ergebnis = 400,- DM. Die Bestandsbuchung erfolgt mit Gegenbuchung zum Konto Bestandsveränderungen.

In der Ergebnisrechnung errechnet sich das Ergebnis aus Isterlös = 1.200,- DM, Kosten des Umsatzes = 800,- DM , Ergebnis = 400,- DM. Die Ergebnisse der Finanzbuchhaltung und Kostenrechnung sind abgestimmt.

Bei einer mengenproportionalen Abgrenzung erfolgt die Ergebnisermittlung analog zur erlösproportionalen Abgrenzung, jedoch werden die Kosten des Umsatzes aus dem Verhältnis der Planmenge und der lt. Fakturablege angegebenen Istmengen berechnet.

Bei Anwendung der Methode Percentage of Completion (POC) werden nicht die Kosten, sondern die Erlöse kalkuliert. Das Beispiel in der nachfolgenden Abbildung zeigt, daß aus dem Verhältnis der Plankosten und Istkosten in Höhe von 50% Istkosten zu Plankosten die

Umsatzerlöse berechnet werden aus: Planerlöse = 3.000,- DM, Umsatzerlöse = 3.000 x 0,5 = 1.500,- DM.

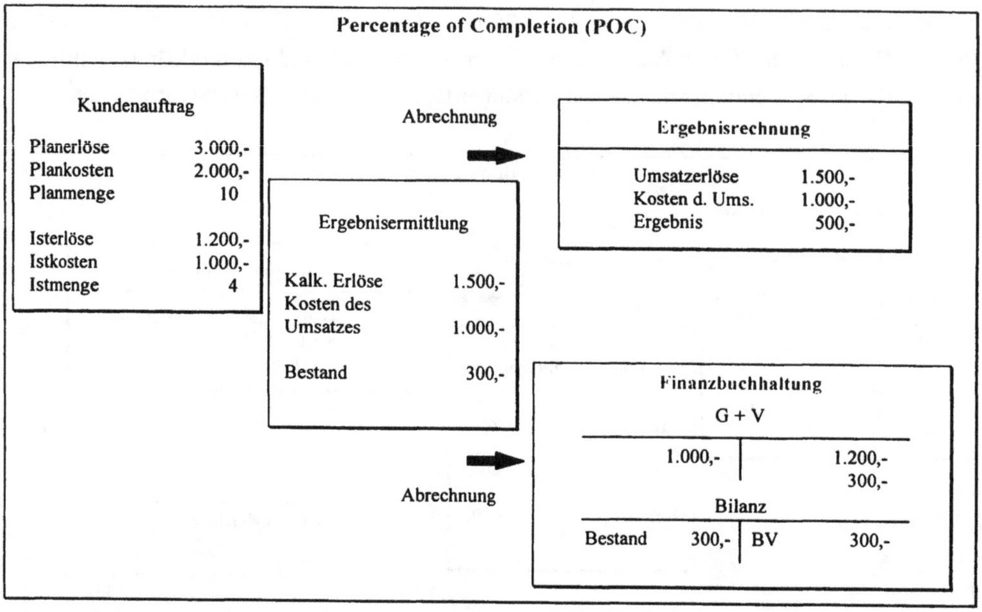

Abbildung 72: Percentage of Completion

Das Ergebnis lt. Ergebnisermittlung beträgt: Kalk. Umsatzerlöse 1.500,- DM - Istkosten 1.000,- DM, Ergebnis = 500,- DM.

Aus der betriebswirtschaftlichen Sicht hätten bei 50% Kosten auch 50% der geplanten Erlöse erzielt werden müssen, die um 300,- DM niedrigeren Erlöse sind so zu interpretierten, daß ein Bestand von 300,- DM gefertigt, jedoch noch nicht fakturiert wurde.

Das Ergebnis in der Finanzbuchhaltung ergibt sich nun wieder aus Isterlös = 1.200,- DM, erlösfähiger Bestand = 300,- DM, Istkosten = 1.000,- DM, Ergebnis = 500,- DM. Die Ergebnisse zwischen Finanzbuchhaltung und Kostenträgercontrolling sind damit abgestimmt.

Werden über die Ergebnisermittlung drohende Verluste festgestellt, erfolgt in der Finanzbuchhaltung die Bildung entsprechender Rückstellungen (fehlende Kosten, Gewährleistung). Über die Abweichungsermittlung ist im Kostenträgercontrolling nach den Ursachen für die Verlustbildung zu suchen.

Basis der Ursachenermittlung für die Kostenabweichung ist die Berichtsrecherche, in der über

Werk 1000	Soll	Ist	Preisabw.	Strukturabw.	Mengenabw.
Produktgruppe A	5.000	5.000			
Produktgruppe B	12.000	17.500	1.500	3.000	1.000
Produktgruppe C	5.500	7.500			

Drill-down	Erzeugnisse in Produktgruppe B				
Produktgruppe B	Soll	Ist	Preisabw.	Strukturabw.	Mengenabw.
Material P-100	2.800	4.000			1.200
Material P-200	3.500	4.500	500		500
Material P-300	2.500	3.000		100	400

Drill-down	Aufträge zu Material P-100				
Material P-100	Soll	Ist	Preisabw.	Strukturabw.	Mengenabw.
Auftrag 120001	1.800	2.400			600
Auftrag 120023	400	1.000			600

Abbildung 73: Berichtsrecherche im Kostenträgercontrolling

eine Top-Down-Analyse die Kostenabweichung sukzessive im Zusammenhang untersucht werden. Auftragsbezogene Abweichungen sind von gruppenbezogenen Abweichungen zu unterscheiden. Treten bestimmte Kostenabweichung in allen Aufträgen einer Merkmalsgruppe auf, so könnten auftragsunabhängige Gründe für die Kostenabweichung maßgebend sein. Beispiele für Abweichungsursachen auf Merkmalsgruppenebene sind fertigungstechnische Gründe (Layoutplanung, Zustand der Fertigungsanlagen, Qualität des Einsatzmaterials) oder dispositive Gründe (Planungsänderungen, Freigabestrategie der Fertigungsaufträge).

Im vorhergehenden Beispiel ist die Mengenabweichung des Produktes P-100 Teil der Abweichung der Produktgruppe B. Die Mengenabweichung für Produkt P-100 wiederum setzt sich zusammen aus den Abweichung für Auftrag 120001 und Auftrag 120023.

Zwischentest II zum Produktkostencontrolling

Aufgabe 1

Welche Aussagen zu *Kalkulationsarten* sind richtig [R] oder falsch [F]?

Eine Sollkalkulation rechnet mit Istmengen und Istpreisen ☐
Eine Plankalkulation berücksichtigt bei den Plankosten den Beschäftigungsgrad ☐
Die Inventurkalkulation berücksichtigt aktivierungsfähige/ nicht aktivierungsfähige Kosten ☐
In der Istkalkulation werden Istmengen mit Istpreisen multipliziert ☐

Aufgabe 2

Welche Aussagen zur *Steuerung der Kalkulation* im SAP R/3 System sind richtig [R] bzw. [F]?

Mit der Kalkulationsart wird bestimmt, welches Objekt kalkuliert wird ☐
Über die Auflösungssteuerung wird die Selektion von Stückliste und Arbeitsplan bestimmt ☐
Mit der Bewertungsvariante werden (Material-) Preise und (Leistungs-) Tarife selektiert ☐
Mit der Terminsteuerung wird bestimmt, zu welchen Zeitpunkten kalkuliert wird ☐

Aufgabe 3

Erläutern Sie den Unterschied zwischen einem Standardpreis und dem gleitenden Durchschnittspreis eines Materials.

Aufgabe 4

Welche Angaben sind in einer Einzelkalkulation notwendig, um

- Materialkosten,
- Kosten für Eigenleistung und
- Kosten in einer variablen Position

zu kalkulieren?

Aufgabe 5

Welche Aussagen zum *Gemeinkosten-Zuschlagsschema* sind richtig [R] bzw. falsch [F]?

In den Basiselementen werden die Basisbeträge eingetragen	☐
Die Zuschlagselemente enthalten Zuschlagsprozentsätze und Entlastungskostenart	☐
Im Entlastungselement wird das Gegenkontierungs-Objekt eingetragen	☐
Die Zuschläge können in Abhängigkeit vom Zuschlagsschlüssel definiert werden	☐

Aufgabe 6

Welche logistischen bzw. dispositive Vorgänge führen beim Fertigungsauftrag zu einer Kostenbelastung bzw. Kostenentlastung?

Aufgabe 7

Was ist ein WIP und auf welches Bilanz- und G+V-Konto wird er gebucht?

Aufgabe 8

Zu einem Auftrag liegen folgende Ergebnisse vor:

Ist-Erlös:	1.200,- DEM	Plan-Erlös:	3.000,- DEM
Plan-Kosten:	2.000,- DEM	Ist-Kosten:	1.000,- DEM

Berechnen Sie die Kosten des Umsatzes und den erlösfähigen Bestand und vergleichen Sie

- das Ergebnis im externen Rechnungswesen nach dem Gesamtkostenverfahren gegenüber
- dem Ergebnis im Produktkostencontrolling nach dem Umsatzkostenverfahren.

Lösung zum Zwischentest II

Aufgabe 1

Welche Aussagen zu *Kalkulationsarten* sind richtig [R] oder falsch [F]?

Eine Sollkalkulation rechnet mit Istmengen und Istpreisen (Planpreise)	F
Eine Plankalkulation berücksichtigt bei den Plankosten den Beschäftigungsgrad (Sollkosten)	F
Die Inventurkalkulation berücksichtigt aktivierungsfähige/ nicht aktivierungsfähige Kosten (über Abschläge)	R
In der Istkalkulation werden Istmengen mit Istpreisen multipliziert	R

Aufgabe 2

Welche Aussagen zur *Steuerung der Kalkulation* im SAP R/3 System sind richtig [R] bzw. [F]?

Mit der Kalkulationsart wird bestimmt, welches Objekt kalkuliert wird (z.B. Erzeugnis, Fertigungsauftrag, ...)	R
Über die Auflösungssteuerung wird die Selektion von Stückliste und Arbeitsplan bestimmt	R
Mit der Bewertungsvariante werden (Material-) Preise und (Leistungs-) Tarife selektiert	R
Mit der Terminsteuerung wird bestimmt, zu welchen Zeitpunkten kalkuliert wird	R

Aufgabe 3

Erläutern Sie den Unterschied sowie Vor- und Nachteile zwischen einem Standardpreis und dem gleitenden Durchschnittspreis eines Materials. Welche Preissteuerung wird in der Praxis angewendet?

Der gleitende Durchschnittspreis wird mit jeder Warenbewegung fortgeschrieben und als gewogenes arithmetisches Mittel aus Bewegungsmenge * Preis berechnet.
Jede Lagerzugangsbuchung wird auf Basis der für die Lagerzugangsmenge benötigten Istkosten bewertet. Weichen die Istkosten pro Stück vom aktuellen Durchschnittspreis ab, wird ein neuer gleitender Durchschnittspreis berechnet. Erhöhte Istkosten bei der Produktion oder beim Einkauf werden in voller Höhe an das Material weitergegeben. Damit entspricht der aktuelle Lagerbestandswert auch den tatsächlichen Istkosten (Vorteil). Die Empfänger des Materials müssen aber die jeweils aktuellen durchschnittlichen Kosten bezahlen (Nachteil).
Voraussetzung für einen realistischen gleitenden Durchschnittspreis ist, daß bei Abrechnung der Kostenabweichungen die produzierten Mengen noch auf Lager sind. Ist dies nicht der Fall, so werden auch bei Verrechnungpreissteuerung nur die anteiligen Kostenabweichungen an das Material abgerechnet. Der Rest wird, wie beim Standardpreis, auf ein Preisdifferenzenkonto gebucht. Damit besteht die Gefahr, daß der gleitenden Durchschnittspreis nicht in voller Höhe die tatsächlichen durchschnittlichen Istkosten widerspiegelt (Nachteil).

Bei Standardpreissteuerung erfolgt die Lagerzugangsbuchung zum aktuell gültigen Standardpreis. Kostenabweichungen werden in voller Höhe auf ein Preisdifferenzenkonto gebucht. Dies ist ein großer Vorteil, da das Erzeugnis (Kostenträger) in der Regel die Kostenabweichungen auch nicht zu verantworten hat und der Empfänger des Erzeugnisses (Kunde) den vereinbarten Preis bezahlt und in der Regel nicht bereit ist, Preiserhöhungen für abgeschlossene Kaufverträge wegen Kostensteigerungen zu akzeptieren.

In der Praxis wird in der Regel der Rohstoff zum gleitenden Durchschnittspreis bewertet, da Peisänderungen seitens der Lieferanten als Änderungen in den Istkosten für die Herstellung der Halb- und Fertigerzeugnisse sofort sichtbar gemacht werden sollen. Halb- und Fertigerzeugnisse werden dagegen in der Regel zu Standardpreisen bewertet, da Kostenabweichungen nicht von den Kostenträgern sondern von der Logistik zu verantworten sind.

Aufgabe 4

Welche Angaben sind in einer Einzelkalkulation notwendig, um

- Materialkosten,
- Kosten für Eigenleistung und
- Kosten in einer variablen Position

zu kalkulieren? Welchen Vor- und Nachteile hat die Einzelkalkulation gegenüber der Erzeugniskalkulation?

Materialkosten: Positionstyp M, Material-Nr., Werk, Menge
Eigenleistung: Positionstyp E, Kostenstelle, Leistungsart, menge
Variable Pos.: Positionstyp V, Kostenart, Menge, Preis

Der Vorteil der Erzeugniskalkulation liegt darin, daß auf Basis eines Mengengerüstes (Stückliste, Arbeitsplan) auch komplexe Produktstrukturen maschinell kalkuliert werden.

Der Vorteil der Einzelkalkulation liegt darin, daß sie flexibel für additive Kosten zur Erzeugniskalkulation oder für Erzeugnisse, die noch nicht als Material mit Stammdaten und Megengerüst angelegt sind, kalkuliert werden. Dies ist insbesondere bei neuen Produkten notwendig. Der Nachteil liegt darin, daß bei komplexen Produktstrukturen die Einzelkalkulation an ihre Grenzen stößt. Beispiel: Rohmaßposition, bei der die benötigte Menge eine Material aus der Menge oder technischen Eigenschaften des übergeordneten Material, in das der Einbau des untergeordneten Materials erfolgt, berechnet wird. Solche Zusammenhänge können nur in einer Stückliste gepflegt werden.

Aufgabe 5

Welche Aussagen zum *Gemeinkosten-Zuschlagsschema* sind richtig [R] bzw. falsch [F]?

In den Basiselementen werden die Basisbeträge eingetragen (Kostenarten)	F
Die Zuschlagselemente enthalten Zuschlagsprozentsätze und Entlastungsobjekt (Entlastungsobjekt)	F
Im Entlastungselement wird das Gegenkontierungsobjekt eingetragen	R
Die Zuschläge können in Abhängigkeit vom Material definiert werden	R

Aufgabe 6

Welche logistischen bzw. dispositiven Vorgänge führen beim Fertigungsauftrag zu einer Kostenbelastung bzw. Kostenentlastung?

Kostenbelastungen

- Warenausgangsbuchungen (Materialentnahme)
- Leistungsverrechnung bei Rückmeldung zum Arbeitsvorgang
- Kontierung Wareneingang bei Fremdleistungen
- Manuelle Kostenbelastung durch direkte Leistungsverrechnung oder Umbuchung

Kostenentlastungen

- Lagerzugangsbuchung der gefertigten Erzeugnisse (Entlastung zum Standardpreis bzw. Verrechnungspreis je nach Preissteuerung des Materials)
- Abrechnung der Kostenabweichungen

Aufgabe 7

Was ist ein WIP und auf welches Bilanz- und G+V-Konto wird er gebucht?

WIP (Work in Process) sind die in der Produktion gebundenen Kosten für angefertigte Erzeugnisse. Insofern handelt es sich um einen bewerteten Zwischenlagerbestand, der ausgewiesen werden muß um das Unternehmen nicht unterzubewerten.

Die Berechnung des WIP erfolgt beim Werkstattauftrag aus der Differenz von Kostenbelastung und Kostenentlastung. Einerseits stellt WIP eine Eigenleistung dar, andererseits einen Bestand (unfertige Erzeugnisse).

Die Buchung lautet daher

Bestand an unfertigen Erzeugnissen
 an Ertrag aus Eigenleistung WIP (oder auch Bestandsveränderung).

Aufgabe 8

Zu einem Auftrag liegen folgende Ergebnisse vor:

Ist-Erlös:	1.200,- EUR	Plan-Erlös: 3.000,- EUR
Plan-Kosten:	2.000,- EUR	Ist-Kosten: 1.000,- EUR

Berechnen Sie die Kosten des Umsatzes und den erlösfähigen Bestand und vergleichen Sie
- das Ergebnis im externen Rechnungswesen nach dem Gesamtkostenverfahren gegenüber
- dem Ergebnis im Produktkostencontrolling nach dem Umsatzkostenverfahren.

Isterlös / Planerlös = 1.200 / 3.000 = 0,4 (40%)

Daraus ergeben sich als Kosten des Umsatzes: 2.000 * 0,4 = 800,- EUR

Als Verhältnis aus Istkosten und Kosten des Umsatzes ergibt sich:

1.000 / 800 = 200,- EUR = erlösfähiger Bestand

FIBU		Controlling	
Isterlös:	1.200,- EUR	Isterlös:	1.200,- EUR
+ erlösfähiger Bestand:	200,- EUR	- Kosten des Umsatzes:	800,- EUR
- Istkosten:	1.000,- EUR		
= Ergebnis:	400,- EUR	= Ergebnis:	400,- EUR

8 Ergebnis- und Unternehmenscontrolling

Ziel im Ergebniscontrolling ist es, den Erfolg des Unternehmens nach unterschiedlichen Kriterien zu berechnen und auszuwerten. Das Ergebnis- und Unternehmenscontrolling hat 3 grundsätzliche Zielrichtungen:

- Im Ergebniscontrolling wird der Erfolg des Einzelunternehmens auf dem Absatzmarkt berechnet und ausgewertet
- Im Unternehmenscontrolling wird der Erfolg von Unternehmensbereichen innerhalb eines Unternernehmens oder eines gesamten Konzerns untersucht
- Im Konzerncontrolling wird der Erfolg des gesamten Konzerns festgestellt und analysiert.

Basis der Ergebnisermittlung ist das dem Controlling zugrundegelegte Kostenrechnungssystem. Aus dem Kostenrechnungssystem ergeben sich die Möglichkeiten zur Anwendung von Verfahren in der Ergebnisermittlung.

8.1 Verfahren der Ergebnisermittlung

Die Verfahren der Ergebnisermittlung unterscheiden sich hinsichtlich einer periodenbezogenen oder vorgangsorientierten Ermittlung, die Aufteilung der Kosten in variable und fixe Kosten und der Unterscheidung nach einem buchhalterischen bzw. kalkulatorischen Ergebnis.

Eine *periodische Erfolgsrechnung* basiert auf den in einer Buchungsperiode gebuchten Aufwendungen und Erlösen auf die Konten der Finanzbuchhaltung. Damit wird eine periodenbezogene Analyse der Ergebnisse möglich. Basis sind die in der Periode gebuchten Einzelposten und Summensätze. Die Detailanalyse der Geschäftszahlen stützt sich auf die im Plan und Ist gebuchten Einzelposten. Auch die Zahlen einer *vorgangsbezogenen Erfolgsrechnung* sind einer Rechnungsperiode zugeordnet, sie resultieren jedoch nicht ausschließlich aus der Verbuchung der Beträge auf den Konten der Finanzbuchhaltung. Die Erlöse und Preisbestandteile (Rabatt, Skonto, usw.) werden direkt aus der Buchung von Auftragseingang und Faktura im Vertrieb in die Ergebnisrechnung übergeleitet. Die Kosten werden über die Bewertung der Auftragsmengen auf Basis der Erzeugniskalkulation zum Standardpreis oder im Verkaufsbeleg berechnet.

Der Unterschied zwischen periodischem und vorgangsorientiertem Ergebniscontrolling in technischer Hinsicht besteht in der Verwendung der Kostenelemente. Ein periodisches Ergebniscontrolling basiert auf den in einer Rechnungsperiode gebuchten Werte. Ein vorgangsorientiertes Ergebniscontrolling benötigt noch zusätzlich die Information, welcher

Buchungsvorgang in das Ergebniscontrolling übergeleitet wurde. Die für das Ergebniscontrolling relevanten Vorgänge sind

- Auftragseingang
- Faktura
- Rabattvereinbarungen
- Leistungsverrechnung von Kostenstellen
- Umlagen von Kostenstellenkosten
- Abrechnung von Aufträgen (Kosten von Innenaufträgen, Kostenabweichungen von Produktionsaufträgen)
- Direkte Kontierung aus einem Finanzbuchhaltungsbeleg

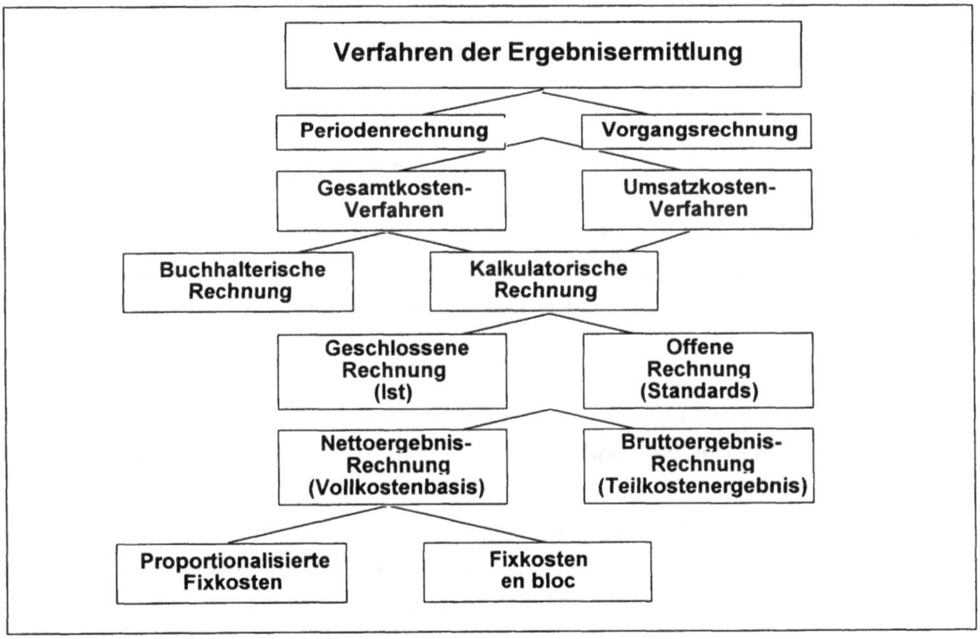

Abbildung 74: Verfahren der Ergebnisermittlung

In der Finanzbuchhaltung spielen die Einzelvorgänge nur aus Sicht des Einzelpostens eine Rolle, nicht jedoch aus Sicht der Vorgangsart. Für eine Analyse des Ergebnisses wird daher ein anderes, von der Kostenart unabhängiges Kostenelement benötigt. Im System SAP R/3 ist dies das Wertfeld. Der Wertefluß für ein rein periodisches Ergebniscontrolling basiert daher auf den Kosten- und Erlösarten. Für ein vorgangsorientiertes Ergebniscontrolling erfolgt der Wertefluß auf Wertfelder. Kostenarten werden im buchhalterischen, Wertfelder im kalkulatorischen Ergebniscontrolling geführt.

Beispiel

Die vorgangsbezogene Zuordnung bezieht sich auf den Verkaufsvorgang im Vertrieb:

- Aus dem Anlegen eines Kundenauftrages erfolgt die Verbuchung eines entsprechenden Auftragseingangs in der Ergebnisrechnung, Vorgangsart A.
- Wird für den Kundenauftrag eine Kalkulation geführt (insbesondere in der Kundeneinzelfertigung), erfolgt auf dieser Basis auch die Überleitung der Kosten des Kundenauftrages in das Ergebnis, anderenfalls werden die Kosten auf Basis der Kalkulation des Erzeugnisses von der Kostenrechnung in die Ergebnisrechnung überführt = Bewertung für Vorgang.
- Die Erstellung der Faktura führt zur Überleitung der Erlöse in die Ergebnisrechnung, Vorgangsart F. Auch hier findet eine Bewertung der Auftragsmenge und damit Überleitung der Kosten statt.

Die Unterscheidung der Ergebnisermittlung nach dem *Gesamt-* oder *Umsatzkostenverfahren* bezieht sich auf die Ermittlung der Kosten. Beim Gesamtkostenverfahren werden den in der Periode gebuchten Erlösen die in der gleichen Periode gebuchten Kosten gegenübergestellt. Für eine periodengerechte Ergebnisermittlung ist es notwendig, das Ergebnis der Periode um die Lagerbestandszunahmen und Lagerentnahmen zu ergänzen (Bestandsveränderungen). Die Produktion auf Lager führt zu einer Erhöhung, Lagerentnahmen zu einer Verminderung des Ergebnisses.

Beim Umsatzkostenverfahren werden zu den Erlösen der Periode die in der Periode zurechenbaren Kosten des Umsatzes berechnet.

Das Ergebniscontrolling erfolgt grundsätzlich auf Basis des Umsatzkostenverfahrens, da die Umsatzvorgänge (Auftragseingang, Faktura) führend sind und die Kosten über die Bewertung aus der Erzeugnis- oder Kundenauftragskalkulation berechnet werden. Das Unternehmenscontrolling ist vom Wesen her ein Gesamtkostenverfahren, da das Ergebnis auf der Basis einer Mitkontierung aller Umsatz- und Kostenvorgänge auf dem Profit Center ermittelt wird.

In dem *buchhalterischen Ergebniscontrolling* erfolgt die Ergebnisermittlung auf Basis der mit der Finanzbuchhaltung abgestimmten Kosten- und Erlösarten. Voraussetzung dafür ist, daß die Aufwands- und Erlöskonten in der Finanzbuchhaltung auch als primäre Kostenartenkonten im Controlling definiert wurden. Der Wertefluß der primären Kosten in das Ergebniscontrolling erfolgt ausschließlich über die Buchungen auf den Konten der Finanzbuchhaltung.

Der Aufwand für Absatzleistungen wird mit der Buchung des Warenausgangs in der Materialwirtschaft bzw. Finanzbuchhaltung gebucht. Die Bewertung der Absatzleistungen beruht auf den buchhalterischen Wertansätzen. Basis sind die nach dem Niederstwertprinzip berechneten Materialpreise (handels- bzw. steuerrechtlicher Preis) und Tarife für die Betriebsleistung. Das buchhalterische Ergebniscontrolling zeigt somit ein nach den Marktbereichen differenziertes buchhalterisches Ergebnis.

Das *kalkulatorische Ergebniscontrolling* dient der kurzfristigen Erfolgsrechnung für absatzpolitische Entscheidungen und erfolgt parallel zum buchhalterischen Ergebniscontrolling. Die Unterschiede zwischen beiden Formen des Ergebniscontrollings liegen im Wertefluß und in der Bewertung.

Der Wertefluß der primären Kosten erfolgt nicht ausschließlich über die Konten der Finanzbuchhaltung. Die in den Kundenaufträgen bewertete Absatzleistung wird bereits mit dem Anlegen eines Kundenauftrages in das kalkulatorische Ergebniscontrolling übergeleitet und führt dort zum Auftragseingang. Mit der Rechnungsstellung wird die Absatzleistung als Erlös gebucht. Die Bewertung der Absatzleistung erfolgt auf Basis der Kalkulation im Kundenauftrag oder der Standardpreiskalkulation.

Die Konditionsart Erlösschmälerung ist ein typisches Beispiel zur Unterscheidung zwischen dem buchhalterischen und kalkulatorischen Ergebniscontroling. In dem buchhalterischen Ergebniscontrolling erfolgt kein Ausweis der Erlösschmälerungen, weil die Erlösschmälerungen keinen Aufwand im buchhalterischen Sinne darstellen und nicht explizit auf ein Konto in der Finanzbuchhaltung gebucht werden. Aus buchhalterischer Sicht wird der Nettoerlös des Kundenauftrages in die Finanzbuchhaltung und damit auch buchhalterischem Ergebniscontrolling gebucht. Im kalkulatorischen Ergebniscontroling erfolgt dagegen der explizite Ausweis der Erlösschmälerungen.

Innerhalb des kalkulatorischen Ergebniscontrollings kann die Bewertung der Betriebsleistung mit unterschiedlichen Wertansätzen erfolgen. Bei Ansatz kalkulatorischer Wertansätze (Standardpreise für Material und Plantarife für Betriebsleistungen) führt der Vergleich mit den Istpreisen und Isttarifen zu Kostenabweichungen (vgl. Kapitel Kostenabweichung im Gemeinkostencontrolling).

Erfolgt der Ergebnisausweis mit den kalkulatorischen Wertansätzen ohne Berücksichtigung der Kostenabweichungen, so handelt es sich um eine *offen Rechnung*. In der Regel werden die Kostenabweichungen jedoch berücksichtigt, insbesondere zur Anpassung der bisherigen Kostensätze. Die Verbuchung der Kostenabweichung zu Fertigungs- und Kundenaufträgen in das Ergebnis wird als *geschlossene Ergebnisrechnung* bezeichnet.

Die Berücksichtigung von Fixkosten im Leistungstarif der Kostenstellen führt dazu, daß die Fixkosten auf die Leistungsmenge aufgeteilt, also proportionalisiert werden. Dabei wird unterstellt, daß je Leistungseinheit ein gleich hoher Anteil an Fixkosten anfällt. In der Praxis ist dies nur innerhalb gewisser Rahmenbedingungen der Fall, bei einer Neuinvestition steigen die Fixkosten um einen fixen Betrag an (sprungfixe Kosten). Erfolgt die Bewertung im Ergebniscontrolling für den Anteil der Fertigungskosten auf Basis von Gesamttarifen einschließlich fixer Tarife mit proportionalisierten Fixkosten, so wird von einem Ergebniscontrolling mit proportionalisierten Fixkosten gesprochen. Basis ist die Anwendung der Standard- oder flexiblen Plankostenrechnung im Controlling.

Bei der Grenzplankostenrechnung werden die Fixkosten im Kostenstellencontrolling vorab verteilt (Fixkostenvorverteilung). Die Leistungsverrechnung erfolgt auf Basis des variablen Tarifs. Eine Übernahme der Fixkosten erfolgt daher als Fixkostenblock.

8.2 Ergebniscontrolling und Unternehmenscontrolling

Die Entscheidung für ein Ergebniscontrolling und ein Unternehmenscontrolling ist keine grundsätzliche Alternativ-Entscheidung. Vielmehr hängt es vom Informationsbedarf ab, welches Verfahren eingesetzt wird. Ein weiteres Kriterium ist der Blickwinkel, unter dem das Ergebnis analysierte werden soll. Die externe Marktsicht trifft auf das Ergebniscontrolling, die interne Unternehmenssicht auf das Unternehmenscontrolling.

Ein Ergebniscontrolling ist dann notwendig, wenn das Unternehmen unter Wettbewerbsbedinungen seine Produkte am Absatzmarkt anbietet. Es gilt zu untersuchen, mit welchen Produkten der Markt erreicht wird, wie sich der Erfolg in den unterschiedlichen Marktsegmenten entwickelt und im Vergleich zwischen den Produkten und welchen Einfluß die Mitbewerber hat. Ziel ist die Auswertung des Erfolges auf den unterschiedlichen Marktsegmenten - gegliedert nach Produkten, Kunden, Regionen und beliebigen Verdichtungen dieser Marktsegmente im Hinblick auf Ihren Ergebnisbeitrag bzw. Deckungsbeitrag. Ziel der Rechnung ist es, aus der Sicht des Marktes die Bereiche Vertrieb, Marketing, Produktmanagement und Unternehmensplanung mit Informationen zu versorgen, strategische Marktsegmente und Marktrisiken zu erkennen und zielgerichtete Entscheidungen daraus ableiten zu können.

Das Unternehmenscontrolling unter Einsatz von Pofit-Centern ist eine differenzierte Sicht auf den Unternehmenserfolg mit Blick auf die strategischen Geschäftseinheiten des Unternehmens. Die strategischen Geschäftseinheiten werden durch Profit-Center repräsentiert, die für den Erfolg die Verantwortung tragen. Die strategische Geschäftseinheit eines

Unternehmens wird durch die Produkte repräsentiert, die einen maßgeblichen Beitrag zum Unternehmenserfolg leisten. Basis der Erfolgsrechnung sind alle Kosten und Erlösbuchungen, die mit der Entwicklung, Produktion und Vermarktung des Produktes entstehen. Neben den Kosten und Erlösbuchungen ist auch das in den Produkten der strategischen Geschäftseinheit gebundene Kapital, um die Kapitalrentabilität zu berechnen und auszuwerten.

Dazu wird der Wertefluß so konzipiert, daß alle für das Profit Center relevanten Buchungen auf das Profit Center kontiert werden:

- Zuordnung des Profit Centers im Materialstammsatz. Dadurch wird das Profit Center auch in den Kundenauftrag und Fertigungsauftrag übernommen. Die mit dem Kundenauftrag fakturierten Erlöse und Standardkosten sowie die beim Fertigungsauftrag berechneten Kostenabweichung werden beim Profit Center kontiert. Weiterhin werden auf dieser Basis auch die Lagerbestände sowie Ware in Arbeit (WIP) auf das Profit Center übernommen.
- Durch die Zuordnung des Profit Centers im Material und damit Kundenauftrag werden auch die Forderungen übernommen.
- Die für das Erzeugnis benötigten Vorprodukte werden ebenfalls dem Profit Center zugeordnet. Auf dieser Basis erfolgt die Übernahme der Verbindlichkeiten.
- Die für die Produktion benötigten maschinellen Anlagen werden den Kostenstellen zugeordnet, die für die Produktion des Erzeugnisses eingesetzt werden. Über die Zuordnung der Profit Center zu den Kostenstellen und damit zu den Anlagen werden die Abschreibungsbeträge (sofern nicht schon den in den Kostenstellentarifen enthalten) und kalkulatorischen Zinsen sowie Anlagenbuchwerte in das Profit Center übernommen.

Die Zuordnung aller Erlöse, Kosten und des gebundenen Kapitals (Bestandswerte) ermöglicht die Berechnung des Erfolges und der Kapitalrentabilität.

Der in der Ergebnisrechnung ermittelte Erfolg mit Bezug zum Absatzmarkt des Unternehmens steht in einer direkten Beziehung zur internen Unternehmensstruktur. Die Verbindung zwischen dem Ergebniscontrolling und Unternehmenscontrolling mit Profit Centern erfolgt dadurch, daß in der Ergebnisrechnung ein Merkmal *Profit-Center* definiert wird.

Beispiel

Das für die Herstellung und Vermarktung von Datenbanksystemen verantwortliche Profit-Center „LoB-DB“ (LoB – Line of Business = strategische Geschäftseinheit, repräsentiert durch ein Profit Center) wird als Merkmal definiert. Alle mit der Herstellung von Datenbanksystemen anfallenden Kosten werden durch Umlage der Kostenstellen und Abrechnung der Aufträge in das Ergebniscontrolling gebucht. Gleiches gilt für die Erlöse, für die im Verkaufsbeleg das entsprechende LoB-Merkmal mitgegeben wird. Das über das Ergebniscontrolling ermittelte Ergebnis ist damit auch im Profit-Center sichtbar. Zum Profit-Center

LoB können im Ergebniscontrolling alle ergebnisrelevanten Geschäftszahlen analysiert werden. Die Analyse bezieht sich auf die marktorientierte Ergebnisdarstellung des Profit-Centers im Kontext mit anderen Ergebnismerkmalen. Es wird analysiert, über welche Vertriebswege, Regionen und Kunden der Erfolg eines LoB's zustande kam. In Profit-Center-Controlling erfolgt dagegen die Ergebnisanalyse auf Kostenarten-Ebene. Es findet ein Vergleich der Plan- und Istzahlen im Kontext mit den anderen Organisationseinheiten des Unternehmens statt. Es wird untersucht, aus welchen externen und internen Leistungsbeziehungen sich das Profit-Center-Ergebnis zusammensetzt und welcher Leistungsaustausch zwischen den Profit-Centern stattgefunden hat.

Insbesondere dann, wenn mehrere Profit-Center für einen Ergebnisbereich zusammenwirken, verschiedene Profit-Center also einen Beitrag zum Ergebnis eines Ergebnisobjektes leisten und ein intensiver Leistungsaustausch zwischen den Profit-Centern vorliegt, ist der Einsatz eines Profit-Center-Controllings neben dem Ergebniscontrolling notwendig.

Ein weiteres wesentliches Kriterium zur Forderung nach einem Profit-Center-Controlling ist die Sicht auf die Unternehmensbereiche nach dem Investment-Charakter. Neben den erfolgsbezogenen Zahlen erfolgt die periodische Übernahme der Bestandskonten in Profit-Center. Dadurch kann für ein Profit-Center ein interner Einzelabschluß erstellt werden, insbesondere ist die Berechnung von Kennzahlen möglich, die sich auf Erfolgs- und Bestandswerte beziehen. Die Berechnung des Return on Investment (ROI) erfolgt über die Summen aus den Konten zum Umsatz (Kontenklasse 8), des Profit-Center-Ergebnisses und der Summe der Bestandskonten. Die Berechnung der Kennzahl erfolgt im Profit-Center-Bericht. Aus der Division von Ergebnis und Erlös ergibt sich die Umsatz-Gewinnrate, aus der Division von Ergebnis und Summe der Bestandswerte die Eigenkapitalrendite. Die Multiplikation beider Teilergebnisse ergibt den ROI.

8.3 Ergebniscontrolling mit Einsatz der Deckungsbeitragsrechnung

8.3.1 Programmentscheidung auf Basis von Voll- oder Teilkosten

Bei einem auf Vollkosten basierten Ergebniscontrolling erfolgt der Vergleich der Einzelergebnisse ohne Berücksichtigung der variablen und fixen Anteile an den Kosten. Wird auf dieser Basis eine absatzpolitische Entscheidung getroffen, besteht die Gefahr, daß aus Sicht des Kostencontrollings eine Fehlentscheidung getroffen wird. Werden Erzeugnisse mit einem negativen Gesamtergebnis aus dem Absatzprogramm genommen, muß vorher sichergestellt sein, daß die verbleibenden fixen Kosten durch Absatzsteigerungen der anderen Erzeugnisse

kompensiert werden können oder in überschaubarer Zeit abbaufähig sind. Letztendlich ist auch zu überprüfen, ob die Entscheidung vom Markt überhaupt akzeptiert wird.
Das folgende Beispiel basiert auf der Annahme, daß die fixen Kosten von Produkt C von den anderen Produkten getragen werden müssen und die variablen Kosten von Produkt C in voller Höhe abbaufähig sind. Die Sortimentsentscheidung führt dazu, daß das Gesamtergebnis nach der Eliminierung von Produkt C aus dem Absatzprogramm sich verschlechtert.

Die verbleibenden fixen Kosten von *18* von Produkt C führen unter sonst gleichen Bedingungen (gleiche Preise, gleiche fixe Kosten, keine kurzfristige Umsatzsteigerung bei den verbleibenden Produkten aufgrund des Wegfalls von Produkt C, usw.) zu einer Verschlechterung des Gesamtergebnisses.

Periode

Produkt	A	B	C	Summe:
Umsat	50	50	50	150
variable	20	30	40	90
fixe	18	18	18	54
Gewinn Steuer	12	2	-8	6

Periode

Produkt	A	B	Summe:
Umsat	50	50	100
variable	20	30	50
fixe	27	27	54
Gewinn Steuer	3	-7	-4

Abbildung 75: Sortiment-Entscheidung bei Vollkostenrechnung

Daher ist es notwendig, im Ergebniscontrolling mit Teilkosten zu arbeiten, um den Deckungsbeitrag, den ein Produkt zur Deckung der Fixkosten leistet, zu erkennen und bei Programmentscheidungen zu berücksichtigen.

8.3.2 Wertefluß zu Deckungsbeitragsrechnung

Voraussetzung für das Arbeiten mit der Teilkostenrechnung ist, daß die in den Kostenarten gebuchten Zahlen nach ihren fixen und variablen Anteilen differenziert geplant und im Ist gebucht werden. Weiterhin müssen die fixen und variablen Kostenanteile unterschiedlichen Wertfeldern in der Ergebnisrechnung zugeordnet werden können. Basis muß also der Einsatz eines Kostenrechnungssystems nach der flexiblen Plankostenrechnung oder Grenzplankostenrechnung sein und die Pflege einer Zuordnungstabelle zwischen dem Elementeschema der Erzeugniskalkulation (vgl. Kapitel zum Produktkostencontrolling) und den Wertfeldern des Ergebniscontrollings sein, in der die fixen und variablen Anteile eines Kostenelementes in unterschiedliche Wertfelder gesteuert werden.

Aus den Wertfelder setzt sich das Deckungsbeitragsschema für das Ergebniscontrolling zusammen.

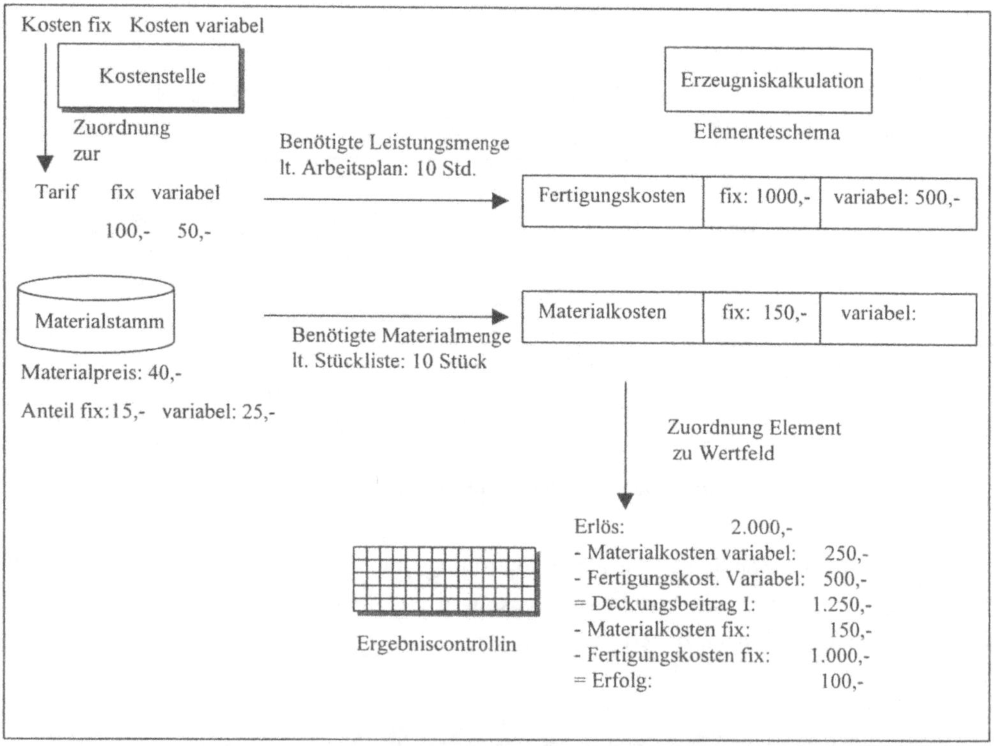

Abbildung 76: Ergebniscontrolling auf Basis der Deckungsbeitragsrechnung

In der vorherigen Abbildung wird der Wertefluß für die Deckungsbeitragsrechnung dargestellt. In der Kostenstellenplanung wird aus dem Verhältnis der leistungsbezogenen fixen und variablen Kosten der fixe und variable Tarif berechnet. Der fixe und variable Anteil wird in der Kostenart zur Leistungsart getrennt geführt. Im Elementeschema zur

Erzeugniskalkulation werden die Kostenarten den Elementen des Elementeschemas zugeordnet. Dabei werden die fixen und variablen Anteile in unterschiedliche Kostenfelder des Elements übergeleitet. Dies wiederum ist die Basis dafür, daß fixen und variablen Anteile der Kostenelemente in unterschiedliche Wertfelder der Ergebnisrechnung zugeordnet werden.

Bei der Berechnung der Materialkosten wird für die benötigte der Preis aus dem Materialstamm der Vormaterialien selektiert. Der Preis enthält einen fixen und variablen Anteil. In der Regel enthält der Preis für Rohstoffe nur einen variablen Anteil. Der Preis für Halbprodukte enthält dagegen in der Regel einen fixen und variablen Anteil, da neben den Materialkosten für Rohstoffe auch Fertigungskosten enthalten sind. In der Kostenart, unter der die Verbuchung des Materialverbrauchs erfolgt, werden die fixen und variablen Anteile getrennt geführt. Wie bei den Fertigungskosten erfolgt auch hier bei der Erzeugniskalkulation die Überleitung in getrennte Kostenfelder des Kostenelements und damit in getrennte Wertfelder des Ergebniscontrollings.

Die nachfolgende Abbildung zeigt exemplarisch den Aufbau der Deckungsbeitragsrechnung in der Planung des Ergebniscontrollings am Beispiel des Systems SAP R/3.

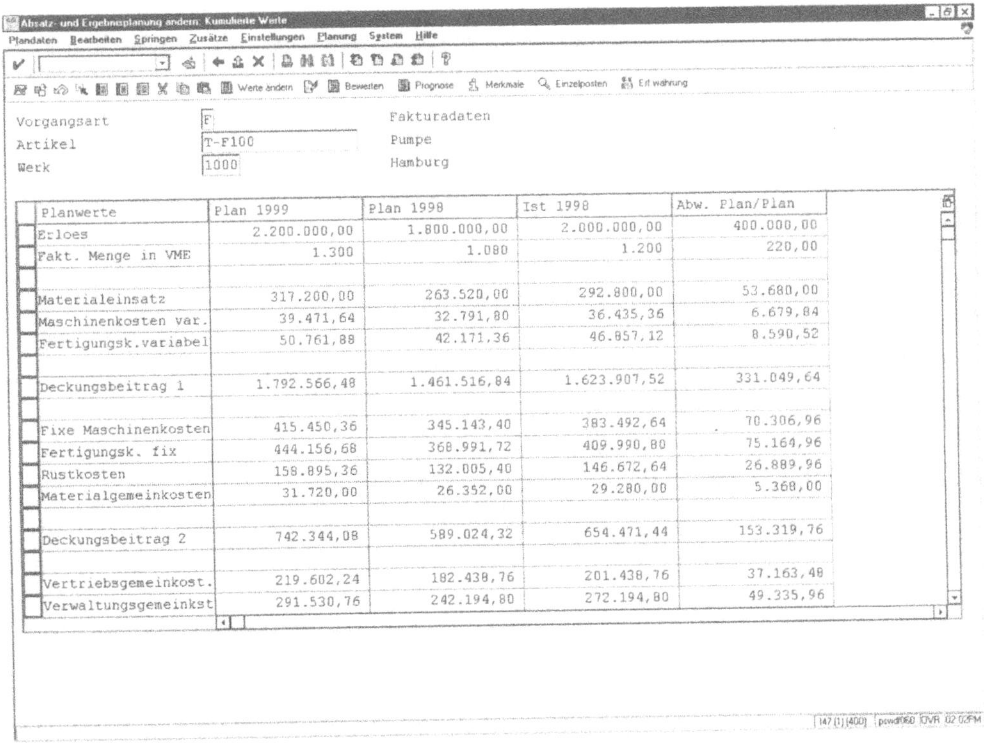

Vorgangsart F Fakturadaten
Artikel T-F100 Pumpe
Werk 1000 Hamburg

Planwerte	Plan 1999	Plan 1998	Ist 1998	Abw. Plan/Plan
Erloes	2.200.000,00	1.800.000,00	2.000.000,00	400.000,00
Fakt. Menge in VME	1.300	1.080	1.200	220,00
Materialeinsatz	317.200,00	263.520,00	292.800,00	53.680,00
Maschinenkosten var.	39.471,64	32.791,80	36.435,36	6.679,84
Fertigungsk.variabel	50.761,88	42.171,36	46.857,12	8.590,52
Deckungsbeitrag 1	1.792.566,48	1.461.516,84	1.623.907,52	331.049,64
Fixe Maschinenkosten	415.450,36	345.143,40	383.492,64	70.306,96
Fertigungsk. fix	444.156,68	368.991,72	409.990,80	75.164,96
Rustkosten	158.895,36	132.005,40	146.672,64	26.889,96
Materialgemeinkosten	31.720,00	26.352,00	29.280,00	5.368,00
Deckungsbeitrag 2	742.344,08	589.024,32	654.471,44	153.319,76
Vertriebsgemeinkost.	219.602,24	182.438,76	201.438,76	37.163,48
Verwaltungsgemeinkst	291.530,76	242.194,80	272.194,80	49.335,96

Abbildung 77: Ergebnisplanung auf Basis der Deckungsbeitragsrechnung © by SAP AG

Zur Vorgangsart F (Faktura) erfolgt für das Produkt P-100 im Werk 1000 die Planung von Erlös und Absatzmengen. Über die Bewertung werden in die einzelnen Wertfelder (Materialeinsatz, Maschinenkosten variabel, ...) die Kosten auf Basis der fakturierten Menge in Verkaufsmengeneinheiten übergeleitet. Basis ist die Erzeugniskalkulation zum Produkt. Zur Unterstützung der Planung für 1999 werden die Vorjahresplanwerte und Vorjahresistwerte in der Planung angezeigt.

Auf Basis der Deckungsbeitragsrechnung ist es möglich, in der Planung festzustellen, ab welcher Verkaufsmenge die Gewinnschwelle (Break-Even-Point) erreicht wird. Weiterhin ist es möglich zu analysieren, welchen Anteil die Kostentypen am Planergebnis haben und durch Vergleich mit mehreren Kalkulationen die Auswirkungen unterschiedlicher Szeanrien auszuwerten. Szenarien werden z.B. gebildet, indem Kalkulationen im Hinblick auf Fremdbezug bestimmter Halbfabrikate oder Bearbeitungsvorgänge (Lohnbearbeitung) kalkuliert und verglichen werden.

Die nachfolgende Abbildung zeigt einen Beispielbericht aus dem System SAP R/3 auf Basis der Deckungsbeitragsanalyse.

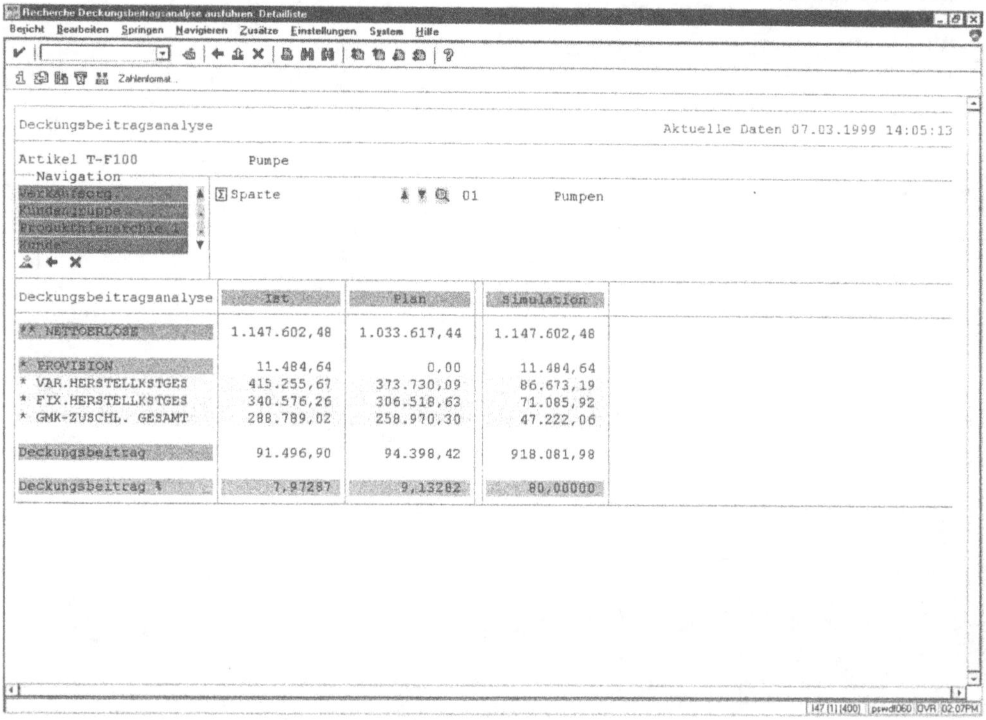

Abbildung 78: Recherche Deckungsbeitragsanalyse © by SAP AG

Das Reporting auf die Marktsegmente ergibt sich aus der Kombination der für das Ergebniscontrolling relevanten Merkmale. Im System SAP R/3 können die Berichte auf der Basis von Rechenschemas definiert werden. Der Bericht zeigt dann die Ergebnisse, die im Hintergrund im Rechenschema berechnet wurden.

8.3.3 Stufenweise Fixkostendeckungsrechnung

In der Deckungsbeitragsrechnung mit differenzierter Fixkostenbehandlung soll eine gerechtere" Kalkulation gegenüber der Vollkostenrechnung erreicht werden. Produktspezifische Fixkosten sind z.B. die Bezüge des Produktmanagements. Produktgruppenspezifische Fixkosten können z.B. die Abschreibungskosten der Betriebsmittel sein, auf denen die Produktgruppe produziert wird. Unternehmensspezifische Fixkosten sind Kosten der Betriebsbereitschaft, die in den indirekten Bereichen des Unternehmens anfallen (Verwaltung).

	Artikel				
	A	B	C	D	Summe
Bruttoerlös	62.200,	72.900,	98.400,	74.500,	308.000,
- Erlösschmälerungen	1.800,	2.200,-	3.700,-	1.600,-	9.300,-
= Nettoerlös	60.400,	70.700,	94.700,	72.900,	298.700,
- variable Fertigungs- und VertriebsKosten	42.700,	48.100,	47.200,	28.600,	166.600,
= Deckungsbeitrag I	17.700,	22.600,	47.500,	44.300,	132.100,-
- artikelfixe Kosten	19.200,	1.500,-	-	18.600,	39.300,-
= Deckungsbeitrag II	-1.500,-	21.100,	47.500,	25.700,	92.800,-
Summe Artikelgruppe	19.600,-		73.200,-		
- artikelgruppenfixe Kosten	22.900,-		32.700,-		55.600,-
= Deckungsbeitrag III	-3.300,-		40.500,-		37.200,-
- unternehmensfixe Kosten					29.000,-
Periodenergebnis					8.200,-

Abbildung 79: Stufenweise Fixkostendeckungsrechnung

Auf jeder Ebene der Aufbauorganisation des Unternehmens werden die dort anfallenden fixen Kosten vom Ergebnis subtrahiert. Die erfolgt im Rahmen einer Fixkostenvorverteilung und der Übernahme der Fixkosten in das Ergebniscontrolling en bloc. Bei der Überleitung werden die Merkmale des Ergebniscontrollings (Artikel, Artikelgruppe, Profit Center, ...) mit definiert.

8.3.4 Deckungsbeitragsflußrechnung

Die Deckungsbeitragsflußrechnung unterstützt die Deckungsbeitragsrechnung im zeitlichen Vergleich. Die Entwicklung des Deckungsbeitrags wird nach den Einflußgrößen Preisänderung, Mengenänderung und Änderung in der Zusammensetzung des Produktprogramms analysiert. Basis für die Darstellung der Deckungsbeitragsflußrechnung sind die Ausführungen in [Reichmann, Th.: Controlling].

Die Deckungsbeitragsflußrechnung ist insbesondere für Unternehmen interessant, die über ein großes Produktsortiment mit vielfältigen Kundenstrukturen verfügen.

Voraussetzung für die Deckungsbeitragsflußrechnung ist das Vorhandensein einer Ergebnisrechnung, in der die Mengen und Werte der Vergleichsperioden bis auf die unterste Produktebene verfügbar sind (Recherche). Die aus der Analyse der Preis-, Mengen- und Strukturabweichung erhaltenen Erkenntnisse sind Basis für absatzpolitische Entscheidungen, insbesondere im Rahmen der Preis- und Sortimentspolitik.

8.3.4.1 Berücksichtigung von Erlösänderungen

Die Berücksichtigung von Erlösänderungen erfolgt über die Auswirkungen von Preis- und Mengenänderungen auf den Deckungsbeitrag.

Preiseffekt

Der Preiseffekt zeigt die Auswirkung von Preisänderungen auf den Umsatz der Produkte. Dazu erfolgt die Multiplikation der Preisänderungen (Δp_i) mit der Verkaufsmenge (x) des Vormonats (t-1).

Für die Betrachtung der Effekte aller Produkte einer Produktgruppe erfolgt die Summenbildung über alle Einzelprodukte.

Es gilt:

$$E_p = \sum_{i=1}^{n} x_{i,t-1} \bullet \Delta p_i$$

Mengeneffekt

Der Mengeneffekt zeigt die Auswirkung von Mengenänderungen (Δx_i) auf den Umsatz. Dazu erfolgt die Multiplikation der Mengenänderungen gegenüber der Vorperiode mit dem durchschnittlichen Preis der Vorperiode ($\varnothing p_{t-1}$).

$$E_x = \sum_{i=1}^{n} \left(x_{i,t} - x_{i,t-1} \right) \bullet \varnothing p_{t-1}$$

Preismengeneffekt

Mit dem Preismengeneffekt wird die gegenseitige Beeinflussung von Preis- und Mengenänderungen berücksichtigt. Die Frage lautet, wurden mehr oder Hoch- oder Niedrigpreisprodukte verkauft. Dazu wird das Verhältnis aus Menge der Periode und Menge der Vorperiode als Faktor mit dem Preiseffekt multipliziert.

$$E_{px} = \left(\frac{x_t}{x_{t-1}} - 1 \right) E_p$$

Umsatzstruktureffekt

Der Umsatzstruktureffekt sind die Umsatzänderungen, die nicht über einen der vorgenannten Effekte erklärt werden können. Diese Änderungen sind auf Änderungen im Absatzprogramm (Verhältnis der verkauften Erzeugnisse) und die Auswirkungen auf den Umsatz zurückzuführen. Die Berechnung erfolgt durch Subtraktion der Preis-, Mengen- und Preismengeneffekte von der gesamten Umsatzänderung.

$$E_{US} = \Delta U - E_p - E_x - E_{px}$$

8.3.4.2 Berücksichtigung von Kostenänderungen

Analog zur Erlösseite ergeben sich die Ermittlungsgleichungen für die Kostenseite, wobei entsprechend der Deckungsbeitragskonzeption lediglich die variablen Kosten berücksichtigt werden.

Stückkosteneffekt

Der Stückkosteneffekt zeigt die Auswirkungen von Änderungen der Stückkosten auf den Deckungsbeitrag. Dazu erfolgt die Multiplikation der Stückkostenänderung (Δk_i) mit der Verkaufsmenge der Vorperiode (x_{t-1}).

$$E_k = \sum_{i=} x_{i,t-1} \bullet \Delta k_i$$

Gesamtkosteneffekt

Über den Gesamtkosteneffekt werden die Auswirkungen von Änderungen der durchschnittlichen Stückkosten ($\varnothing k_i$) auf die Gesamtkosten. Dazu werden die durchschnittlichen Stückkosten mit den Mengenänderungen multipliziert.

$$E_K = \Delta x \bullet \varnothing k_{-1}$$

Kostenmengeneffekt

Über den Kostenmengeneffekt wird die gegenseitige Beeinflussung von Kosten- und Mengenänderungen berechnet. Die Frage lautet, wurden von den kostenintensiven Produkten mehr oder weniger hergestellt. Dazu wird das Verhältnis aus Menge der Periode und Menge der Vorperiode als Faktor mit dem Stückkosteneffekt multipliziert.

$$E_{kx} = \left(\frac{x_t}{x_{t-1}} - 1 \right) E_k$$

Kostenstruktureffekt

Kostenänderungen, die nicht über den Stückkosten-, Gesamtkosten- und Kostenmengeneffekt erklärt werden können, werden als Kostenstruktureffekt ausgewiesen. Diese Änderungen sind auf Änderungen im Absatzprogramm (Verhältnis der verkauften Erzeugnisse) und die Auswirkungen auf die Kosten zurückzuführen. Die Berechnung erfolgt durch Subtraktion der Stückkosten-, Gesamtkosten- und Kostenmengeneffekte von der Änderung der Gesamtkosten.

$$E_{KS} = \Delta K - E_k - E_K - E_{kx}$$

8.3.4.3 Beispiel zur Deckungsbeitragsflußrechnung

Die Deckungsbeitragsveränderung ergibt sich als Differenz aus Erlös- und Kostenveränderungen:

$$\text{DB-Änderung} = E_p + E_x + E_{px} + E_{US} - E_k - E_k - E_{kx} - E_{ks}$$

Das nachfolgende Zahlenbeispiel für die Deckungsbeitragsrechnung bezieht sich 4 Produkte:

- Produkten 1 und 2 in der Produktgruppe I und
- Produkten 3 und 4 in der Produktgruppe II.

			Vorjahr	lfd.Jahr	Diff		Vorjahr	lfd. Jahr	Diff.
Produkt 1	Stückkosten	k	2	3	1	Produkt 3	5	6	1
	Menge	x	100	100	0		30	5	-25
	Preis	p	8	9	1		14	14	0
	Erlös	E	800	900	100		420	70	-350
	Kosten	K	200	300	100		150	30	-120
	Deckungsbeitrag	DB	600	600	0		270	40	-230
Produkt 2	Stückkosten	k	5	6	1	Produkt 4	1,80	2,82	1,02
	Menge	x	20	40	20		50	85	35
	Preis	p	20	20	0		4,40	4,47	0.07
	Erlös	E	400	800	400		220	380	160
	Kosten	K	100	240	140		90	240	150
	Deckungsbeitrag	DB	300	560	260		130	140	10
PG I	Gesamt-Menge	X	120	140	20	PG II	80	90	10
	∅ Preis	∅p	10	12,14	2,14		8	5	-3
	Gesamterlös	E	1200	1700	500		640	449,95	-190
	∅ Stückkosten	∅k	2,5	3,86	1,36		3	3	0
	Gesamtkosten	K	300	540	240		240	270	30
	Deckungsbeitrag	DB	900	1160	260		400	180	-220

Die Berechnung der Erlös- und Kostenänderungen ergibt:

Produktgruppe I	Produktgruppe II
E_p = 100 * 1 + 20 * 0 = 100	E_p = 30 * 0 + 50 * 0,07 = 3,50
E_x = 20 * 10 = 200	E_x = 10 * 8 = 80
E_{px} = ((140 / 12=) - 1) * 100 = 16,60	E_{px} = ((90 / 80) - 1) * 3,5 = 0,44
E_{US} = 500 - 1002- 200 - 16,6 = 183,40	E_{US} = -190 - 3,50 -80 - 0,44 = -273,94
E_k = 100 * 1 + 20 * 1 = 120	E_k = 30 * 1 50 * 1,02 = 81
E_K = 20 * 2,5 = 50	E_K = 10 * 3 = 30
E_{kx} = ((140 / 120) - 1) * 120 = 20	E_{kx} = ((90 / 80) - 1) * 81 = 10,13
E_{ks} = 240 - 120 -50 - 20 = 50	E_{ks} = 30 - 81 - 30 - 10,13 = -91,13

Produktgruppe I

- Positive Entwicklung des Deckungsbeitrags.
- Parallel zur Preiserhöhung stiegen die abgesetzte Menge und damit der Erlös.
- Strukturveränderung zum DB-starken Artikel zeigt sich in der positiven Entwicklung des E_{KS} gegenüber dem E_{US}.

Produktgruppe II

- Deutliche Verschlechterung des DB für Produktgruppe II (-220).
- Extreme Veränderung der Umsatzstruktur
  - Menge des DB-starken Artikel 3: -25
  - Menge des DB-schwachen Artikel 4: +35
- Die Strukturänderungen konnten nicht durch Preisänderungen aufgefangen werden (+3,50).
- Trotz eines Umsatzrückgangs resultierte aus der Strukturänderung eine Erhöhung der Kosten.

8.4 Programmentscheidung auf Basis von Deckungsbeiträgen

Das Ergebniscontrolling auf Basis von Deckungsbeiträgen eignet sich zur Analyse von Änderungen im Absatz- und Produktionsprogramm. Typische Fragestellungen sind:

- Wie ändert sich das Ergebnis bei Programmänderungen?
- Wie können Änderungen im Ergebnis kompensiert werden, z.B. durch Absatzsteigerungen verbleibender Produkte?
- Welche Vorgaben an Preis und Stückkosten sind erforderlich?

Beispiel

Ein Unternehmen hat für drei Produktvarianten folgende Kosten und Erlöse berechnet:

Produkt	Preis DM/Stück	Kosten DM/Stück	Gewinn DM/Stück	Menge	Gewinn
A	16,--	13,-	3,--	10.800	32.400,--
B	17,--	17,70	-0,70	28.800	-20.160,--
C	13,--	11,70	1,30	22.500	29.250,--

Da Produkt B einen negativen Gewinn ausweist, wird es aus dem Programm genommen. Eine Marktanalyse hat gezeigt, daß der Absatz von Produkt A und C bei Eliminierung von B um jeweils 10% gesteigert werden kann.

Die Fixkosten der Periode sind kurzfristig nicht abbaufähig und bei Wegfall von den anderen Produkten zu tragen.

Produkt	Fixkosten DM/Periode
A	50.000,--
B	70.000,--
C	60.000,--

Berechnung der variablen Kosten pro Stück

Produkt	A		C
Absatzmenge	10.800 Stck.		22-500 Stck.
Erlös: 10.800 * 16 =	172.800,- EUR	22.500 * 13 =	292.500,- EUR
- Gewinn: 10.800 * 3 =	32.400,- EUR	22.500 * 1,30 =	29.250,- EUR
=	140.400,- EUR		263.250,- EUR
- Fixkosten	50.000,- EUR		60.000,- EUR
= variable Kosten	90.400,- EUR		203.250,- EUR
Verkaufsmenge:	10.800 Stck.		22.500 Stck

→ variable Kosten/Stck.	8,37 EUR		9,03 EUR

Berechnung des Ergebnisses für Produkt A und C bei einer Absatzsteigerung von 10%.

Produkt	A		C
Absatzmenge 10.800 * 1,1 =	11.880 Stck.	22.500 * 1,1 =	24.750 Stck.
Erlös: 11.880 * 16 =	190.080,- EUR	24.750 * 13 =	321.750,- EUR
- Fixkosten: 50.000 + 35.000 =	85.000,- EUR	60.000 + 35.000 =	95.000,- EUR
=	105.080,- EUR		226.750,- EUR
- variable Kosten: 8,37 * 11.880 =	99.436,- EUR	9,03 * 24.750 =	223.493,- EUR
Ergebnis	5.644,- EUR		3.275,- EUR

Der Gewinn sinkt von 41.490 EUR (32.400 + 29.250 – 20.160) auf 8.901,- EUR. Die Absatzsteigerung von 10% reicht nicht aus, um die Fixkosten aus Produkt B auszugleichen.

Um die Fixkosten von B vollständig auszugleichen, wäre eine höhere Absatzsteigerung notwendig. Wird der Verlust von 20.160,- EUR von B in gleichen Beträgen auf die Produkte A und C aufgeteilt, so kann über die Gleichung:

$$\text{Erlös} - \text{Kosten} = \text{Gewinn}$$

die erforderliche Absatzmenge von A und C berechnet werden.

Für A ergibt sich als erwarteter Gewinn: 32.400,- EUR - 10.080,- EUR = 22.320,- EUR

Berechnung der erforderlichen Absatzmenge

$$\begin{aligned} 16x - (85.000 + 8{,}37x) &= 22.320 \\ 16x - 85.000 - 8{,}37x &= 22.320 \\ 7{,}63x &= 107.320 \\ x &= 14.066 \text{ Stck.} \end{aligned}$$

Die entspricht einer Absatzsteigerung von +30%.

Für Produkt C folgt:

Erwarteter Gewinn = 29.250 – 10.080 = 19.170,- EUR

Berechnung er erforderlichen Absatzmenge

$$13x - (95.000 + 9{,}03x) = 19.170$$
$$13x - 95.000 - 9{,}03x = 19.170$$
$$3{,}97x = 114.170$$
$$x = 28.758$$

Dies entspricht einer Absatzsteigerung von 28%.

Aus der Sicht des Controllings ist zu klären, ob eine Absatzsteigerung von etwa 30% bei den Produkten A und C realistisch ist. Andernfalls ist mit sinkenden Gewinnen zu rechnen.

8.5 Target Costing

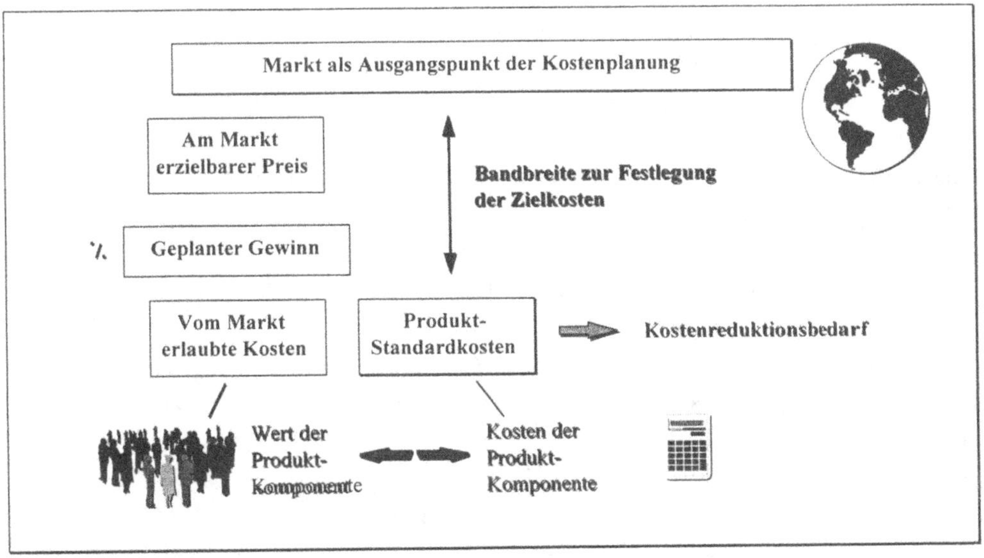

Abbildung 80: Target Costing

Beim Target Costing handelt es sich um ein Kostenplanungs- und steuerungsinstrument mit dem Fokus auf die am Markt durchsetzbaren Preis-/Leistungskombinationen.

Grundlage des Target Costing ist die mittels Marktforschungsanalysen festgestellte Akzeptanz von Funktionalität und Preis. Damit werden retrograd abgeleitete Produktstückkosten ermittelt.

Zielkostenmanagement ist somit eine marktsegmentspezifisch orientierte Kalkulation durch Berücksichtigung der Präferenzen der Nachfrager. Target Costing ist damit immer auch verknüpft mit Target Pricing.

Beispiel

Eine innovative Datenbank mit einem neuen Speicherkonzept soll am Markt eingeführt werden. Die Bedeutung der einzelnen Produktfunktionen werden über eine Markforschung ermittelt:

	Produktfunktionen	Gewicht
I	Kosten der Datenbank	15
II	Plattform-Unabhängigkeit	10
III	Speicherkonzept	5
IV	Administrations-Komfort	30
V	Benutzeroberfläche für Administration	20
VI	Direktabfragen	20

Die Erfüllung der einzelnen Anforderungen an das Produkt wird in einer Funktionsanalyse (Wertanalyse) ermittelt:

	Produktkomponenten/Erfüllbarkeit	I	II	III	IV	V	VI
A	Datenbank-Kernel	15	90	90	70	5	80
B	Datenbank-Schnittstellen	60	5	--	30	60	20
C	Service	10	5	10	--	20	--
D	Abfragesprache	15	--	--	--	15	--
	$\sum$	100	100	100	100	100	100

Die tatsächlichen Kostenanteile an der Produktentwicklung und -vermarktung zeigt die nachfolgende Tabelle:

Datenbank-Kernel:	30
Datenbank-Schnittstellen:	50
Service:	15
Abfragesprache:	5

Es gilt nun im Rahmen des *target-costing* den Zielkosten-Index, das heißt das Verhältnis von Kosten und Bedeutung der einzelnen Produktfunktionen zu ermitteln. Die Multiplikation der Bedeutung (Gewicht) der geforderten Produktfunktionen mit der Erfüllbarkeit durch die einzelnen Produktkomponenten ergibt folgendes Ergebnis:

A: 15% x 15 + 90% x 10 + 90% x 5 + 70% x 30+ 5% x 10 + 5% x 20 + 80% x 20 = 53,75%
B: 60% x 15 + 5% x 10 + 30% x 30 + 60% x 20 + 20% x 20 = 34,5%
C: 10% x 15 + 5% x 10 + 10% x 5 + 20% x 20 = 6,50 %
D: 15% x 15 + 15% x 20 = 5,25%

Die Berechnung des Zielkosten-Index führt zu folgendem Ergebnis:

A: 53,75/30 = 1,79
B: 34,5/50 = 0,69
C: 6,5/15 = 0,43
D: 5,25/5 = 1,05

Der Zielkostenindex drückt die Abweichung zwischen Markbedeutung und Kostenverursachung aus, ein Zielkostenindex < 1 bedeutet, daß die Produktfunktion eher zu teuer ist, ein Zielkostenindex > 1 sagt aus, daß die Produktfunktion eher qualitäts- und kostenmäßig aufgewertet werden sollte.

Für das Beispiel wird in die Datenbankschnittstellen und den Service eher zuviel investiert, die Leistungsfähigkeit des Kernels ist dagegen von größerer Bedeutung für die Kunden, als ihm von Seiten des Herstellers an Aufwand beigemessen wird. Es sollte daher eine Verlagerung des Engagements vom Service in die Datenbankentwicklung erfolgen.

Zwischentest III (Ergebniscontrolling)

Aufgabe 1

Welche Aussagen zu *Marktsegmenten und Profit-Center* sind richtig [R] oder falsch [F]?

Marktsegmente ergeben sich aus der Kombination von Merkmalen. ☐
Marktsegmente leiten sich aus Datenfeldern des Material- und Kundenstammsatzes ab. ☐
Profit-Center sind unternehmensexterne Controlling-Bereiche ☐
Ein Marktsegment ist aus der Sicht des Ergebniscontrolling ein Ergebnisobjekt ☐

Aufgabe 2

Unterscheiden Sie:

- Periodenrechnung vs. Vorgangsrechnung
- Gesamtkostenverfahren vs. Umsatzkostenverfahren
- Buchhalterische Rechnung vs. kalkulatorische Rechnung
- Ergebnisermittlung auf Teilkosten- vs. Gesamtkostenbasis
- Offene vs. geschlossene Rechnung

Aufgabe 3

Ein Unternehmen bietet die Produkte A, B und C an:

Produkte	A	B	C
Umsatz	50	60	50
variable Kosten	20	30	40
fixe Kosten	18	18	18
Gewinn vor Steuern			

Wie hoch ist der Gewinn je Produkt und der Gesamtgewinn?

Wie hoch ist der Gesamtgewinn, wenn das Produkt C aus dem Programm genommen wird?

Aufgabe 4

Welche Aussagen zur *Deckungsbeitragsrechnung* sind richtig [R] bzw. falsch [F]?

Einzelkosten sind Kosten pro Stück. ☐
Der Deckungsbeitrag ergibt sich aus der Differenz von fixen und variablen Kosten. ☐
Der Deckungsbeitrag ergibt sich aus der Differenz von Erlös und variablen Kosten. ☐
Der Deckungsbeitrag dient zur Deckung der fixen Gemeinkosten. ☐

Aufgabe 5

Erläutern Sie das Konzept der stufenweisen Fixkostendeckungsrechnung.

Aufgabe 6

Welche Aussagen zur Deckungsbeitragsflußrechnung sind richtig [R] bzw. falsch [F]?

Der Preiseffekt ist allein auf steigende Preise zurückzuführen. ☐
Beim Preismengeneffekt wird ein positiver Preiseffekt durch sinkende Mengen Kompensiert. ☐
Ein positiver Stückkosteneffekt ist auch positiv für den Deckungsbeitrag. ☐
Der Kostenstruktureffekt zeigt Kostenänderungen, die nicht auf Preis- oder Mengen-Änderungen der bestehenden Produkte zurückzuführen sind. ☐

Zwischentest III Lösung

Aufgabe 1

Welche Aussagen zu *Marktsegmenten und Profit-Center* sind richtig [R] oder falsch [F]?

Marktsegmente ergeben sich aus der Kombination von Merkmalen. R
Beispiel für Merkmale Artikel, Kunde, Vertriebsweg
Marktsegmente leiten sich aus Datenfeldern des Material- und Kundenstammsatzes ab. R
Verkaufsbelege enthalten Kunden- und Artikel-Nr.
Profit-Center sind unternehmensexterne Controlling-Bereiche F
... repräsentieren Unternehmensbereiche
Ein Marktsegment ist aus der Sicht des Ergebniscontrolling ein Ergebnisobjekt R
Auf Basis des Ergebnisobjekts werden Erlöse, Kosten und Deckungsbeitrag Berechnet.

Aufgabe 2

Unterscheiden Sie:

- Periodenrechnung vs. Vorgangsrechnung
- Gesamtkostenverfahren vs. Umsatzkostenverfahren
- Buchhalterische Rechnung vs. kalkulatorische Rechnung
- Ergebnisermittlung auf Teilkosten- vs. Gesamtkostenbasis
- Offene vs. geschlossene Rechnung

Periodenrechnung: Berücksichtigung aller Erlöse und Kosten einer Periode unter Berücksichtigung von Bestandsveränderungen.

Vorgangsrechnung: Berechnung der Erlöse aus den Umsatzvorgängen, Berechnung der Kosten aus der Bewertung der Umsatzvorgänge.

Gesamtkostenverfahren: entspricht der Periodenrechnung. Steigende Bestände erhöhen, sinkende Bestände reduzieren das Ergebnis. Keine Unterscheidung nach Marktsegmenten, buchhalterische Sichtweise auf das Ergebnis.

Umsatzkostenverfahren: Explizite Betrachtung der Periodenumsätze und die dafür angefallenen Kosten. Unterscheidung des Ergebnisses nach Marktsegmente. Controlling-Sichtweise auf das Ergebnis.

Buchhalterische Rechnung: Mit der Finanzbuchhaltung abgestimmtes Periodenergebnis auf Basis der auf den FIBU-Konten gebuchten Erlös und Kosten.

Kalkulatorische Rechnung: Ergebnis lt. Finanzbuchhaltung, ergänzt um abgegrenzte Werte. Z.B. Berechnung der Kosten auf Basis einer Plankalkulation, die sich von der bewertungsrelevanten Standardpreiskalkulation unterscheiden kann. Berücksichtigung weiterer kalkulatorischer Ansätze.

Ergebnisermittlung auf Gesamtkostenbasis: Berechnung des Ergebnisses auf Basis proportionalisierter Fixkosten. Die Fixkostenproportionalisierung erfolgt in der Tarifplanung der Kostenstellen über die Berechnung eines Gesamttarifs.

Ergebnisermittlung auf Teilkostenbasis: Trennung der fixen und variablen Anteile im Kostenstellentarif über einen fixen und variablen Tarif. Dadurch erfolgt die Trennung der fixen und variablen Kosten in den Material- und Fertigungskosten für Halb- und Fertigprodukte. Dies ist die Basis für die getrennte Überleitung der fixen und variablen Anteile in das Ergebniscontrolling und der Deckungsbeitragsrechnung.

Geschlossene Rechnung: Berechnung der Materialkosten auf Basis gleitender Durchschnittspreise und die Berücksichtigung der Kostenstellenkosten auf Basis von Isttarifen führt dazu, daß alle Kostenabweichungen auf dem Material geführt werden.

Offene Rechnung: Durch die Verwendung von Plantarifen und Planpreisen werden die Kostenabweichungen explizit berechnet und an das Ergebniscontrolling übergeleitet. Findet ein Ergebniscontrolling auf Basis der Deckungsbeitragsrechnung statt, ist die Rechnung offen im Hinblick auf Vollständigkeit aller Kosten beim einzelnen Produkt. Vielmehr werden die Fixkosten zu Fixkostenblöcken zusammengefaßt.

Aufgabe 3

Ein Unternehmen bietet die Produkte A, B und C an:

Produkte	A	B	C
Umsatz	50	60	50
variable Kosten	20	30	40
fixe Kosten	18	18	18
Gewinn vor Steuern			

Wie hoch ist der Gewinn je Produkt und der Gesamtgewinn?

Wie hoch ist der Gesamtgewinn, wenn das Produkt C aus dem Programm genommen wird?

Umsatz: 50 + 60 = 110

Variable Kosten: 20 + 30 = 50

Fixe Kosten: 18 + 3 = 104

Daraus ergibt sich ein Ergebnis von 6.

Aufgabe 4

Welche Aussagen zur *Deckungsbeitragsrechnung* sind richtig [R] bzw. falsch [F]?

Einzelkosten sind Kosten pro Stück. R
Der Deckungsbeitrag ergibt sich aus der Differenz von fixen und variablen Kosten. F
Der Deckungsbeitrag ergibt sich aus der Differenz von Erlös und variablen Kosten. R
Der Deckungsbeitrag dient zur Deckung der fixen Gemeinkosten. R

Aufgabe 5

Erläutern Sie das Konzept der stufenweisen Fixkostendeckungsrechnung.

Ziel ist es, die Fixkosten auf der Organisationsebenen den Kostenträgern zuzuordnen, wo sie verursacht werden. Zuerst erfolgt daher die Berücksichtigung der produktbezogenen Kosten. Die Subtraktion von den Erlösen führt zum Ausweis des Deckungsbeitrags I, der rein produktbezogen ausgewertet werden kann.

Dann erfolgt die Berücksichtigung der Kosten auf höherer organisatorischer Ebene, z.B. der produktgruppenbezogenen Fixkosten, die einem einzelnen Produkt nicht verursachungsgerecht zugerechnet werden können (z.B. Produktion mehrerer Produkte auf einer maschinellen Anlage). Damit wird das Problem der Proportionalisierung von Fixkosten abgemildert.

Aufgabe 6

Welche Aussagen zur Deckungsbeitragsflußrechnung sind richtig [R] bzw. falsch [F]?

Der Preiseffekt ist allein auf steigende Preise zurückzuführen. R
Beim Preismengeneffekt wird ein positiver Preiseffekt durch sinkende Mengen Kompensiert. R
Ein positiver Stückkosteneffekt ist auch positiv für den Deckungsbeitrag. F
Steigende Stückkosten reduzieren den Deckungsbeitrag.
Der Kostenstruktureffekt zeigt Kostenänderungen, die nicht auf Preis- oder Mengen-Änderungen der bestehenden Produkte zurückzuführen sind. R

9 Konzerncontrolling

Im Zuge der Internationalisierung und Globalisierung der Unternehmen hat das Konzerncontrolling neben der Konzernrechungslegung eine wichtige Funktion zur Steuerung einer Unternehmensgruppe. Die weltweite Arbeitsteilung in einem Konzern führt zu einem wachsenden Anteil von Waren- und Dienstleistungsströmen auf unternehmens- und länderübergreifender Ebene.

Konzerncontrolling ist die Überwachung der Geschäftsentwicklung eines Konzerns. Ein Konzern ist eine Unternehmensgruppe, mit

- Beherrschung oder gemeinschaftlicher Führung der Einzelunternehmen durch ein Mutterunternehmen
- Kapitalverflechtung durch Aneile am Kapital des Tochterunternehmens durch das Mutterunternehmen
- Bei rechtlicher Selbständigkeit der Tochterunternehmen.

Während der Konzern zur Aufstellung einer Konzernrechnungslegung durch das Handelsgesetzbuch (HGB, § 290) und das Publizitätsgesetz (PublG, § 11) verpflichtet ist, dient das Konzerncontrolling rein betriebswirtschaftlichen Zielen.

Ziel der Konzernrechnungslegung ist die Konsolidierung des Bestandsvermögens und des Erfolges nach vorgegebenen Vorschriften. Ziel des Konzerncontrollings ist die kalkulatorische Bewertung der unternehmens- und bereichsübergreifenden Warenströme.

Die Darstellung des Konzernergebnisses in der Konzernrechnungslegung unterliegt den Vorschriften durch das HGB und Konzernrichtlinien (Bilanzrichtliniengetz der Europäischen Gemeinschaft EG). Im Konzerncontrolling unterliegt die Darstellung des Ergebnisses dem Informationsbedarf, der sich an folgenden typischen Fragestellungen orientiert:

- Wie ist die wirtschaftliche Situation und der Erfolg einzelner strategischer Geschäfteinheiten des Unternehmens (Profit Center) weltweit?
- Welche Auswirkungen haben Änderungen in den Basisdaten (Erlöse, Kosten) auf das Ergebnis? Wie entwickeln sich die Konzernkosten?
- Welchen Einfluß haben organisatorische Änderungen auf das Ergebnis?

Die Umsetzung im Konzerncontrolling erfolgt durch die Verwendung von Transferpreisen für die Bewertung der Warenströme innerhalb eines Konzerns zwischen einzelnen Profit Centern. Die Konzernkosten werden auf Basis einer Konzernkalkulation berechnet, bei denen Zwischengewinne eliminiert werden.

9.1 Konzernrechnungslegung

Konzernrechnungslegung ist die Zusammenfassung der Einzelabschlüsse von Konzernunternehmen zu einem konsolidierten Abschluß. Voraussetzung ist eine Angleichung der Einzelabschlüsse (einheitliche Gliederung und Kontierung von Bilanz und G+V), die Währungsumrechnung ausländischer Einzelabschlüsse in die Währung des Konzernabschlusses, einheitliche Bewertungen (Maßgeblichkeit der Einzelbilanz für die Konzernbilanz) und ein einheitlicher Bilanzstichtag.

Das Ausmaß der Konsolidierung wird unterschieden nach:

- Vollkonsolidierung

  Der Leitgedanke ist hier die Einheitstheorie. Die Geschäftsführung wird durch das Mutterunternehmens ausgeführt, die rechtliche Selbständigkeit der Tochterunternehmen wird vernachlässigt. Der Konzern wird als eine wirtschaftliche Einheit betrachtet, die Kapitalgeber haben explizit Interesse am ganzen Konzern. Die Konsequenz ist die vollständige Konsolidierung der Einzelabschlüsse ohne Berücksichtigung des Beteiligungsgrades. Dazu erfolgt die Konsolidierung des Kapitals (keine Beteiligung gegen sich selbst), die Schuldenkonsolidierung (keine Forderungen an sich, keine Verbindlichkeiten gegen sich) und die Zwischenergebniseliminierung. Die Vollkonsolidierung wird bei Tochterunternehmen angewendet und hat ihre Rechtsgrundlage insbesondere in den Vorschriften § 301, 303 und 304 HGB.

- Quotenkonsolidierung

  Der Quotenkonsolidierung liegt die Interessentheorie zugrunde. Der Konzernabschluß ist nur eine Erweiterung der Einzelabschlüsse, deren handels- und steuerrechtliche Selbständigkeit im Vordergrund steht. Es liegt keine einheitliche Geschäftsführung vor und damit auch kein Beherrschungsvertrag. Die Konsolidierung erfolgt nur im Ausmaß des Beteiligungsgrades. Die Quotenkonsolidierung wird bei Joint Ventures angewendet und hat die Vorschriften in den § 290 und 310 HGB.

- Equity-Methode

  Die Equity-Methode wird bei Tochterunternehmen angewendet, bei denen eine Beteiligung an anderen Unternehmens besteht, jedoch kein Beherrschungsvertrag. Es existiert auch keine gemeinschaftliche Geschäftsführung jedoch ein maßgeblicher Einfluß des beteiligten Unternehmens am assoziierten Unternehmen, z.B. durch 20% Stimmrecht, finanziellen oder technologischen Beziehungen oder auch Liefer- und Leistungsverpflichtungen. Bei der Equitiy-Methode werden die Beteiligungen möglichst zeitnah mit dem Wert ausgewiesen, der dem jeweiligen anteiligen Eigenkapital des assoziierten Unternehmens entspricht. Dazu wird der Wertansatz der Beteiligung, ausgehend von den Anschaffungskosten entsprechend der Entwicklung des assoziierten Unternehmens fortgeschrieben.

9.1.1 Kapitalkonsolidierung

Bei der Kapitalkonsolidierung erfolgt eine Aufrechnung der Unternehmensanteile gegen das konsolidierungspflichtige Kapital des Unternehmens. Bei der Erwerbsmethode wird unterstellt, daß das Mutterunternehmen alle Vermögensgegenstände und Schulden einzel übernommen hat. Für die Bewertung wird der Einzelanschaffungswert zugrundegelegt. Da der Tageswert in der Regel vom Buchwert bei den Tochterunternehmen abweicht, entstehen Unterschiedsbeträge, die in der Konzernbilanz ausgewiesen werden. Ein positiver Unterschiedsbetrag hat als Ursachen stille Reserven beim Tochterunternehmen durch Unterbewertung oder der Erwerb nicht bilanzierbarer, immaterieller Vermögensgegenstände (einschließlich Firmenwert). Ein negativer Unterschiedsbetrag ergibt sich bei Überbewertung der Vermögensgegenstände beim Tochterunternehmen oder Kauf zu einem günstigen Preis.

Die Konsolidierung erfolgt technisch nach der Buchwertmethode oder der Neuerwerbsmethode. Bei der Buchwertmethode erfolgt der Ausweis des Kapitals zum Buchwert des Tochterunternehmens. Unterschiedsbeträge zum Erwerbsbetrag (Kaufpreis) werden explizit ausgewiesen.

Beispiel [Heinen]

	Bilanz 31.12.99 Mutter		Bilanz 31.12.99 Tochter		Konsolidierung		Verteilung Unterschiedsbetrag		Minderheiten		Konzernbilanz 31.12.99	
	Aktiva	Passiva	Aktiva	Passiva	Soll	Haben	Soll	Haben	Soll	Haben	Aktiva	Passiva
V.Akt.	30.000		11.000				3.000				44.000	
Anteile	7.500					7.500						
GW							1.500				1.500	
Unt.B.					4.500			4.500				
EKgez.		18.500		4.500	2.700				1.800			18.500
Bilgew		1.500		500	300				200			1.500
V.Pas.		17.500		6.000								23.500
A.Pos.										2.000		2.000
Summe	37.500	37.500	11.000	11.000	7.500	7.500	4.500	4.500	2.000	2.000	45.500	45.500

V. Akt. - Verschiedene Aktiva (Zusammenfassung der erworbenen Aktiva-Posten)
Anteile - Anteile an verbundenenen Unternehmen
GW - Geschäftswert
Unt.B. - Unterschiedsbetrag
Ekgez. - gezeichnetes Eigenkapital
Bilgew. - Bilanzgewinn
V. Pas. - Verschiedene Passiva
A.Pos. - Ausgleichsposten für Anteile anderer Gesellschafter

Im Beispiel ergibt sich zwischen der Einzelbilanz des Tochterunternehmens und den konsolidierten Beträgen ein Unterschiedsbetrag von 4.500,- EUR. Der Unterschiedsbetrag resultiert zu einem Drittel aus der Übernahme des Geschäftswerte und zu zwei Drittel aus stillen Reserven des Tochterunternehmens durch niedrigere Bewertung. Entsprechend erfolgt die Aufteilung des Betrages auf sonst. Aktiva mit 3.000 und Geschäftswert mit 1.500.

Die Anteile des Mutterunternehmens werden konsolidiert (keine Anteile gegen sich selbst).

Die Anteile des Mutterunternehmens werden konsolidiert (keine Anteile gegen sich selbst).

Beim gezeichneten Eigenkapital werden 60% des Tochtereigenkapitals konsolidiert, es liegt eine 60% Beteiligung vor. Dies gilt auch für die Konsolidierung des Gewinns.

Bei Konsolidierung nach der Neubewertungsmethode wird das anteilige Kapital des Mutterunternehmens nicht mit dem Buchwert des Tochterunternehmens verrechnet, sondern mit dem um die stillen Reserven neu bewerteten Eigenkapital. Während bei der Buchwertmethode die stillen Reserven des Tochterunternehmens nur in Höhe der Beteiligung des Mutterunternehmens aufgedeckt werden, werden die stillen Reserven bei der Neubewertungsmethode in voller Höhe aufgedeckt.

9.1.2. Schuldenkonsolidierung

Bei der Schuldenkonsolidierung werden die Forderungen und Verbindlichkeiten der Konzernunternehmen verrechnet. Forderungen werden zum Barwert, Verbindlichkeiten zum Rückzahlungswert bewertet. Deckungsgleiche Forderungen und Verbindlichkeiten werden im Konzernabschluß nicht aufgeführt (ergebnisneutrale Bilanzverkürzung).

Bei der Konsolidierung ergeben sich Aufrechnungsdifferenzen, wenn

- Gewährleistungsrückstellungen gebildet wurden, denen keine Forderungen gegenüberstehen,
- Pauschalwertberichtigungen von Forderungen aber Ausweis der Verbindlichkeiten zum Rückzahlungsbetrag,
- unterschiedliche Umrechnungskurse bei Fremdwährungsforderungen zugrundegelegt wurden und
- ein Darlehn mit Disagio gewährt wurde, daß beim Darlehnsnehmer (z.B. beim Tochteruntenehmen als Aufwand verrechnet wurde).

Bei der Erstkonsolidierung wird die Aufrechnungsdifferenz in voller Höhe auf das Konzernergebnis wirksam. In den Folgekonsolidierungen werden jeweils die Änderungen in der Aufrechnungsdifferenz auf das Konzernergebnis wirksam.

Beispiel [Heinen]

Geschäftsjahr	1	2	3	4
Forderungen an einbezogene Unternehmen	73	65	71	77
Verbindlichkeiten gegenüber einbezogenen Unternehmen	96	74	86	95
Aufrechnungsdifferenz	23	9	15	18
Jahreserfolg Summe aller einbezogenen Unternehmen	75	75	75	75
Änderung der Aufrechnungsdifferenz	+23	+14	+6	+3
Konzernjahresüberschuß	98	61	81	78
Kumulierte Aufrechnungsdifferenz	-	23	9	15

9.1.3 Konsolidierung der Zwischengewinne

Zwischengewinne zwischen den Konzernunternehmen gelten als nicht realisiert. Voraussetzung für die Zwischengewinnkonsolidierung ist, daß es sich um aktivierungspflichtige Lieferungen und Leistungen handelt zu Tochterunternehmen handelt.

Zur Zwischengewinnkonsolidierung wird festgestellt, welche Bestände aus konzerninternen Lieferungen und Leistungen vorhanden sind. Die Bestände werden nach Konzernanschafungs- und Konzernherstellungskosten bewertet. Durch Vergleich der Konzernwerte mit den Einzelunternehmenswerten erfolgt die Berechnung der Zwischengewinne und Reduktion der Konzernbewertung.

Beispiel

Bei der Produktion eines Halberzeugnisses fallen Kosten in Höhe von 200,- DEM je Stück an. Diese Kosten setzten sich aus Materialkosten, Materialgemeinkosten, Fertigungs- und Fertigungsgemeinkosten zusammen.

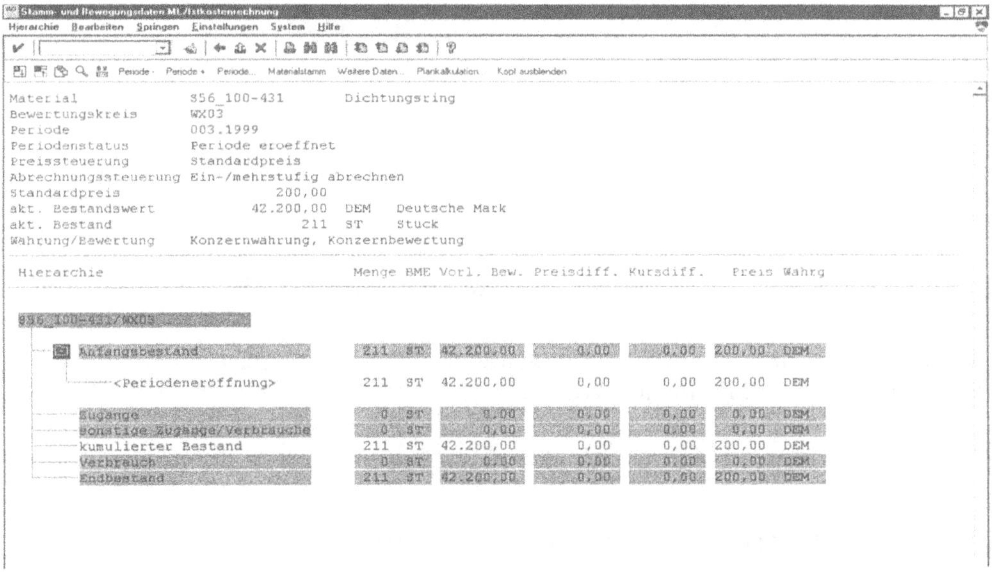

Abbildung 81: Materialledger, Materialbestand in Konzernbewertung © by SAP AG

Die Herstellkosten sind auch Basis für die Konzernbewertung. Aus Konzernsicht erfolgt die Bewertung von Beständen aus konzerninternen Lieferungen zu diesem Preis.

Die Lieferung des Halbproduktes erfolgt zum Preis von 300,- DEM. Das Unternehmen, das den Artikel vom Konzernunternehmen bezogen hat, bilanziert zum Anschaffungswert.

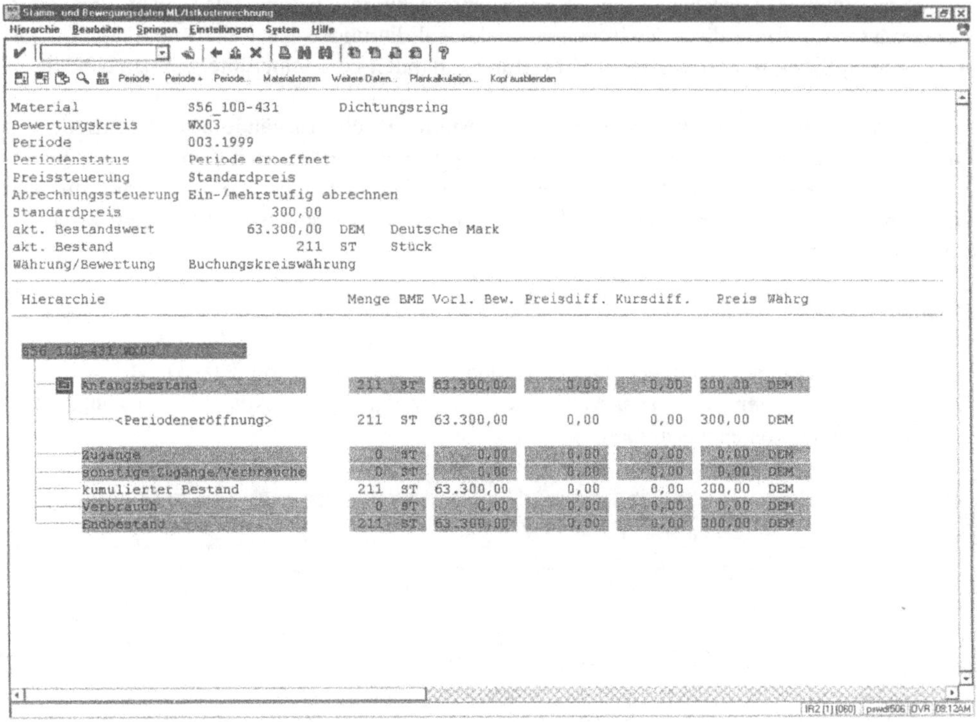

Abbildung 82: Materialledger, Materialbestand in Buchungskreisbewertung © by SAP AG

Der Zwischengewinn von 100,- DEM schlägt sich im Materialbestand mit 10.100,- DEM nieder und wird für die Konzernbewertung eliminiert.

9.2 Konzernkalkulation und Transferpreise

Im Controlling werden über die Konzernkalkulation die Herstellkosten von Materialien berechnet, die zwischen Einzelunternehmen des Konzerns geliefert werden. Dazu wird die Standardpreiskalkulation des liefernden Unternehmens selektiert und auf den Konzernbestand angewendet. Transportkosten dürfen bei der Konzernkalkulation berücksichtigt werden.

Die Konzeption und Durchführung der Konzernkalkulation erfolgt nach den selben Prinzipien wie die Erzeugniskalkulation beim Einzelunternehmen (vgl. Kapitel zum Produktkostencontrolling). Die Selektion der Konzernkalkulation erfolgt über die Zuordnung eines Sonderbeschaffungsschlüssels, der auf das produzierende Werk verweist.

Neben der Bewertung der Bestände aus der Ergebnissicht des Einzelunternehmens und des Konzerns wird über die Profit-Center-Sicht der Erfolg der strategischen Geschäftseinheiten des Unternehmens ermittelt. Vom Erfolg der Profit Center hängt ganz wesentlich die Steuerung des Unternehmens ab. Insbesondere im Rahmen strategischer Analysen werden Chancen und Risiken, Stärken und Schwächen des Unternehmens und der Unternehmensumwelt identifiziert und ausgewertet.

Dazu ist es notwendig, Profit Center bzw. Profit Center Bereiche als interne Unternehmenseinheiten zu betrachten, die mit anderen Unternehmenseinheiten eine interne Kunden-Lieferanten-Beziehung haben. Der Güteraustausch zwischen den Unternehmenseinheiten muß daher zu Preisen bewertet werden, die internen Marktpreisen entsprechen. Diese Rolle übernehmen Transferpreise, die für den Austausch von Gütern zwischen Profit Centern definiert werden.

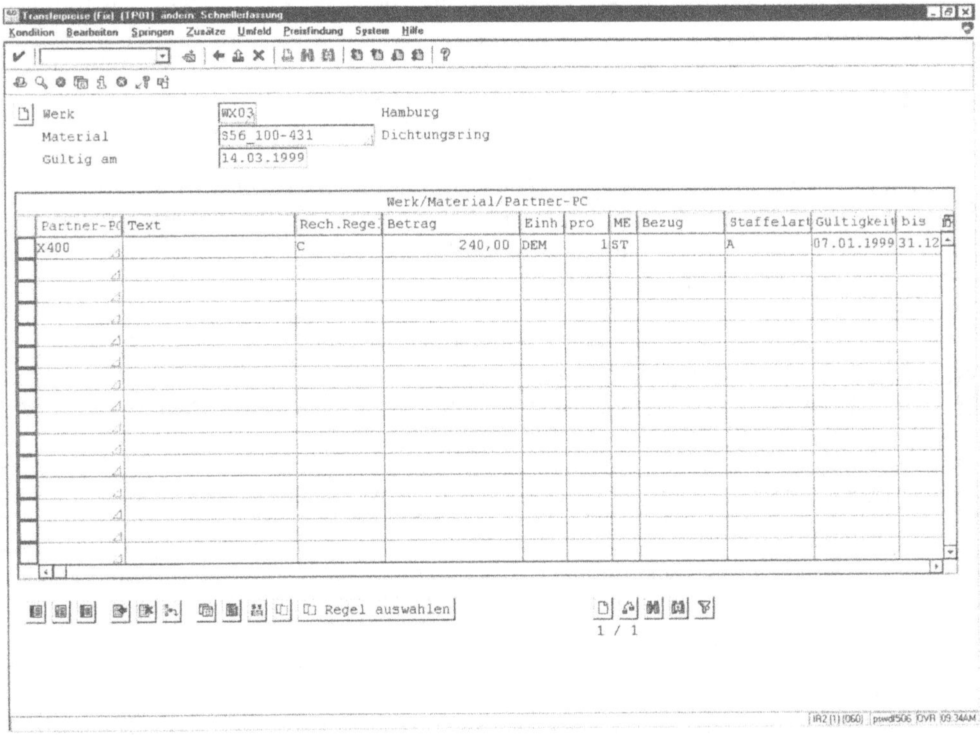

Abbildung 83: Definition von Transferpreisen © by SAP AG

Die Zuordnung der Profit Center zum Material je Werksegment des Materialstammsatzes führt bei Lieferungen zwischen den Werken zu einer Kostenverrechnung zwischen den Profit Centern. Im Beispiel oben wird für die Lieferung des Halbproduktes S56_100-431 für die Lieferung an Profit Center X400 (= Lieferung an ein anderes Werk) ein Transferpreis von 240,- DEM festgelegt. Dabei handelt es sich um einen Festpreis (Rechenregel C). Eine Alternative ist z.B. die Definition eines Zuschlags auf den Standardpreis.

9.3 Bewertung von Warenströmen im Konzern

Die Bewertung der Warenströme erfolgt im Unternehmenscontrolling in der

- legalen Sicht (Basis sind die bewertungsrelevanten Anschaffungs- und Herstellkosten für den Einzelabschluß),
- Konzernsicht (Basis sind die Herstellkosten im Konzern, Eliminierung von Zwischengewinnen),
- Profit Center Sicht (Basis sind die zwischen den Profit Centern definierten Transferpreise).

Beispiel

Vom Werk A der Firma BX03 (USA) werden 10 Stück des Halbproduktes S56_400-100 an das Werk B der Firma BX09 (D) geliefert.

Aus legaler Sicht erfolgt die Buchung für die Finanzbuchhaltung mit Verrechnungskonto (Forderungen) an Rohstoffbestand zum legalen Preis 10 * 100 USD = 1.000,- USD.

Aus Konzernsicht wird die Lieferung mit dem Konzernpreis bewertet. Dieser ist in diesem Beispiel identisch, die amerikanische Tochter hat zu eigenen Herstellkosten das Produkt geliefert. Als Kurs ist hier (der Einfacheit halber) 1 USD = 2 DEM eingestellt. Der Ausweis erfolgt daher in Konzernwährung zu 2.000,- DEM.

Für die Profit Center Bewertung wird der definierte Transferpreis von 240,- DEM zugrundegelegt. Der interne Umsatz des lieferenden Profit Centers zu 2.400,- DEM wird gegen das Bestandsveränderungskonto zum legalen Preis (= 2.000,-) und gegen ein Verrechnungskonto gebucht.

Der Erfolg des liefernden Profit Centers wird auf Basis von 2.400,- DEM berechnet.

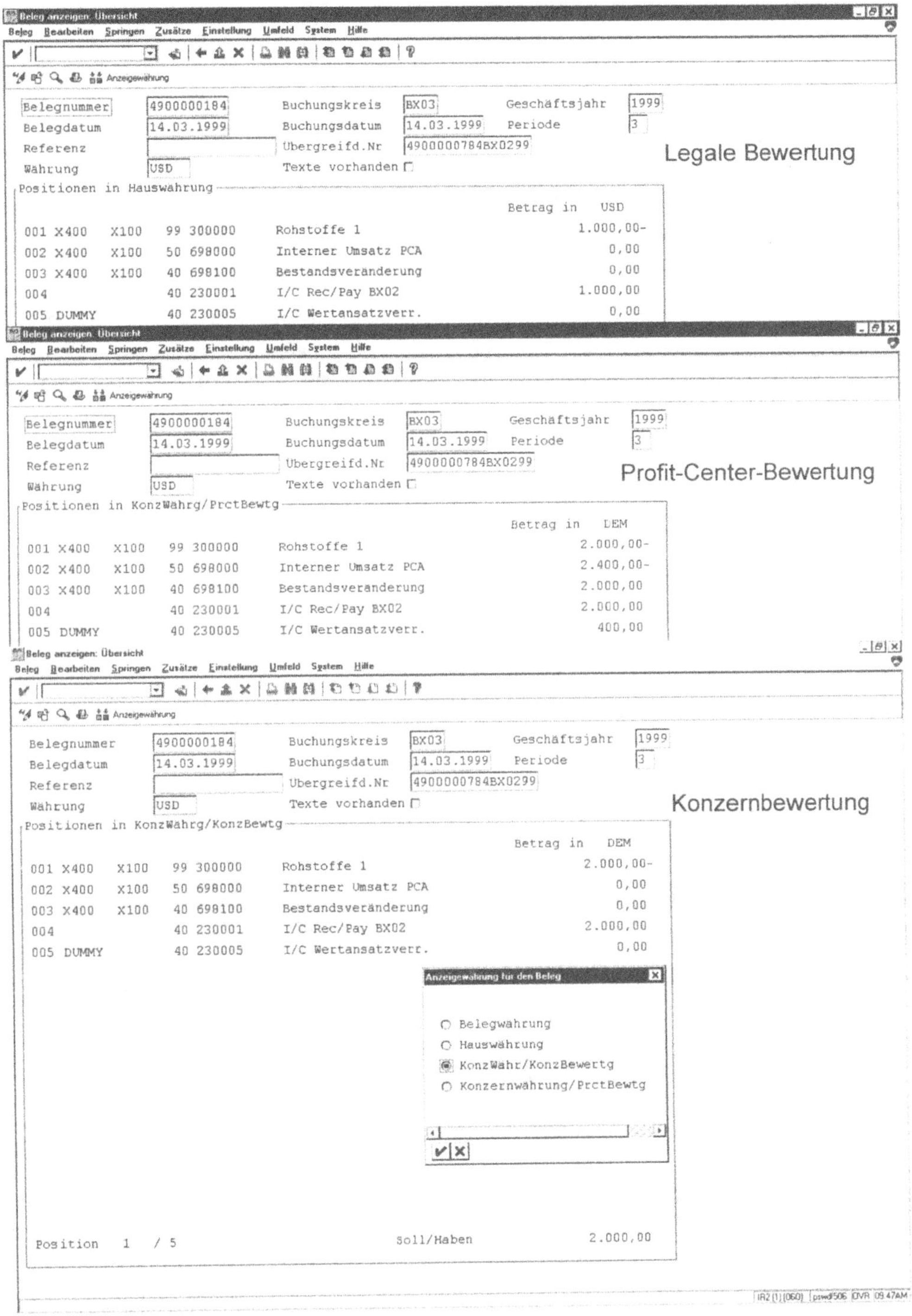

Beleg anzeigen: Übersicht

Beleg Bearbeiten Springen Zusätze Einstellung Umfeld System Hilfe

Anzeigewährung

Belegnummer	4900000184	Buchungskreis	BX03	Geschäftsjahr	1999
Belegdatum	14.03.1999	Buchungsdatum	14.03.1999	Periode	3
Referenz		Übergreifd.Nr	4900000784BX0299		
Währung	USD	Texte vorhanden ☐			

Legale Bewertung

Positionen in Hauswährung

							Betrag in USD
001	X400	X100	99	300000	Rohstoffe 1		1.000,00-
002	X400	X100	50	698000	Interner Umsatz PCA		0,00
003	X400	X100	40	698100	Bestandsveränderung		0,00
004			40	230001	I/C Rec/Pay BX02		1.000,00
005	DUMMY		40	230005	I/C Wertansatzverr.		0,00

Beleg anzeigen: Übersicht

Beleg Bearbeiten Springen Zusätze Einstellung Umfeld System Hilfe

Anzeigewährung

Belegnummer	4900000184	Buchungskreis	BX03	Geschäftsjahr	1999
Belegdatum	14.03.1999	Buchungsdatum	14.03.1999	Periode	3
Referenz		Übergreifd.Nr	4900000784BX0299		
Währung	USD	Texte vorhanden ☐			

Profit-Center-Bewertung

Positionen in KonzWährg/PrctBewtg

						Betrag in DEM
001	X400	X100	99	300000	Rohstoffe 1	2.000,00-
002	X400	X100	50	698000	Interner Umsatz PCA	2.400,00-
003	X400	X100	40	698100	Bestandsveränderung	2.000,00
004			40	230001	I/C Rec/Pay BX02	2.000,00
005	DUMMY		40	230005	I/C Wertansatzverr.	400,00

Beleg anzeigen: Übersicht

Beleg Bearbeiten Springen Zusätze Einstellung Umfeld System Hilfe

Anzeigewährung

Belegnummer	4900000184	Buchungskreis	BX03	Geschäftsjahr	1999
Belegdatum	14.03.1999	Buchungsdatum	14.03.1999	Periode	3
Referenz		Übergreifd.Nr	4900000784BX0299		
Währung	USD	Texte vorhanden ☐			

Konzernbewertung

Positionen in KonzWährg/KonzBewtg

						Betrag in DEM
001	X400	X100	99	300000	Rohstoffe 1	2.000,00-
002	X400	X100	50	698000	Interner Umsatz PCA	0,00
003	X400	X100	40	698100	Bestandsveränderung	0,00
004			40	230001	I/C Rec/Pay BX02	2.000,00
005	DUMMY		40	230005	I/C Wertansatzverr.	0,00

Anzeigewährung für den Beleg

- ○ Belegwährung
- ○ Hauswährung
- ◉ KonzWähr/KonzBewertg
- ○ Konzernwährung/PrctBewtg

Position 1 / 5 Soll/Haben 2.000,00

Abbildung 84: Belege bei Warenlieferung im Konzern, Senderwerk © by SAP AG

Aus der Sicht des empfangenden Unternehmens werden die Belege wie folgt verbucht:

In der legalen Sicht erfolgt die Buchung zum eigenen Standardpreis des Produktes. Dieser beträgt 150,- DEM, ist also um 50,- DEM niedriger als der Standardpreis bei Firma BX03. Daher wird die Differenz von 500,- DEM als Ertrag aus Lieferungen von anderen Profit Centern gebucht.

Aus Konzernsicht erfolgt die Bewertung zu den Herstellkosten des produzierenden Unternehmens. Die amerikanische Tochter stellt das Produkt zu einem Standardpreis von 200,- DEM (100,- USD) her. Entsprechend erfolgt die Bewertung zu 2.000,- DEM.

Aus Profic-Center-Sicht erfolgt die Bewertung zum Transferpreis. Dieser beträgt für die Lieferung aus USD 240,- DEM. Der Rohstoffbestand wird daher aus Profit Center Sicht mit 2.400,- DEM geführt, die gleichzeitig als Aufwand gebucht und damit ergebnisneutral gebucht werden.

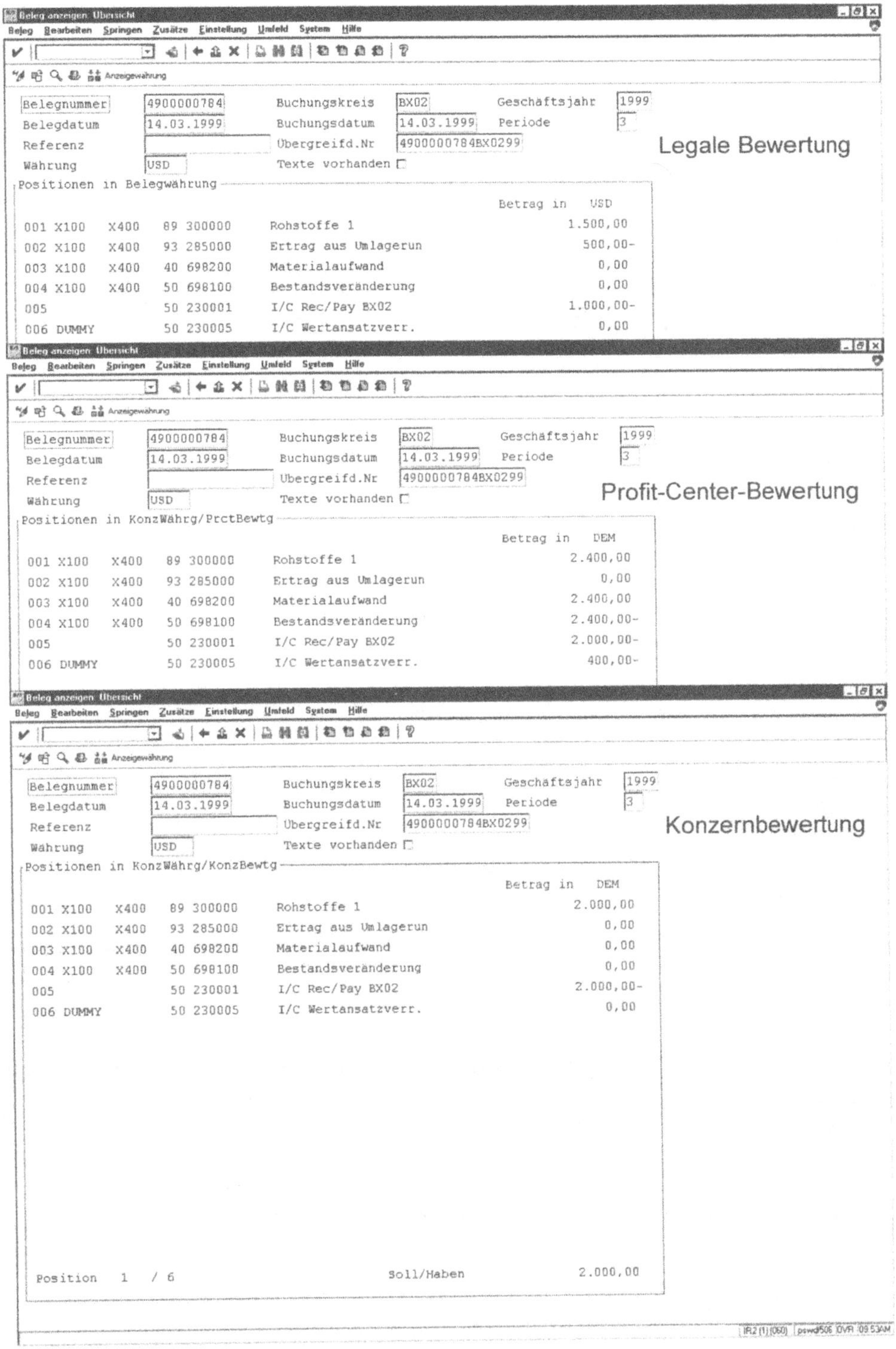

Abbildung 85: Belege bei Warenlieferung im Konzern, Empfänger © by SAP AG

Im Berichtswesen des Konzerncontrollings können die Ergebnisse der Unternehmensberiche aus

- legaler Sicht (Bewertung zu handels- und steuerrechtlichen Änsätzen),
- Konzernsicht (Bewertung unter Berücksichtigung der Eliminierung von Zwischengewinnen
- Profit Center Sicht (Bewertung auf Basis von Transferpreisen)

ausgewertet werden.

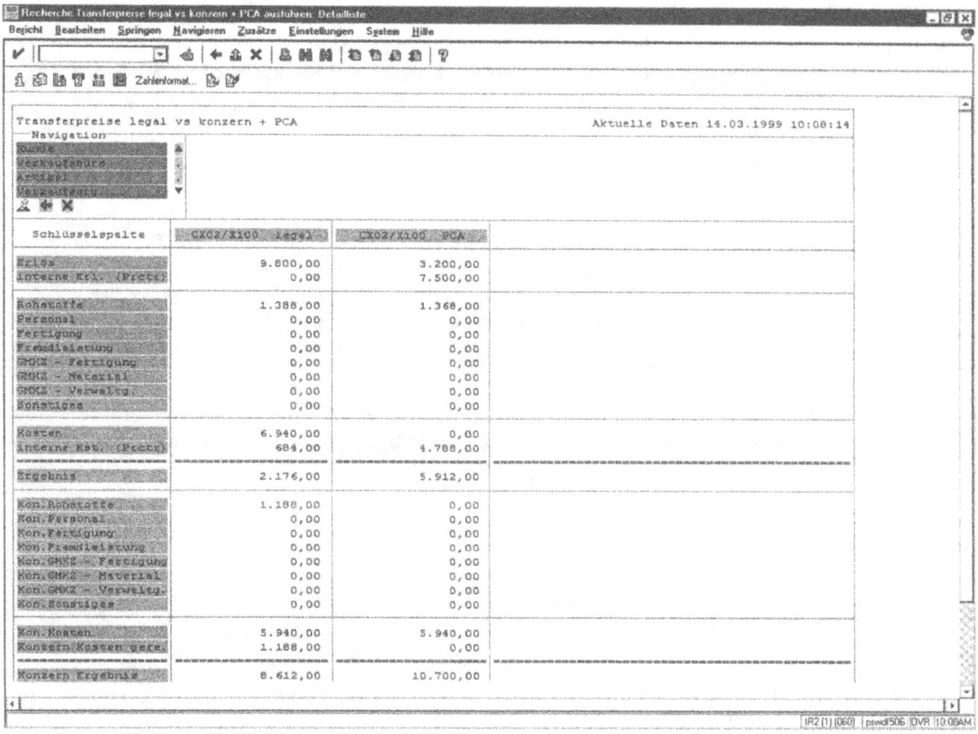

Abbildung 86: Konzernbericht © by SAP AG

Die Abbildung zeigt das Konzernergebnis für den Unternehmensbereich X100 (Profit Center) auf Basis der legalen Bewertung und nach Transferpreisen. Zwischengewinne zwischen den Unternehmensbereichen werden so sichtbar.

Das Ergebnis zeigt den Anteil eines Unternehmensbereiches am Gesamtergebnis des Konzerns und ist Basis für strategische und taktische Entscheidungen des Managements.

Aufgaben und Lösungen zum Controlling

Aufgaben Test I

Aufgabe 1

Erläutern Sie die Aufgabenstellung im
Gemeinkostencontrolling
Produktkostencontrolling
Ergebniscontrolling

Aufgabe 2

Eine Kostenstelle plant für den Verbrauch eines Rohstoffes in der Produktion 120.000,- DM fixe Kosten und 60.000,- DM variable Kosten mit Planverbrauchsmengen von 6.000 Stück fix und 3.000 Stück variabel. Es wurden noch keine Produktionsleistungen verrechnet.

Es erfolgt eine Lieferung des Rohstoffs, der sofort in den Verbrauch gebucht wird. Geliefert wurden 8.000 Stück zum Rechnungspreis von 200.000,- DM.

Für die geplante Produktionsleistung wurden 1.000 Stunden zu einem fixen Tarif von 120,- DM und einem variablen Tarif von 60,- DM geplant. 500 Stunden wurden verrechnet.

Berechnen Sie:

Sollkosten

Sollmenge

Einsatzpreisabweichung

Einsatzmengenabweichung

Einsatzgesamtabweichung

Verrechnungspreisabweichung

Aufgabe 3

Eine Investitionsmaßnahme soll durch das Controlling geplant und überwacht werden.
Welches Controllingobjekt wählen Sie:

Kostenstelle
Innenauftrag
Produktionsauftrag?

Begründen Sie Ihre Entscheidung im Hinblick auf

Planungsmöglichkeiten
Budgetierung
Wertefluß

Aufgabe 4

Die Kostenstelle „Arbeitsvorbereitung“ hat für Änderungen an Arbeitsplänen und Stücklisten folgende Prozeßkosten ermittelt:

Kostenstelle Arbeitsvorbereitung							
Teilprozesse		Maßgrößen		Kosten-zurechn.	Prozeßkosten		
Nr.	Bezeichnung	Art der Maßgröße	Menge	Basis [Std.]	Lmi	Lmn	gesamt
1	Ändern Stücklisten	Produktänderungen	2.000	4.000	400.000,-	40.000,-	440.000,-
2	Ändern Arbeitspläne	Produktvarianten	1.000	6.000	600.000,-	60.000,-	660.000,-
3	Abteilung leiten			1.000	1.000.000,-	100.000,-	1.100.000,-

4.1

Berechnen Sie die

lmi-Prozeßkostensätze
Umlagesätze für die lmn-Kosten
Gesamtprozeßkostensätze

4.2

Von den Produktänderungen entfielen 400 auf Serienprodukte und 1.600 auf Kundeneinzelprodukte.
Die Produktvarianten teilen sich in 100 Varianten für Serienprodukte und 900 Varianten für Kundeneinzelprodukte auf.
Es wurden jeweils 1000 Stück an Serienprodukten und Kundeneinzelprodukten hergestellt.

Berechnen Sie die Prozeßkosten je Stück.

4.3

Die Fertigungskosten betragen 5.000,- DM je Serienprodukt und 6.000,- DM je Kundeneinzelprodukt.

Berechnen Sie die Herstellkosten je Stück für Serien- und Kundeneinzelprodukt nach der Zuschlagskalkulation mit einem Fertigungsgemeinkostenzuschlag von 10% und der prozeßorientierten Kalkulation

Aufgabe 5

In der Gemeinkostenstelle Materialwirtschaft werden die leistungsmengeninduzierten Prozesse Rechnungsprüfungen, Wareneingangskontrollen und Einlagerungen durchgeführt. Die geplanten Prozeßmengen sind zum Teil von der Ausbringungsmenge (Summe der zu bearbeitenden Materialpositionen) und zum Teil von den Materialvarianten (Materialart) abhängig. Die Kosten der Kostenstellenleitung sind leistungsmengenneutral.

Basis der Planung sind 4000 Materialpositionen, wovon 2500 Positionen auf Variante A und 1500 Positionen auf Variante B entfallen.

	Planprozeßmenge	geplante Gesamtkosten der Planprozeßmengen	Ausbringungsmengenabhängige Prozeßmenge	Ausbringungsvariantenabhängige Prozeßmenge
Rechnungsprüfungen lmi	1.000,-	20.000,-	90%	10%
Wareneingangskontrollen lmi	3.000,-	6.000,-	100%	0%
Einlagerungen lmi	200	40.000,-	20%	80%
Kostenstellenleitung lmn		33.000,-		

5.1

Berechnen Sie den leistungsmengeninduzierten Planprozeßkostensatz für alle drei Prozesse.

5.2

Berechnen Sie den Planprozeßkostensatz für eine Einheit der Materialvariante A und B. Gehen Sie dabei davon aus, daß sich die variantenabhängigen Prozeßkosten zu gleichen Teilen auf A und B aufteilen. Basis ist der Planprozeßkostensatz (ohne Umlagesatz).

Lösung zu Test I

Aufgabe 1

Gemeinkostencontrolling

Die Aufgabe des Gemeinkosten-Controllings ist die Planung, Verrechnung, Steuerung und Überwachung der Gemeinkosten.
Durch die Planung des Gemeinkostenbereichs lassen sich Standards festlegen, die eine Kontrolle der Kosten und eine Bewertung der innerbetrieblichen Leistungen ermöglichen. Sämtliche Gemeinkosten werden den Kostenstellen, auf denen sie angefallen sind, oder den Maßnahmen, die zu ihrer Entstehung führten, zugeordnet.
Am Ende der Buchungsperiode, nachdem alle Verrechnungen erfolgt sind, werden die an den Beschäftigungsgrad angepaßten Plankosten (Sollkosten) den entsprechenden Istkosten gegenübergestellt. Die festgestellten Soll-/Ist-Abweichungen können bezüglich ihrer Ursachen analysiert werden und sind dann Gegenstand weiterführender Steuerungsmaßnahmen innerhalb des Controllings. Insbesondere ist festzustellen, ob durch Mengenabweichungen zuviel Materialverbrauch und/oder Personaleinsatz erfolgte, ob durch Preisabweichungen zu teuer eingekauft wurde und ob durch Verrechnungspreisabweichungen zu hoch oder gering geplant wurde und die Istkosten nur unzulänglich über die Kostensätze der Kostenstellenleistungen verrechnet wurden. Schließlich wird mit der Beschäftigungsabweichung die Auslastung der Kostenstellen gesteuert.

Produktkostencontrolling

Die Erzeugniskalkulation ist ein Werkzeug zur Kostenplanung und Preisbildung für Materialien. Sie dient dazu, die Herstell- und Selbstkosten pro Erzeugniseinheit zu ermitteln.

Die Kostenträgerrechnung ist ein Teilbereich der Kostenrechnung, die Frage stellt: Wofür sind Kosten entstanden? Die Kostenträgerrechnung rechnet die im Unternehmen angefallenen Kosten den Leistungseinheiten des Betriebes (z.B. Erzeugnisse, Erzeugnisgruppen, Aufträge) zu. Im Rahmen der Periodenabschlußaktivitäten sind der bewertete Zwischenlagerbestand (Bestandsveränderungen) zu berechnen und die Abweichungen zu ermitteln. Neben Mengen- und Preisabweichungen sind durch Losgrößenabweichungen die Aktualität der Planpreise in der Produktion zu überwachen. Durch die Abrechnung der Produktionskosten an den Lagerbestand bzw. Kundenauftrag wird die verursachungsgerechte Belastung der Kosten aus der Produktion sichergestellt.

Ergebniscontrolling

Die Ergebnisrechnung dient der Beurteilung von Marktsegmenten -- gegliedert nach Produkten, Kunden, Aufträgen und beliebigen Verdichtungen dieser Begriffe -- oder Unternehmenseinheiten wie Buchungskreise oder Geschäftsbereiche im Hinblick auf Ihren Ergebnisbeitrag bzw. Deckungsbeitrag. Ziel des Systems ist es, aus der Sicht des Markts die

Bereiche Vertrieb, Marketing, Produktmanagement und Unternehmensplanung mit Informationen für das Controlling und die Entscheidungsfindung zu unterstützen. Wichtig dabei ist der Einsatz der Deckungsbeitragsrechnung, um zwischen den Kosten des Umsatzes und den periodenbezogenen Kosten zu unterscheiden. Die Deckungsbeitragsrechnung ergibt sich aus der Unterscheidung der ergebnisrelevanten Kosten in fixe und variable Bestandteile. Wichtig ist , den Deckungsbeitrag pro Produkt bzw. Dienstleistung zu berechnen und verursachungsgerecht zuordnen zu können.

Aufgabe 2

Sollkosten = $\text{Plankosten}_{\text{fix}}$ + $\text{Plankosten}_{\text{var}}$ * Beschäftigungsgrad
= 120.000,- + 60.000,- * 0,5
= 150.000,-

Sollmenge = $\text{Planmenge}_{\text{fix}}$ + $\text{Planmenge}_{\text{var}}$ * Beschäftigungsgrad
= 6.000 Stck. + 3.000 Stck * 0,5
= 7.500 Stück

Einsatzpreisabweichung = (Istpreis – Sollpreis) * Istmenge
= (25 – 20) * 8.000 Stck
= 40.000,-

Einsatzmengenabweichung = (Istmenge – Sollmenge) * Sollpreis
= (8.000 – 7.500) * 20,-
= 10.000,-

Einsatzgesamtabweichung = Istkosten – Sollkosten
= 200.000 – 150.000
= 50.000,-

Verrechnungspreisabweichung = Sollkosten – verrechnete Plankosten
= 150.000 – (500 * 180)
= 60.000,-

Aufgabe 3

Als Controllingobjekt eignet sich der Innenauftrag. Die Planungsmöglichkeiten erfolgen auf mehreren Stufen:

- Gesamtplanung (Budgetplanung) zur langfristigen Planung
- Kostenartenbezogene Planung
- Detailplanung auf Material- und Kostenstellenleistungs-Ebene

Mit der Budgetierung erfolgt eine aktive Verfügbarkeitskontrolle auf gebuchte Istkosten und das erfolgte Obligo aufgrund offener Bestellungen. Damit kann ein Überschreiten des Investitionsbudget verhindert werden.

Der Wertefluß erfolgt vom Innenauftrag direkt auf die selbst erstellte Anlage bzw. Anlage im Bau. Damit ist die Aktivierung in der Anlagenbuchhaltung möglich.

Nachteile der Kostenstelle: Kostenstelle ist für Oganisationseinheiten, nicht für temporäre Aufträge geeignet (paßt betriebswirtschaftlich nicht).

Fertigungsaufträge erzeugen einen Materialbestand, keine Anlage.

Aufgabe 4

4.1

Berechnen Sie die

lmi-Prozeßkostensätze
Umlagesätze für die lmn-Kosten
Gesamtprozeßkostensätze

Ändern Stückliste: 400.000 / 2.000 = 200,- DM pro Änderung
Ändern Arb.-Plan: 600.000 / 1.000 = 600,- DM pro Arbeitsplanänderung

Verhältnis der lmn- zu den lmi-Kosten: 10%

Daraus ergeben sich Gesamtprozesskostensätze von:

Ändern Stückliste: 220,-
Ändern Arb.-Plan: 660,-

4.2

Prozeßkosten je Produkt (gesamt):

Serienprodukt

Stücklistenänderung: 220 * 400 = 88.000,- DM

Arbeitsplanänderung: 660 * 100 = 66.000,- DM

Kundeneinzelprodukt

Stücklistenänderung: 220 * 1.600 = 352.000,- DM

Arbeitsplanänderung: 660 * 900 = 594.000,- DM

Prozeßkosten je Stück Erzeugnismenge

	Serienprodukt	Kundeneinzelprodukt
Stücklistenänderung:	88.000 / 1.000 = 88,-	352.000 / 1.000 = 352,-
Arbeitsplanänderung:	66.000 / 1.000 = 66,-	594.000 / 1.000 = 594,-

4.3

Zuschlagskalkulation

	Serienprodukt	Kundeneinzelprodukt
Fertigungskosten	5.000,-	6.000,-
+ FGK 10%	500,-	600,-
Herstellkosten	5.500,-	6.600,-

Prozeßorientierte Kalkulation

	Serienprodukt	Kundeneinzelprodukt
Fertigungskosten	5.000,-	6.000,-
+ Änderung Stückliste	88,-	352,-
+ Änderung Arb.-Plan	66,-	594,-
Herstellkosten	5.154,-	6.946,-

Ergebnis: Die Komplexitätskosten der Stücklistenänderungen und Arbeitsplanänderungen werden verursachungsgerechter zugerechnet.

Aufgabe 5

Berechnung des Umlagesatzes für die leistungsmengenneutralen Kosten.

Teilprozeß	Prozeßmenge	Gesamtkosten	Prozeßkostensatz	Umlagesatz	Gesamtprozezeß kostensatz
Rechnungs-prüfung lmi	1.000	20.000,-	20,-	10,-	30,-
Wareneingang lmi	3.000	6.000,-	2,-	1,-	3,-
Einlagerungen lmi	200	40.000,-	200,-	100,-	300,-
Leitung lmn		33.000,-			

Der Umlagesatz ergibt sich damit aus:

$$Umlagesatz = \frac{33.000}{20.000 + 6.000 + 40.000} = 0,5$$

5.1

Ausbringungsabhängige Prozeßkosten

$$Rechnungsprüfung = \frac{1.000 * 0,9 * 20}{4.000} = 4,50 EUR$$

$$Wareneingang = \frac{3.000 * 1,0 * 2,-}{4.000} = 1,50 EUR$$

$$Einlagerung = \frac{200 * 0,2 * 200}{4.000} = 2,- EUR$$

Variantenabhängige Prozeßkosten

	Variante A	Variante B
	0,5	0,5
Rechnungsprüfung:	$\frac{1.000*0{,}1*20}{2.500}*0{,}5=0{,}40EUR$	$\frac{1.000*0{,}1*20}{1.500}*0{,}5=0{,}67$
Wareneingang:	0%	0%
Einlagerung:	$\frac{200*0{,}8*200}{2.500}*0{,}5=6{,}40EUR$	$\frac{200*0{,}8*200}{1.500}*0{,}2=10{,}67EUR$

5.2

Variantenstückkosten

	Variante A	Variante B
Rechnungsprüfung	4,50	4,50
„	0,40	0,67
Wareneingang	1,50	1,50
Einlagerung	2,-	2,-
„	6,40	10,67
Summe:	14,80	19,34

Probe

Gesamtkosten: 20.000 + 6.000 + 40.000 = 66.000,- EUR

14,80 * 2.500 + 19,34 * 1.500 = 66.010,- EUR (Rundungsdifferenz).

Aufgaben Test II

Aufgabe 1

Wo würden Sie im Rahmen der Aufbauorganisation des Unternehmens die Organisationseinheit „Controlling" einordnen? Begründen Sie Ihre Meinung mit Vor- und Nachteilen gegenüber alternativen Organisationsmodellen.

Aufgabe 2

Kennzeichnen Sie mit richtig [R] oder falsch [F].

Ein Kostenstellenbericht sollte allen Führungskräften zugänglich sein.	☐
Das Account-Management ist für den Erfolg von Produkten verantwortlich.	☐
Das Produktmanagement ist für den Erfolg des Kundenumsatzes verantwortlich.	☐
Vor der Entscheidung der Berichtsinhalte muß der Wertefluß geklärt sein.	☐

Aufgabe 3

Unterscheiden Sie folgende Kostenrechnungssysteme:

1. Normalkostenrechnung
2. Plankostenrechnung
3. Grenzplankostenrechnung

Aufgabe 5

Kennzeichnen Sie mit richtig [R] und falsch [F].

Aufträge können an Kostenstellen abgerechnet werden.	☐
Statistische Aufträge können überhaupt nicht abgerechnet werden.	☐
Die Abrechnung wird unter einer Primärkostenart gebucht.	☐
Die Abrechnung kann beliebig oft wiederholt werden.	☐

Lösung zu Test II

Aufgabe 1

Im Hinblick auf die Aufgabe des Controlling, durch eingehende Analysen der Unternehmenssituation und Aufzeigen konkreter Handlungsalternativen eine Steuerungsfunktion für das Unternehmen auszuüben, kann eine organisatorische Eingliederung innerhalb der Linien-Aufbauorganistion keine sinnvolle Basis sein. Viel zu lang wären die Informationswege zum und vom Controlling gegenüber der Unternehmensleitung. Dazu kommt die Notwendigkeit der Unabhängigkeit und Objektitvität, die für ein qualitätiv hochwertiges und effizentes Controlling unabdingbar ist.

Daher ist das Unternehmenscontrolling direkt der Geschäftsleitung zu unterstellen, allerdings ohne eigene Leitungsfunktion mit Budgetverantwortung, da sonst die Gefahr der Wahrnehmung abteilungsbezogener Interessen besteht.

Weiterhin ist das Controlling auf mehreren Unternehmensebenen zu etablieren. Je nach Aufgabenbereich und Unternehmensebene wird so ein Konzerncontrolling bis hin zum Projektcontrolling wahrgenommen. In Controlling-Workshops und Meetings werden die Einzelaktivitäten, Maßnahmen und verwendeten Werkzeuge und Standards abgestimmt. So wird der direkte Draht zwischen Controlling und Fachbereich gewährleistet und eine Durchgängigkeit der Controlling-Ergebnisse über alle Unternehmensbereiche gewährleistet.

Aufgabe 2

Kennzeichnen Sie mit richtig [R] oder falsch [F].

Ein Kostenstellenbericht sollte allen Führungskräften zugänglich sein.(nur den Kst.St.-Leitern)	F
Das Account-Management ist für den Erfolg von Produkten verantwortlich. (Kunden)	F
Das Produktmanagement ist für den Erfolg des Kundenumsatzes verantwortlich. (Produkt)	F
Vor der Entscheidung der Berichtsinhalte muß der Wertefluß geklärt sein.	R

Aufgabe 3

In der Normalkostenrechnung wird mit durchschnittlichen Gesamtkosten gearbeitet. Basis der Planung zukünftiger Kosten sind die in der Vergangenheit angefallenen Kosten. Vorteil ist eine einfache Handhabung und Berechnung der Kosten. Nachteil ist die Gefahr, daß Unwirtschaftlichkeiten in der Vergangenheit nicht erkannt und in die Planung mit übernommen werden. Das Verfahren ist insbesondere bei fest vorgegebenen (administrieten) Kostensätzen Gebühren) anwendbar, insbesondere dann, wenn die Kostensätze politisch gesetzt werden.

In der Plankostenrechnung erfolgt eine analytische Ermittlung der Kostensätze. Das bedeutet, daß auf der Basis eines Mengen- und Wertegerüstes geplant wird, welche Produktions- und Verbrauchsmengen, bewertet zu Plan- und Istpreisen das Absatz- und Produktionsprogramm des Unternehmens erfüllen. Dabei wird zwischen Plankosten (Planmenge x Planpreis), Sollkosten (Istmenge x Planpreis) und Istkosten (Istmenge x Istpreis) unterschieden und die Kostenabweichung im Hinblick auf Preis-, Mengen- und Einsatzabweichung auf der Verbrauchsseite, sowie Verrechnungspreis-, Losgrößen- und Strukturabweichung auf der Produktionsseite unterschieden. Einsatz- und Strukturabweichung treten dann auf, wenn andere Produktionsfaktoren als geplant verbraucht bzw. produziert werden.

In der Grenzplankostenrechnung werden nur verursachungsgerechte, d.h. variable Kosten zum Kostenvergleich herangezogen. Eine Proportionalisierung fixer Kosten wie in der Plankostenrechnung findet nicht statt. Die Aussagefähigkeit dieses Systems ist dann hoch, wenn der Anteil der variablen an den gesamten Kosten so hoch ist, daß eine Beeinflussung der variablen Kosten eine signifikante steuernde Wirkung auf das Unternehmen hat.

Aufgabe 4

Die Weitergabe von Kosten innerhalb des Unternehmens entsteht aus der innerbetrieblichen Leistungsverflechtung. Dabei soll die Organisationseinheit im Unternehmen möglichst mit den Kosten belastet werden, die sie durch die Inanspruchnahme von Leistungen auch verursacht hat (Verursachungsprinzip). Die Weitergabe der Kosten nach der Kosten-/Budget-Situation einer Organisationseinheit (Tragfähigkeitsprinzip) entspricht nicht ökonomischen Kriterien.

Bei einer Verteilung der Kosten werden die Kosten unter der orginären Kostenart weitergegeben. Dies ist dann anzuwenden, wenn die Kosten auch bei den Empfängern der Verteilung in ihrer Bedeutung transparent gebucht werden sollen, z.B. Stromkosten. Im Fall der Umlage werden die weitergegebenen Kosten unter einer neutralen, sekundären Kostenart gebucht. Dies ist z.B. bei der Weiterbelastung von Kantinenkosten sinnvoll, da Einzelkosten für Nahrungsmittel und Abschreibung für Küchengeräte für eine Fertigungskostenstelle keine Aussagekraft haben, die Mitarbeiter dennoch in der Kantine essen gehen.

Aufgabe 5

Kennzeichnen Sie mit richtig [R] und falsch [F].

Aufträge können an Kostenstellen abgerechnet werden.	R
Statistische Aufträge können überhaupt nicht abgerechnet werden.	R
Die Abrechnung wird unter einer Primärkostenart gebucht. (Abrechnungskostenart = sekundäre KART)	F
Die Abrechnung kann beliebig oft wiederholt werden. (Abgerechnete Beträge werden nur 1x echt verbucht)	F

Aufgaben Test III

Aufgabe 1 (6 Punkte)

Erläutern Sie den Unterschied zwischen den Kostenrechnungssystemen Normalkostenrechnung, Starre Plankostenrechnung und Grenzplankostenrechnung im Hinblick auf

- Primärkosten
- Sekundärkosten
- Tarif

Aufgabe 2

Kennzeichnen Sie mit Richtig [R] oder Falsch [F]

In der starren Plankostenrechnung werden auch Sollkosten berechnet. ☐
In der flexiblen Plankostenrechnung werden nur Grenzkosten betrachtet. ☐
In der Normalkostenrechnung werden die Kosten auf Basis der Vergangenheit geplant. ☐
Ein fixer und variabler Tarif wird in der starren Plankostenrechnung nicht gebildet. ☐

Aufgabe 3

Kennzeichnen Sie mit Richtig [R] oder Falsch [F]

Abschreibung auf Anlagen sind stets primäre Kosten. ☐
Messekosten (z.B. Kosten der CeBit) sollten über eine Kostenstelle verfolgt werden. ☐
Gemeinkosten werden über Zuschlagssätze den Kostenträgern belastet. ☐
Zuschlagssätze werden für Einzelkosten gebildet. ☐
Kostenstellenkosten werden über sekundäre Kostenarten verrechnet. ☐

Aufgabe 4

Kennzeichnen Sie mit Richtig [R] oder Falsch [F]

Die Leistungsarten werden Aufträgen zugeordnet. ☐
Der Leistungsartentarif bezieht sich auf *eine* konkrete Kostenstelle. ☐
Durch Zuordnung einer Primärkostenart zu einer Leistungsart werden können variable Primärkosten geplant werden. ☐
Die Leistungsverrechnung wird über eine Empfänger-Leistungsart verrechnet. ☐

Aufgabe 5

Unter welchen Bedingungen (Anforderungen) würden Sie einen Gemeinkostenauftrag (Innenauftrag) als Controllingobjekt verwenden? Welche besonderen Anforderungen werden vom CO-Innenauftrag im System SAP R/3 erfüllt?

Aufgabe 6

Unterscheiden Sie die Zielsetzung von

- Ergebnis- und Marktsegment-Rechnung vs.
- Profit-Center-Rechnung

Im Hinblick auf

- Controling-Objekt
- Zielsetzung.

Aufgabe 7

Erläutern Sie das Risiko einer Fehlentscheidung, wenn als Basis für Sortimentsentscheidungen des Produktprogramms die Vollkostenrechnung dient.

Lösung zu Test III

Aufgabe 1

Primärkosten

- Normalkostenrechnung: Die Planung von Primärkosten erfolgt auf Basis von Vergangenheitswerten, die geplanten Kosten sind Standardkosten und werden als Durchschnittswerte der Vergangenheitsdaten berechnet.
- Starre Plankostenrechnung: Die Planung der Primärkosten erfolgt auf der Basis von (Material-)Menge x Materialpreis. Die Kosten werden als Gesamtkosten, unabhängig von der Beschäftigung der kostenverursachenden Kostenstellen geplant.
- Grenzplankostenrechnung: Die Planung der Primärkosten werden differenziert nach fixe (beschäftigungsunabhängige) und variable (beschäftigungsabhängige) Kosten geplant. In der Grenzplankostenrechnung erfolgt die Planung der variablen Primärkosten durch die Berücksichtigung der die Primärkosten verursachenden Leistungsmenge. Dem Produkt werden nur die variablen Primärkosten im Plan und Ist belastet.

Sekundärkosten

- Normalkostenrechnung: Die Planung der Sekundärkosten (Arbeitskosten) erfolgt i.S.v. Standardkosten, d.h. auf Basis von Durchschnittswerten der Vergangenheit.
- Starre Plankostenrechnung: Die Planung der Sekundärkosten erfolgt durch eine Leistungsaufnahmeplanung. Dabei wird die Leistungsabgabe unabhängig von der Empfängerleistung, und damit fix geplant.
- Grenzplankostenrechnung: Die Leistungsaufnahmeplanung wird in Abhängigkeit von der Empfängerleistung, und damit getrennt nach fixer und variabler Leistungsaufnahme und der damit verbundenen Kosten (Leistungsmenge x Tarif) geplant. Auf das Erzeugnis werden nur die variablen Kosten im Plan und Ist verrechnet.

Tarif

- Normalkostenrechnung: Keine Tarifplanung der Kostenstellenleistung, da die (sekundären) Fertigungskosten auf Basis von Vergangenheitswerten geplant werden.
- Starre Plankostenrechnung: Für die leistungsbezogenen Kosten wird ein Gesamt-Tarif geplant, mit dem sowohl fixe als auch variable Kosten berücksichtigt werden.
- Grenzplankostenrechnung: Da nur die variablen Kostenstellenkosten dem Kostenträger belastet werden sollen, wird ein variabler Tarif als Quotient aus den variablen, leistungsbezogenen Kosten und der Leistungsmenge berechnet und bei der Leistungsverrrechnung verwendet. Die fixen Kosten werden en bloc in die Ergebnisrechnung verrechnet.

Aufgabe 2

Kennzeichnen Sie mit Richtig [R] oder Falsch [F]

In der starren Plankostenrechnung werden auch Sollkosten berechnet. **F**
In der flexiblen Plankostenrechnung werden nur Grenzkosten betrachtet. **F**
(Grenzplankostenrechnung)
In der Normalkostenrechnung werden die Kosten auf Basis der Vergangenheit geplant. **R**
Ein fixer und variabler Tarif wird in der starren Plankostenrechnung nicht gebildet. **R**

Aufgabe 3

Kennzeichnen Sie mit Richtig [R] oder Falsch [F]

Kalk. Zinsen auf Anlagen sind stets primäre Kosten. **R**
Kosten für selbsterstellte Anlagen sollten über eine Kostenstelle verfolgt werden.
(Auftrag) **F**
Prozeßkosten werden über Zuschlagssätze den Kostenträgern belastet. (Tarif) F
Zuschlagssätze werden für Gemeinkosten gebildet. R
Kostenstellenkosten werden über sekundäre Kostenarten verteilt. F

Aufgabe 4

Kennzeichnen Sie mit Richtig [R] oder Falsch [F]

Die Leistungsarten werden Aufträgen zugeordnet. (Kostenstellen) **F**
Der Leistungsartentarif bezieht sich auf *eine* konkrete Kostenstelle. **R**
Durch Zuordnung einer Primärkostenart zu einer Leistungsart können variable Primärkosten geplant werden. **R**
Die Leistungsverrechnung wird über eine Empfänger-Leistungsart verrechnet. (Sender-LA) **F**

Aufgabe 5

- Temporäre Maßnahme (z.B. Investition, Messe, Reparatur, ...)
- Aktive Budegt-Kontrolle
- Kostenträger-Funktion (Controlling von Kosten und Erlöse)
- Berücksichtigung von Kosten, die nicht direkt zuordenbar sind (Gemeinkosten-Zuschläge)
- Status-Schema (In einzelnen Phasen sind nur bestimmte Buchungen erlaubt)
- Kontierungsobjekt für Erlöse (Kostenträger-Funktionalität)
- Zuschlagsschema für GK-Zuschläge
- Abrechnung an unterschiedliche CO-Objekte möglich (z.B. Ergebnisrechnung (allg. Kosten, Kostenstelle (z.B. Marketing-Aktion), Anlage (selbsterstellte Anlagen)

Aufgabe 6

Controllingobjekt

Die Controlling-Sicht in der Ergebnisrechnung richtet sich auf die externen Beziehungen des Unternehmens, d.h. gegenüber den Marktpartnern. Ziel ist die Beurteilung der Profitabilität der Marktsegment. Das heißt, welcher Markterfolg wurde mit den Marktsegmenten des Unternehmens erzielt, z.B.

- Produktions-Sortiment
- Produktguppe
- Produkt
- Vertriebsweg
- Kundengruppe
- Kunde
- usw.

Zielsetzung

Zielsetzung der Profit-Center-Rechnung ist das Controlling über einen Produkt- und Marktsegment-übergreifenden Bereich. Es geht insbesondere darum, Kosten und Erlöse über unterschiedliche Controlling-Objekte zusammenzufassen, z.B. alle Kosten von Innenaufträgen, Fertigungsaufträgen und Projekten mit den Erlösen aus Kundenaufträgen. Dadurch wird insbesondere ein

- Produktmanagement (alle Aufträge zu einem Produkt)
- Accountmanagement (alle Aufträge zu einem Kunden)

unterstützt.
Eine weitere Sicht im Rahmen der Profit-Center-Rechnung ist die Beurteilung der Profitabilität von Unternehmensbereichen, z.B. auch durch Kennzahlen wie Gewinn-Rentabilität.

Dazu ist es notwendig. neben den Erfolgszahlen auch die Bestandszahlen des Unternehmensbereiches (Anlagenbestand, Materialbestand, Forderungen und Verbindlichkeiten) in die Erfolgsbetrachtung mit einzubeziehen.

Aufgabe 7

Werden Produkte mit einem negativen Ergebnis aus dem Produktprogramm genommen, besteht das Risiko, daß übersehen wird, daß die von diesem Produkt bisher getragenen Fixkosten nun - zumindest mittelfristig - von den anderen Produkten übernommen werden müssen.

Lag der periodenbezogene Erlös den eliminierten Produktes über den periodenbezogenen anteiligen fixen Kosten des Produktes, verschlechtert sich das Periodenergebnis dann, wenn der durch die Eliminierung eines Produktes entstehende Verlustausfall nicht durch eine Umsatzsteigerung bei anderen Produkten kompensiert werden kann.

Um das Risiko abzuschwächen ist es daher notwendig, daß über eine aussagekräftige Marktanalyse die Umsatzentwicklung und über eine entsprechende Kostenanalyse die Kostenentwicklung für die Konstellation „Herausnahme eines Produktes aus dem Produktprogramm" die künftige Ergebnisentwicklung geplant werden kann.

Weiterhin ist es notwendig, über eine Unternehmensanalyse festzustellen, welche Auswirkungen die Änderung des Produktionsprogramms auf die interne Organisationsstruktur des Unternehmens haben. Nur durch einen weichen Übergang lassen sich kurzfristig entstehende Organisationskosten (Leerkosten in der Fertigung, Gemeinkosten durch Umorganisation) planen.

Aufgaben und Lösungen zu Controlling und SAP® R/3®

Aufgaben Test IV

Aufgabe 1

Kennzeichnen Sie richtige Aussagen mit **R** und falsche Aussagen mit **F**.

Ein Buchungskreis kann mehreren Kostenrechnungskreisen zugeordnet werden. (umgekehrt) ☐

Ein Werk wird dem Kostenrechnungskreis zugeordnet. (Buchungskreis) ☐
Ein Profit-Center wird in der Steuerungs-Sicht des Kostenrechnungskreises aktiv gesetzt. ☐
Buchungskreis und Kostenrechnungskreis können unterschiedliche Kontenpläne haben. ☐

Aufgabe 2

Welche Rolle spielt bei Kostenarten der Kostenartentyp?

Aufgabe 3

Kennzeichnen Sie richtige Aussagen mit **R** und falsche Aussagen mit **F**.

Die Standardhierarchie dient zur Selektion von Kostenartengruppen. (Kostenstellen) ☐
Die Berechnung *variabler* Kosten ist nur für mengengeführte Kostenarten möglich. ☐
Die Vorschlagskontierung einer Kostenart bezieht sich auf eine Leistungsart.
(Kostenstelle oder Auftrag) ☐
Die Gültigkeit einer Kostenart kann nachträglich geändert werden. ☐

Aufgabe 4

Was ist der Unterschied zwischen einem Festwert und einem Summenwert bei einer statistischen Kennzahl?

Aufgabe 5

Sie erfassen in einer Leistungsverrechnung die Verrechnung von 100 Stunden der Leistungsart FSTD (Fertigungsstunden). Wie ermittelt das System die zu verrechnenden Kosten?

Aufgabe 6

Sie möchten die Kosten der Kantine, Kostenstelle *Cantina*, an die anderen Kostenstellen des Unternehmens weitergeben. Empfänger sind die Kostenstellen *3399, 3499* und *3599*, an die auf Basis der Mitarbeiter der empfangenden Kostenstellen die Weitergabe der Kosten erfolgen soll.

Legen Sie dafür einen Umlage- *oder* Verteilungszyklus an? Begründen Sie Ihre Entscheidung.

Aufgabe 7

Sie buchen den Warenausgang des Materials CO99-HALB. Die Fortschreibung der Warenbewegung soll in der Finanzbuchhaltung (FI), der Kostenstellenrechnung (CO-CCA) und der Profit-Center-Rechnung (CO-PCA) erfolgen. Das Material hat einen Preis von 200,- DM pro Stück, es wird ein Warenausgang zur Kostenstelle *KST3399* aus dem Lager gebucht. Der Kostenstelle *KST3399* ist das Profit-Center *PC3399* zugeordnet. Menge: 100 Stück.

Stellen Sie den Wertefluß von MM an FI und CO dar, indem Sie die Konten benennen und die Beträge eintragen.

Aufgabe 8

Kennzeichnen Sie richtige Aussagen mit **R** und falsche Aussagen mit **F**.

Für die Buchhaltungs- und Kalkulations-Sicht im Materialstammsatz gilt:

- Mit der Preissteuerung wird die Bewertung des Materials festgelegt ☐
- Der gleitende Durchschnittspreis wird bei Preissteuerung *S* nicht berechnet ☐
- Über die Kalkulationssicht wird die Selektion des Mengengerüstes Zur Kalkulation festgelegt ☐
- Der Standardpreis wird mit jeder Bestandsbuchung neu berechnet (gleitend. Durchsch.Preis) ☐

Aufgabe 9

Welche Rolle spielt der Einkaufs-Infosatz für die Bewertung des Materials in FI und CO?

Aufgabe 10

Was verstehen Sie unter einem Obligo im Zusammenhang mit Kostenstellen?

Aufgabe 11

Kennzeichnen Sie richtige Aussagen mit **R** und falsche Aussagen mit **F**.

In einem Verteilungszyklus

- wird pro Segment eine Umlagekostenart zugeordnet (Umlagezyklus) ☐
- kann ein Segment explizit gesperrt werden ☐
- bewirkt das Kennzeichen *iterativ* die Berücksichtigung gegenseitiger Beziehungen ☐
- kann ein Sender zu mehr als 100% entlastet werden ☐

Aufgabe 12

Kennzeichnen Sie richtige Aussagen mit **R** und falsche Aussagen mit **F**.

Für die leistungsartenbezogene Kostenartenplanung gilt:

- Fixe Kosten werden zu einer Leistungsart geplant (variable Kosten) ☐
- Der fixe Verbrauch wird ebenfalls zu einer Leistungsart geplant (variabler Verbrauch) ☐
- Ohne Einheit ist eine Planung des Verbrauchs nicht möglich ☐
- Ohne Leistungsartenbezug entsteht kein variabler Verbrauch ☐

Aufgabe 13

Erläutern Sie den Unterschied zwischen der *leistungsarten**abhängigen*** Leistungsaufnahmeplanung und der *leistungsarten**unabhängigen*** Leistungsaufnahmeplanung.

Aufgabe 14

Mit welcher Formel erfolgt die Berechnung von Sollkosten?

Aufgabe 15

Erläutern Sie die Abweichungskategorien
- Preisabweichung
- Mengenabweichung

Lösungen zu Test IV

Aufgabe 1

Kennzeichnen Sie richtige Aussagen mit **R** und falsche Aussagen mit **F**.

Ein Buchungskreis kann mehreren Kostenrechnungskreisen zugeordnet werden. (umgekehrt) F
Ein Werk wird dem Kostenrechnungskreis zugeordnet. (Buchungskreis) F
Ein Profit-Center wird in der Steuerungs-Sicht des Kostenrechnungskreises aktiv gesetzt. R
Buchungskreis und Kostenrechnungskreis können unterschiedliche Kontenpläne haben. F

Aufgabe 2

Über den Kostenartentyp erfolgt die Steuerung der Buchungsmöglichkeiten auf die Kostenart. Eine Kostenart vom Typ 01 kann nicht als sekundäre Umlagekostenart verwendet werden usw. Im R/3 System ist mit dem Kostenartentyp ein internes Ablagesystem etabliert.

Aufgabe 3

Kennzeichnen Sie richtige Aussagen mit **R** und falsche Aussagen mit **F**.

Die Standardhierarchie dient zur Selektion von Kostenartengruppen. (Kostenstellen) F
Die Berechnung *variabler* Kosten ist nur für mengengeführte Kostenarten möglich. F
Die Vorschlagskontierung einer Kostenart bezieht sich auf eine Leistungsart.
(Kostenstelle oder Auftrag) F
Die Gültigkeit einer Kostenart kann nachträglich geändert werden. F

Aufgabe 4

Ein Festwert wird nicht periodenbezogen von einem Jahreswert auf Monatswerte aufgeteilt, sondern mit dem gleichen Betrag des Jahreswertes auch als Montiert eingesetzt (Beispiel: Bürofläche). Ein Summenwert wird dagegen aufgeteilt (Beispiel: Telefoneinheiten).

Aufgabe 5

Voraussetzung für die Berechnung der Kosten ist eine zuvor durchgeführte Tarifplanung. Auf Basis des variablen und fixen Tarifs und der Leistungsmenge ermittelt das System die zu verrechnenden Kosten.

Aufgabe 6

Für Kantinenkosten macht es keinen Sinn, unter den originären Kostenarten bei den Empfängern der Kantinenleistung Belastungsbuchungen durchzuführen. Daher sollte ein Umlagezyklus angelegt werden, und damit die Ent- bzw. Belastungsbuchung unter einer sekundären Kostenart (Kantinenkosten) erfolgen.

Aufgabe 7

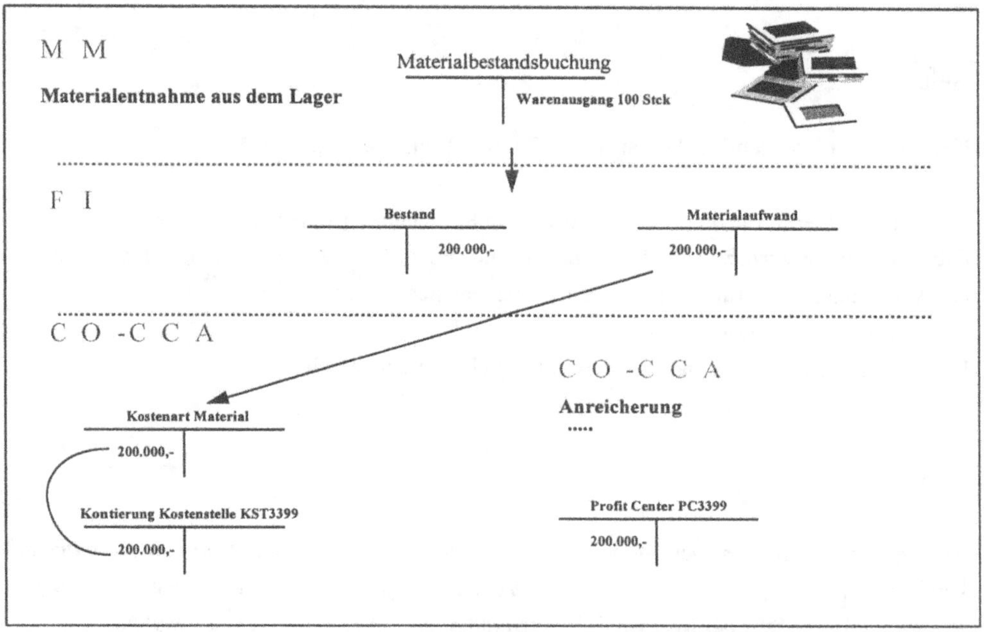

Aufgabe 8

Kennzeichnen Sie richtige Aussagen mit **R** und falsche Aussagen mit **F**.

Für die Buchhaltungs- und Kalkulations-Sicht im Materialstammsatz gilt:

- Mit der Preissteuerung wird die Bewertung des Materials festgelegt R
- Der gleitende Durchschnittspreis wird bei Preissteuerung *S* nicht berechnet F
- Über die Kalkulationssicht wird die Selektion des Mengengerüstes zur Kalkulation festgelegt R
- Der Standardpreis wird mit jeder Bestandsbuchung neu berechnet (gleitend. Durchsch.Preis) F

Aufgabe 9

In der Einstellung des Systems wird festgelegt, auf welcher Basis die Bewertung des Materials bei Warenbewegungsbuchungen erfolgt. In der Regel erfolgt die Bewertung zum Standardpreis, Preisdifferenzen beim Wareneingang bzw. Rechnungseingang werden dann entsprechend als Erträge oder Aufwendungen gebucht.

Aufgabe 10

Ein Obligo stellt die Budgetverwendung einer Kostenstelle dar. Wurde für die Kostenstelle eine Etatplanung durchgeführt, so erfolgt mit der Buchung einer Bestellanforderung bzw. einer Bestellung eine Verwendung dieses Etats. Die damit verbundene Etat-Verwendung wird als Obligo in einem entsprechenden Bericht gezeigt.

Aufgabe 11

Kennzeichnen Sie richtige Aussagen mit **R** und falsche Aussagen mit **F**.

In einem Verteilungszyklus

- wird pro Segment eine Umlagekostenart zugeordnet (Umlagezyklus) F
- kann ein Segment explizit gesperrt werden R
- bewirkt das Kennzeichen *iterativ* die Berücksichtigung gegenseitiger Beziehungen R
- kann ein Sender zu mehr als 100% entlastet werden R
  (bei Verbuchung von Festbeträgen)

Aufgabe 12

Kennzeichnen Sie richtige Aussagen mit **R** und falsche Aussagen mit **F**.

Für die leistungsartenbezogene Kostenartenplanung gilt:

- Fixe Kosten werden zu einer Leistungsart geplant (variable Kosten) F
- Der fixe Verbrauch wird ebenfalls zu einer Leistungsart geplant (variabler Verbrauch) F
- Ohne Einheit ist eine Planung des Verbrauchs nicht möglich R
- Ohne Leistungsartenbezug entsteht kein variabler Verbrauch R

Aufgabe 13

Mit der leistungsartenbezogenen Leistungaufnahmeplanung wird ein variabler Verbrauch geplant, d.h., nur wenn der Empfänger in der zugeordneten Leistungsart auch Ist-Leistung erbringt, entsteht ein Ist-Verbrauch (Beispiel: Instandhaltung für Gebrauchsverschleiß an Maschinen).
In der leistungsartenunabhängigen Leistungsaufnahmeplanung wird ein fixer Verbrauch geplant, d.h. die Leistung wird auch ohne Empfängerleistung erbracht. (Beispiel: Instandhaltung gegen Korrosion).

Aufgabe 14

Sollkosten = fixe Plankosten + variable Plankosten x Beschäftigungsgrad

Aufgabe 15

Mit der Preisabweichung wird ermittelt, ob die gelieferte oder produzierte Menge zu einem andern Preis als dem geplanten Preis (z.B. Standardpreis) bezogen wurde.

Mit der Mengenabweichung wird überprüft, ob im Berechnungs- bzw. Planungszeitraum eine andere Materialmenge bezogen wurde, als geplant.

Aufgaben Test V

Aufgabe 1

Für welche betriebswirtschaftlichen Sachverhalte würden Sie einen CO-Auftrag anlegen?

Aufgabe 2

Was ist der wesentliche Unterschied zwischen einem Produktions- und einem CO-Auftrag?

Aufgabe 3

Was ist der Unterschied zwischen dem System- und Anwenderstatus für einen CO-Auftrag?

Aufgabe 4

Tragen für die richtigen Aussagen ein **R** und die falschen Aussagen ein **F** ein

Auf den Systemstatus kann völlig verzichtet werden. ☐
Die Phasen des Systemstatus sind frei bestimmbar. ☐
Der Systemstatus hat immer Vorrang vor dem Anwenderstatus (beide müssen erfüllt sein) ☐
Der Systemstatus wird immer auf eröffnet gesetzt (hängt vom Initialstatus ab) ☐

Aufgabe 5

Sollte ein Musterauftrag, Instandhaltungsauftrag und Investitionsauftrag unter der gleichen Auftragsart angelegt werden?

Ja ☐ Nein ☐

Aufgabe 6

Für die Einzelkalkulation eines Auftrages möchten Sie festlegen, daß bei der Ermittlung der Materialkosten zuerst nach dem Standard-, dann nach dem gleitenden Durchschnittspreis gesucht werden soll. Wie stellen Sie diese Suchstrategie ein?

Aufgabe 7

Für einen CO-Auftrag möchten Sie folgende Plan- und Istkalkulation durchführen:

Materialkosten	Kostenart 400000
Materialgemeinkosten	Zuschlagssatz 10%, Entlastung auf Kostenstelle GRMnn
Summe Materialkosten	
Fertigungskosten	Kostenart 610000
Fertigungsgemeinkosten	Zuschlagssatz 20%, Entlastung auf Kostenstelle GRFnn
Summe Fertigungskosten	
Summe Herstellkosten	

Entwerfen Sie ein Gemeinkosten-Zuschlagsschema und geben Sie die Inhalte der Elemente des Zuschlags-Schemas an.

Aufgabe 8

Tragen für die richtigen Aussagen ein **R** und die falschen Aussagen ein **F** ein

Die Kostenart eines Entlastungs-Elementes im Kalk.-Schema kann eine primäre Kostenart sein (sekundäre Kostenart) ☐

Im Entlastungs-Element eines Kalk.-Schemas kann ein Auftrag eingetragen werden. ☐

Die Berechnungsbasis wird einem Kostenrechnungskreis zugeordnet. ☐

Der Zuschlagssatz wird einem Buchungskreis zugeordnet. ☐

Aufgabe 9

Über welche R/3-Funktionen können Primärkosten auf einen Auftrag gebucht werden?

Aufgabe 10

Was ist ein statistischer Auftrag? Geben Sie ein Beispiel.

Aufgabe 11

Tragen für die richtigen Aussagen ein **R** und die falschen Aussagen ein **F** ein

Das Abrechnungsschema wird der Kalkulationsvariante zugeordnet. (Abrechnungsprofil)	☐
Das Planprofil wird dem Abrechnungsschema direkt zugeordnet. (Auftragsart)	☐
Das Ergebnisschema regelt die Zuordnung zwischen Kostenart und Wertfeld.	☐
Das Abrechnungsprofil wird in der Auftragsart geführt.	☐

Aufgabe 12

Erläutern Sie die Inhalte eines Abrechnungsschemas.

Aufgabe 13

Sie möchten, daß an die Kostenstelle A 50% und an die Kostenstelle B 50% der Kosten eines CO-Auftrages abgerechnet werden. Welche Eingaben machen Sie dazu im Auftrag?

Aufgabe 14

Sie rechnen einen Auftrag an ein Sachkonto (FI) ab. Wie lautet der vom R/3-System durchzuführende Buchungssatz einschließlich Mitkontierung?

Lösung zu Test V

Aufgabe 1

Insbesondere für interne Aktivitäten im Unternehmens, wie z.B. Instandhaltungsmaßnahmen oder Eigenleistungen eignet sich der CO-Auftrag. Auch für andere Aktionen, z.B. Messe oder Verkaufsaktionen, die von begrenzter Dauer sind und an interne Objekte wie Kostenstelle oder Projekt abgerechnet werden, ist eine Kostenverfolgung über CO-Aufträge zu empfehlen.

Aufgabe 2

Ein PP-Auftrag hat ein Mengengerüst in Form einer Stückliste und eines Arbeitsplans, das beim Anlegen eines Fertigungsauftrages aufgelöst wird. Ein CO-Auftrag hat nur ein in der Einzelkalkulation manuell angelegtes Mengengerüst.

Aufgabe 3

Der Systemstatus hat fest vorgegebene Phasen (Eröffnet, freigegeben, technisch abgeschlossen, abgeschlossen) mit der Möglichkeit, betriebswirtschaftliche Vorgänge und die damit verbundenen Transaktionen den Phasen zuzuordnen. Mit dem Anwenderstatus können weitere Phasen unterhalb der Systemstatusphasen definiert werden. Damit kann der Lebenszyklus eines Auftrages feiner untergliedert und eine differenzierte Steuerung der erlaubten betriebswirtschaftlichen Vorgänge vorgenommen werden.

Aufgabe 4

Tragen für die richtigen Aussagen ein **R** und die falschen Aussagen ein **F** ein

Auf den Systemstatus kann völlig verzichtet werden.	F
Die Phasen des Systemstatus sind frei bestimmbar.	F
Der Systemstatus hat immer Vorrang vor dem Anwenderstatus (beide müssen erfüllt sein)	F
Der Systemstatus wird immer auf eröffnet gesetzt (hängt vom Initialstatus ab)	F

Aufgabe 5

Sollte ein Musterauftrag, Instandhaltungsauftrag und Investitionsauftrag unter der gleichen Auftragsart angelegt werden?

Ja ☐ Nein X (unterschiedliche Abrechnungsvorschrift)

Aufgabe 6

1. *Strategiefolge in der Bewertungsvariante eintragen,*
2. *Bewertungsvariante einer Kalkulationsvariante zuordnen,*
3. *Kalkulationsvariante einem Planprofil, und Planprofil einer Auftragsart zuordnen.*

Aufgabe 7

Zeile	*Basis*	*Zuschlag*	*Text*	*von Zeile*	*bis Zeile*	*Entlastung*
010	*B99M*		*Material-Kosten*			
020		*C99M*	*Material-GK*	*010*	*010*	*GRM99*
030			*Materialkosten*	*010*	*020*	
040	*B99F*		*Fertigungs-Kosten*			
050		*C99F*	*Fertigungs-GK*	*040*	*040*	*GRF99*
060			*Fertigungskosten*	*040*	*050*	
070			*Herstellkosten*	*010*	*060*	

Anmerkung zum Schema: In den Summenzeilen wird immer nur das addiert, was an Zeilen über der Summenzeile steht und selbst keine Summenzeile ist.

Inhalt der Elemente:

B99M: *Kostenarten der Materialkosten, 400000 bis 400000*
B99F: *Kostenarten der Fertigungskosten, 600000 bis 619999*
C99M: *Zuschlagssatz 10% zum Kostenrechnungskreis*
C99F: *Zuschlagssatz 20% zum Kostenrechnungskreis*
GRM99, GRF99: Materialgemeinkostenstelle, Fertigungsgemeinkostenstelle

Aufgabe 8

Tragen für die richtigen Aussagen ein **R** und die falschen Aussagen ein **F** ein

Die Kostenart eines Entlastungs-Elementes im Kalk.-Schema kann eine primäre Kostenart sein (sekundäre Kostenart)	F
Im Entlastungs-Element eines Kalk.-Schemas kann ein Auftrag eingetragen werden.	R
Die Berechnungsbasis wird einem Kostenrechnungskreis zugeordnet.	R
Der Zuschlagssatz wird einem Buchungskreis zugeordnet.	F

Aufgabe 9

Über welche R/3-Funktionen können Primärkosten auf einen Auftrag gebucht werden?

1. *FI:* *Mitkontierung auf Auftrag,*
2. *CO:* *Umbuchung Kosten, Umlage, Verteilung, Leistungsverrechnung,*
3. *MM:* *Warenausgang zum Auftrag.*

Aufgabe 10

Bei der Kontierung auf einen statistischen Auftrag ist immer auch ein echtes Kontierungsobjekt zu kontieren. Die auf einem statistischen Auftrag gesammelten Kosten können entsprechend nicht weiterbelastet werden. Beispiel: Die Fuhrparkkosten werden über die Kostenstelle Fuhrpark gesammelt und an das Ergebnis weiterverrechnet. Rein informativ werden die Kosten für jedes Firmenfahrzeug auf einem statistischen Auftrag mitgeführt.

Aufgabe 11

Tragen für die richtigen Aussagen ein **R** und die falschen Aussagen ein **F** ein

Das Abrechnungsschema wird der Kalkulationsvariante zugeordnet. (Abrechnungsprofil)	F
Das Planprofil wird dem Abrechnungsschema direkt zugeordnet. (Auftragsart)	F
Das Ergebnisschema regelt die Zuordnung zwischen Kostenart und Wertfeld.	R
Das Abrechnungsprofil wird in der Auftragsart geführt.	R

Aufgabe 12

Im Abrechnungsschema wird definiert, über welche Abrechnungskostenart die auf dem Auftrag den Kostenarten gebuchten Kosten abgerechnet werden sollen. Bei Abrechnung der Auftragskosten an ein Sachkonto ist die Abrechnung über die originäre Kostenart sinnvoll. In diesem Fall ist die Zuordnung von Kostensrechnungskreis und Buchungskeis Voraussetzung.

Die Selektion nach den originären Kostenarten erfolgt über eine Kostenartengruppe (Set). Nur die in den Sets enthaltenen Kostenarten werden im Abrechnungslauf berücksichtigt.

Aufgabe 13

Eingabe des Abrechnungsempfängers, der Aufteilungsregel sowie Abrechnungsart (periodisch, gesamt) in der Abrechnungsvorschrift des Auftrages.

Eingabe der Abrechnungsparameter, dazu Angabe des Abrechnungsprofils und des Abrechnungsschemas zur Aufteilungsregel.

Aufgabe 14

Sachkonto (z.B. Technische Anlagen und Maschinen)
an Erträge aus aktivierten Eigenleistungen (z.B. Kto. 810000)

Mitkontierung

- *CO-Erlösart (810000)*
- *CO-Auftrag.*

Literaturverzeichnis

Adam, D.: Entscheidungsorientierte Kostenbewertung, Wiesbaden 1970.

Bach-Hock, A.: Executive-Information-Systems-Software für die Gestaltung von Controlling-Informationssystemen. In: Scherr, A.-W. (Hrsg.): 11. Saarbrücker Jahrestagung zu Rechnungswesen und EDV, Saarbrücken, 1990.

Becker, J.; Grob, H. L.; von Zehl, W.: Münsteraner Fallstudien zum Rechnungswesen und Controlling, München und Wien, 1996.

Beedgen, R.: Elemente der Informatik, ausgewählte mathematische Grundlagen für Mathematiker und Wirtschaftsinformatiker, Braunschweig, Wiesbaden, 1993.

Bergner, H.; Kortzfleisch, G. v.: Planung und Rechnungswesen in der Betriebswirtschaftslehre, Festschrift zum 60. Geburtstag für Heinz Bergner, Berlin, 1981.

Biethan, J. (Hrsg.): Informationssysteme für das Controlling, Konzepte, Methoden und Instrumente zur Gestaltung von Controlling-Informationssystemen, Berlin, Heidelberg, 1994.

Buchner, R.: Finanzwirtschaftliche Statistik und Kennzahlenrechnung, München, 1995.

Buggert, W.: Neuere Verfahren des Kostenmanagements in den Gemeinkostenbereichen. In: Controller-Magazin, 1994.

Buggert, W./Wielptz,A.: Target Costing, Grundlage und Umsetzung des Zielkostenmanagements. München, 1995.

CDI, Deutsche Private Akademie für Wirtschaft (Hrsg.): SAP R/3 Controlling, Grundlagen, Anwendung, Fallbeispiele, Haar bei München,1996.

Chen, P. (Hrsg): Entity-Relationship-Approach to Information Modeling and Analysis. Amsterdam, New York, Oxford, 1984.

Coenenberg, G.: Kostenrechnung und Kostenanalyse, 3. Aufl., Landsberg, 1997.

Coenenberg, A. G.; Braun, H. G.: Strategisches Controlling, Stuttgart, 1987.

Coenenberg, A. G.; Fischer, T. M.: Prozeßkosten - Strategische Neuorientierung in der Kostenrechnung, in: Die Betriebswirtschaft, 1991.

Däumler, K.-D.; Grabe, J.: Kostenrechnung 3, Plankostenrechnung, 5. Aufl., Herne, 1995.

Däumler, K.-D.; Grabe, J.: Kostenrechnung 2, Deckungsbeitragsrechnung, 5. Aufl., Herne, 1994.

Deyhle, A.; Steigmeier, B.: Controller und Controlling, Stuttgart, 1993.

Deyhle, A.: Controller-Handbuch - Enzyklopädisches Lexikon für die Controller-Praxis, Bd. 1, 2 Aufl., München, 1990.

Deyhle, A.: Das Controlling Cockpit der Management Erfolgsrechnung, in: Controller Magazin, 1983.

Deyhle, A.: Controller-Funktion, neue Zuordnung der Aufgaben des Informations- und Rechnungswesens, in: Bürotechnik 20, 1972.

Ehrmann, H.: Marketing-Controlling, Ludwigshafen, 1991.

Eisele, W.: Technik des betrieblichen Rechnungswesens, Buchführung, Kostenrechnung, Sonderbilanzen, 4. Aufl., München, 1990.

Ewert, R.; Wagenhofer, A.: Interne Unternehmensrechnung, 2. Aufl., Berlin, Heidelberg, 1995.

Franz, K.P.: Prozeßkostenrechnung, Universitätsseminar der Wirtschaft, Schloß Gracht, 1997.

Franz, K.P.: Target Costing, Konzept und kritische Bereiche. In: Controlling, 1993.

Freidank, C.-C.: Kostenrechnung, 5. Aufl., München und Wien, 1994.

Götzinger, M./Michael, H.: Kosten- und Leistungsrechnung, 6. Aufl., Heidelberg, 1993.

Grochla, E.: Modelle als Instrument der Unternehmensführung. In ZfbF, 1969.

Gutenberg, E.: Grundlagen der Betriebswirtschaftslehre, Bd. 1: Die Produktion, 14. Aufl., Berlin, Heidelberg, 1983.

Haberstock, L.: Kostenrechnung II. Grenzplankostenrechnung, Hamburg, 1984.

Häusslein, R.: Strategisches Denken, Entscheiden und Handeln in kleinen und mittleren Industrieunternehmen, Regensburg, 1993.

Heinen, E.: Industriebetiebslehre, Entscheidungen im Industriebetrieb, 9. Aufl., Wiesbaden, 1991.

Heinen, E.: Betriebswirtschaftliche Kostenlehre, Kostentheorie und Kostenentscheidungen, 6. Aufl. Wiesbaden, 1983.

Herzog, E./Assmann, M.: Grenzplankostenrechnung als geschlossenes Planungs-, Abrechnungs- und Informationssystem für das Kosten- und Deckungsbeitragsmanagement. In: krp Kostenrechnungspraxis, Sonderheft 1, 1995.

Hoitsch, H.-J.: Kosten- und Erlösrechnung, eine controllingorientierte Einführung, 2. Aufl., Berlin, Heidelberg, 1997.

Hoitsch, H.-J.: Produktionswirtschaft, Grundlagen einer industriellen Betriebswirtschaftslehre, 2. Aufl., München, 1993.

Horváth, P.; Gleich, R.; Voggenreiter, D.: Controlling umsetzen, Fallstudien, Lösungen und Basiswissen, Stuttgart, 1996.

Horváth, P.; Stuttgarter Controller-Forum: Controllingprozesse optimieren, Stuttgart, 1995.

Horváth, P. (Hrsg.): Kunden und Prozesse im Fokus, Controlling und Reengineering, Stuttgart, 1994.

Horváth, P.: Controlling, 5. Auflage, München, 1994.

Horváth, P.: Vahlens grosses Controllinglexikon, München, 1993.

Horváth, P./Kieninger, M./Mayer, R./Schimank, C.: Prozeßkostenrechnungoder wie die Praxis die Theorie überholt. In: Die Betriebswirtschaft, 1993.

Horváth, P./Mayer, R.: Prozeßkostenrechnung, Konzeption und Entwicklung. In: krp Kostenrechnungspraxis, Sonderheft 1993.

Horváth, P.: Target Costing, Stuttgart, 1993.

Horváth, P.; Stuttgarter Controller-Forum: Effektives und schlankes Controlling, Stuttgart, 1992.

Horváth, P./Seidenschwarz, W.: Zielkostenmanagement. In: Controlling, 1992.

Horváth, P.: Das Controlling-Konzept, der Weg zu einem wirkungsvollen Controlling-System, München, 1991.

Horváth, P./Mayer, r.: Prozeßkostenrechnung, der neue Weg zu mehr Kostentransparenz und wirkungsvolleren Unternehmensstrategien. In: Controlling, 1989.

IFUA Horváth & Partner GmbH: Prozeßkostenmanagement, Methodik, Implementierung, Erfahrungen, München, 1991.

Jaspersen, Th.: Produkt-Controlling, betriebswirtschaftliche und technische Verfahren zur Produktentwicklung, 2. Aufl., München, Wien, 1995.

Jehle, E.: Der Controller als Garamt der strategischen Planung. In: Gaugler, E./ Jacobs, O.H./ Kieser A.: Strategische Unternehmensführung und rechnungslegung, Stuttgart, 1984.

Jehle, E.: Gemeinkostenmanagement. Effizienzstigerung im Gemeinkostenbereich durch Overhead Value Analysis, Zero Based Budgeting und Administrative Wertanalyse. In: DU, 1982.

Käfer, K.: Standard-Kostenrechnung, 2. Aufl., Zürich, 1964.

Kagermann, H.: Perspektiven der Weiterentwicklung integrierter Standardsoftware für die Kostenrechnung und das gesamte innerbetriebliche Rechnungswesen, in: Kostenrechnungspraxis, Sonderheft 1/1989.

Kagermann, H.: Einbindung der Prozeßkostenrechnung in ein integriertes Standardsoftwaresystem. In: krp Kostenrechnungspraxis, Sonderheft, 1995.

Kah, A.: Profitcenter-Steuerung, ein Beitrag zur theoretischen Fundierung des Controllings anhand des Principal-agent-Ansatzes, Stuttgart, 1994.

Kernler, H. K.: PPS-Controlling, Gabler-Verlag, Wiesbaden, 1996.

Kieninger, M/Gehrle, J.: Prozeßmanagement mit Prozeßmanager. In: krp Kostenrechnungspraxis, Sonderheft 1994.

Kilger, W.: Flexible Plankostenrechnung und Deckungsbeitragsrechnung, 10. Aufl., Wiesbaden, 1993.

Kilger, W.: Einführung in die Kostenrechnung, 3. Aufl., Wiesbaden, 1992.

Klenger, F.: Operatives Controlling, 4. Aufl., München, Wien, 1997.

Klingler, B.: Target Cost Managment. Durch marktorientiertes Zielkostenmanagement können Automobil-Hersteller ihre Produktkosten senken. In: Controlling, 1993.

Kortzfleisch, G. v., Kaluza, B. (Hrsg): Intenationale und nationale Probleme der Betriebswirtschaftslehre, Berlin, 1984.

Kortzfleisch, G. v.: Entwicklungstendenzen der kurzfristigen Erfolgsrechnung. In: Praxis der kurzfristigen Erfolgsrechnung, Berlin, 1964.

Kreikebaum, H.: Strategische Unternehmensplanung, 4. Aufl., Stuttgart, 1991.

Kußmaul, H.: Grundzüge der Grenzplankostenrechnung. In: Der Steuerberater, Kaiserslautern, 1991.

Küpper, H.-U.: Grundbegriffe des Controlling, Stuttgart, 1995.

Küpper, H.-U.; Helber, St.: Ablauforganisation in Produktion und Logistik, 2. Aufl., Stuttgart, 1995.

Küpper, H.-U.: Controlling, Konzeption, Aufgaben und Instrumente, Stuttgart, 1995.

Küpper, H.-U.: Übungsbuch zur Kosten- und Erlösrechnung, 2. Aufl., München, 1996.

Küpper, H.-U.: Unternehmensführung und Controlling, Wiesbaden, 1990.

Küpper, H.-U.: Industrielles Controlling, in: Schweitzer, M. (Hrsg.): Industriebetriebslehre, München, 1990.

Küpper, H.-U.; Weber, J.; Zünd, A.: Zum Verständnis und Selbstverständnis des Controlling, in: Zeitschrift für Betriebswirtschaft, 1990.

Küpper, H.-U.: Der Bedarf an Kosten- und Leistungsinformationen in Industrieunternehmen - Ergebnisse über eine empirische Erhebung, in: Kostenrechnungspraxis 17, 1983.

Lassmann, G.: Aktuelle Probleme der Kosten- und Erlösrechnung sowie des Jahresabschlusses bei weitgehend Automatisierter Serienfertigung. In: ZfB, 1984.

Lassmann, G.: Gestaltungsformen der Kosten- und Erlösrechnung im Hinblick auf Planungs- und Kontrollgufgaben. In WPg, 1973.

Lebefromm, U.: Produktionsmanagement, 4. Aufl., München, Wien, 1999.

Lebefromm, U.: Einführung in das Kosten- und Erlöscontrolling. In: Unger, F. (Hrsg.): Kompendium der Betriebswirtschaftslehre, Band I, 2. Aufl., Ludwigshafen/Rhein, 1999.

Lebefromm, U.: Konzepte zum IT-Controlling, ein Erfahrungsbericht der Unternehmensberatung der Software AG, in: IT-Controlling, Kongress des Institute for International Research, Düsseldorf, 1993.

Lebefromm, U.: Der Markt der integrierten Informationsverarbeitungs-Systeme, VDI-Fortschrittsberichte, Reihe Information und Kommunikation, Düsseldorf, 1994.

Lebefromm, U.: Controlling qualitativer Entscheidungen in der Produktionsplanung und -steuerung, in: Studium Duale, Fachberichte aus Wissenschaft und Praxis, Karlsruhe, 1992.

Liedtke, U.: Controlling und Informationstechnologie, Auswirkungen auf die organisatorische Gestaltung, München, 1991.

Link, J.: Deckungsbeitragsflußrechnung. In. Harvard Manager, 1994.

Listl, A.: Target Costing zur Ermittlung der Preisuntergrenze, Frankfurt, 1998.

Lohmann, K./Lenke, M.: Kosten- und Leistungsrechnung, München, 1995.

Macharzina, Klau: Unternehmensführung. Das internationale Managementwissen, Konzepte, Methoden, Praxis, Wiesbaden, 1993.

Männel, W. (Hrsg.): Frühzeitiges Kostenmanagement, Kalkulationsmethoden und DV-Unterstützung, Wiesbaden, 1996.

Männel, W.: Prozeßkostenrechnung, Bedeutung, Methoden, Branchenerfahrungen, Softwarelösungen, Wiesbaden, 1995.

Männel, W.; Plaut-Gruppe: Modernes Kostenmanagement, Grenzplankostenrechnung als Controlling-Instrument, Wiesbaden, 1995.

Männel, W.: Meilensteine der Kostenrechnung, Kostenrechnungssysteme und Controlling, Wiesbaden, 1993.

Männel, W.: Einführende Thesen zur Bedeutung der Prozeßkostenrechnung. In: krp Kostenrechnungspraxis, 1993.

Männel, W.: Erlösrechnung, in: Handwörterbuch des Rechnungswesens, 3. Aufl., Stuttgart, 1993.

Mayer, R.: Prozeßkostenrechnung als Instrument des Schnittstellenmanagements. In: Horváth, P. (Hrsg.): Synergien durch Schnittstellencontrolling, 1991.

Mayer, R.: Prozeßkostenrechnung – Rückschritt oder neuer Weg. In: Controlling, 1990.

Mensch, G.: Kosten – Controlling, München, 1998.

Mertens, P.: Integrierte Informationsverarbeitung I: Administrations- und Dispositionssysteme in der Industrie, 8. Aufl., Wiesbaden, 1991.

Mertens, P.: Integrierte Informationsverarbeitung II: Planungs- und Kontrollsysteme in der Industrie, 6. Aufl., Wiesbaden, 1991.

Mertens, P.: Einflüsse der EDV auf die Weiterentwicklung des betrieblichen Rechnungswesens, in: Kilger, W. (Hrsg.): Rechnungswesen und EDV, Würzburg, Wien, 1983.

Mertens, P.; Hansen, K.; Rackelmann, G.: Selektionsentscheidungen im Rechnungswesen, Überlegungen zu computergestützten Kosteninformationssystemen, in: Die Betriebswirtschaft 37, 1977.

Michel, R./Torspecken, H.D.: Neue Formen der Kostenrechnug. München und Wien, 1986.

Milling, P.; Maier, F.: Invention, Innovation und Diffusion, eine Simulationsanalyse des Managements neuer Produkte, Berlin, 1996.

Milling, P.; Augustin, S.: Betriebswirtschaftliche Grundlagen moderner Produktions-Strukturen, Herne, 1993.

Milling, P.: Kortzfleisch, G. v.: Systemmanagement und Managementsysteme, Festschrift zum 70. Geburtstag für Gert von Kortzfleisch, Berlin, 1991.

Müller, H.: Prozeßkonforme Grenzplankostenrechnung als Plattform neuer Anwendungsentwicklungen. In: krp Kostenrechnungspraxis, München 1994.

Niedereichholz, J.; Steffens, F.: Wirtschaftsinformatik, Beiträge zur modernen Unternehmensführung, Festschrift zum 60. Geburtstag von Franz Steffens, Frankfurt am Main, 1993.

Plattner, H.: Neue Wege für das Controlling in einem hochintegrierten Anwendungssystem. In: Scheer, A.-W.: Rechnungswesen und EDV, 8. Saarbrücker Jahrestagung, Saarbrücken 1997.

Plattner, H.: Die technische Konzeption eines Integrationsmodells am Beispiel des Systems RK, in: Kilger, W. (Hrsg.): Rechnungswesen und EDV, 7. Saarbrücker Arbeitstagung, Heidelberg, 1986.

Plaut, H.-G.: Grenzplankostenrechnung, Stand und aktuelle Probleme. In Scheer, A.-W. (Hrsg), Wiesbaden 1991.

Plaut, H.-G.: Essentials eines modernen innerbetrieblichen Rechnungswesens. In: CM, 1989.

Plaut, H.-G.: Grenzplankostenrechnung und Einzelkostenrechnung. In: krp Kostenrechnungspraxis, 1988.

Plaut, H.-G.: Grenzplankostenrechnung und Datenvearbeitung, 3. Aufl., München, 1973.

Preißler, P. R.: Controlling, 7. Aufl., München, Wien, 1995.

Preißler, P. R.: Controlling-Lexikon, München, Wien, 1995.

Reichmann, Th.: Handbuch Kosten- und Erfolgs-Controlling, München, 1995.

Reichmann, Th.: Controlling mit Kennzahlen und Managementberichten, Grundlagen einer systemgestützten Controlling-Konzeption, 4. Aufl., München, 1995.

Reichmann, Th. (Hrsg.); Baumgärtner, Jost: DV-gestütztes Unternehmens-Controlling, Internationale Trends und Entwicklungen in Theorie und Praxis, München, 1993.

Renner, A.: Kostenorientierte Produktionssteuerung, Anwendung der Prozesskostenrechnung in einem datenbankgestützten Modell für flexibel automatisierte Produktionssysteme, München, 1991.

Riebel, P.: Einzelkosten- und Deckungsbeitragsrechnung, 7. Aufl., Wiesbaden, 1994.

Riebel, P.: Ansätze und Entwicklungen des Rechnens mit relativen Einzelkosten und Deckungsbeiträgen, in: Kostenrechnungspraxis 28, 1984.

Scheer, A.-W.: Rechnungswesen und EDV, 17. Saarbrücker Arbeitstagung, Heidelberg, 1996.

Scheer, A.-W.: Wirtschaftsinformatik, Referenzmodelle für industrielle Geschäftsprozesse, 4. Aufl., Berlin, Heidelberg, 1994.

Scheer, A.-W.; Plaut, Hans-Georg: Grenzplankostenrechnung, Stand und aktuelle Probleme, Hans-Georg Plaut zum 70. Geburtstag, 2. Aufl., Wiesbaden, 1991.

Scheer, A.-W.: Architektur integrierter Informationssysteme, Grundlagen der Unternehmensmodellierung, Berlin, Heidelberg, 1991.

Scheer, A.-W.: Wirtschaftsinformatik, Informationssysteme im Industriebetrieb, Übungsbuch, Berlin, Heidelberg, 1991.

Scheer, A.-W.: EDV-orientierte Betriebswirtschaftslehre, 4. Aufl., Berlin, Heidelberg, 1990.

Schierenbeck, H.: Grundzüge der Betriebswirtschaftslehre, 10. Aufl., München 1989.

Schmalenbach, E.: Der Kontenrahmen, 4. Aufl., Leipzig, 1935.

Schmalenbach, E.: Selbstkostenrechnung. In: ZfhF, Leipzig, 1919.

Schmidberger, J.: Controlling für öffentliche Verwaltungen, 2. Aufl., Wiesbaden, 1994.

Seidenschwarz, W.: Target Costing, marktorientiertes Zielkostenmanagement, München, 1993.

Seidenschwarz, W.: Target Costing. Ein japanischer Ansatz für das Kostenmanagement. In: Controlling, 1991.

Shel, M.: Die Kostenrechnung der Industrieunternehmen vor dem Hintergrund unternehmensexterner und -interner Strukturwandlungen, Ludwigshafen, 1993.

Sieben, G.: Rechnungswesen bei mehrfacher Zielsetzung. In: ZfbF, 1974.

Siegwart, H.: CIM-orientiertes Rechnungswesen, Bausteine zu einem System Controlling, Stuttgart, 1991.

Sinzig, W.: Datenbankorientiertes Rechnungswesen, Grundzüge einer EDV-gestützten Realisierung der Einzelkosten- und Deckungsbeitragsrechnung, Berlin, Heidelberg, u.a., 1983.

Steffens, F.: Produktionstheretische Grundlagen und Eigenschaften von Einzelkosten und Deckungsbeiträgen, Berichte über einige Ergebnisse. Erweiterte Fassung eines Vortrags, gehalten am 2. Oktober 1981 in Göttingen auf der Jahrestagung der Gesellschaft für Operations Research e.V., Göttingen.

Steffens, F.: Elemente und Strukturen betrieblicher Informationssysteme, Mannheim, 1987.

Swoboda, P.: Kostenrechnung und Preispolitik, 17. Aufl., Wien, 1993.

Warnecke, H.-J. / Bullinger, H.-J. / Hilchert, R.: Kostenrechnung für Ingenieure, München und Wien, 1978.

Wildemann, H.: Kostenprognosen bei Großprojekten, Stuttgart, 1982.

Witt, F.-J.: Deckungsbeitragsmanagement, München, 1991.

Wöhe, G.: Einführung in die Allgmeine Betriebswirtschaftslehre, 16. Aufl., München, 1986.

Wöhe, G.: Entwicklungstendenzen der Allgemeinen Betriebswirtschaftslehre im letzten Drittel unseres Jahrhunderts. In: DBW, 1990.

Weber, J.: Controlling der Kostenrechnung, in: Kostenrechnungspraxis, 1990.

Weber, J.: Einführung in das Controlling, 2. Aufl., Stuttgart, 1990.

Weber, J.: Change-Management für die Kostenrechnung, zur Notwendigkeit des beständigen Wandels der Kostenrechnung, in: Scheer, A.-W. (Hrsg.): Rechnungswesen und EDV, 10. Saarbrücker Arbeitstagung, Heidelberg, 1989.

Wille, F.: Direktkostenrechnung mit stufenweiser Fixkostendeckung. In: ZfB, 1959.

Zahn, E. / Ruttler, M.: Informationsmanagement. In: Controlling, 1989.

Ziegenbein, K.: Controlling, 5. Auflage, Ludwigshafen, 1995.

Abbildungsverzeichnis

Sachverzeichnis

H

I

K

L

M

N

O

P

Q

R

S

T

Ü

V

W

Z

www.ingramcontent.com/pod-product-compliance
Lightning Source LLC
LaVergne TN
LVHW060624300926
849162LV00008B/1709